ESSAI HISTORIQUE

SUR

LA PUISSANCE TEMPORELLE

DES PAPES.

par M.ʳ Daunou

ESSAI HISTORIQUE

SUR

LA PUISSANCE TEMPORELLE

DES PAPES,

Sur l'abus qu'ils ont fait

DE LEUR MINISTÈRE SPIRITUEL;

ET SUR LES GUERRES QU'ILS ONT DÉCLARÉES AUX SOUVERAINS,

Spécialement à ceux qui avaient la prépondérance en Italie.

OUVRAGE TRADUIT DE L'ESPAGNOL.

Seconde Édition revue et corrigée.

―――――

A PARIS,

Chez LE NORMAND, Imprimeur-Libraire, rue des Prêtres-Saint-Germain-l'Auxerrois, N.° 17.

―――

Mai 1810.

AVIS DES ÉDITEURS. *

Le manuscrit Espagnol dont nous publions une traduction, nous a été envoyé de Saragosse, où des Français l'ont découvert au mois de novembre 1809. Nous n'en désignons pas l'auteur, parce que nous ne le connaissons point d'une manière assez positive, et qu'ignorant de plus en quel lieu de l'Espagne il réside en ce moment, nous ne voulons pas compromettre sa tranquillité. La pureté des intentions qui lui ont dicté cet ouvrage, mérite au moins ce ménagement; et nos conjectures sur son nom, sa profession, ses titres, seraient d'ailleurs si hasardées, que le public ne doit aucunement les regretter.

Une note, placée à la fin du dernier

---

* Nous réimprimons cet avis, tel que nous l'avons publié à la tête de la première édition, au mois de février dernier.

L'édition actuelle diffère de la première par quelques corrections et additions.

chapitre, dit qu'il a été terminé le 12 février 1801; d'autres indications, l'état du manuscrit, l'état même de l'ouvrage, nous donnent lieu de soupçonner que l'auteur a travaillé avec beaucoup de précipitation : il s'est hâté de finir et de cacher cette esquisse, espérant sans doute que des circonstances plus favorables lui permettraient un jour de la rendre digne des regards de ses compatriotes. Après avoir hésité sur l'usage que nous ferions d'un tel essai, nous avons jugé plus convenable d'en publier une traduction littérale, que de composer sur le même fond et sur le même plan, un livre plus étendu, que peut-être nous n'aurions su faire que plus long.

Le traducteur auquel nous avons remis ce manuscrit, le 8 décembre dernier, a souvent interrompu son travail, pour venir nous parler de certains détails qui manquaient de couleurs, de certains récits un peu secs, de plusieurs articles susceptibles d'être mieux développés. Mais la permission de perfectionner ou d'altérer un ouvrage qui ne lui appartenait point, lui a été refusée inexorablement : nous lui avons recommandé d'être fidèle, correct, s'il se pouvait, et aussi expéditif que l'avait été l'auteur : car nous étions pressés d'offrir cet hommage au héros dont les conceptions politiques, rapides comme ses armes victorieuses, consomment les plus vastes réformes en moins de temps qu'il n'en faut pour mesurer l'étendue de ses bienfaits.

L'un des plus doux devoirs que nous ayons à remplir en notre qualité d'éditeurs d'un livre Espagnol sur la puissance temporelle des papes, est de payer un tribut d'éloges à l'auteur Français d'un *Tableau historique de la politique de la cour de Rome*, publié depuis quelques semaines. Le succès de ce judicieux écrit nous aurait détournés de notre entreprise, si elle n'eût été déjà fort avancée. Au surplus, le sujet est bien assez important pour attirer une seconde fois l'attention du public, sur-tout quand il s'agit de lui montrer qu'en Espagne et en France, les mêmes recherches ont abouti aux mêmes résultats.

C'est à l'écrivain Espagnol qu'appartiennent les deux tiers des notes qu'on va trouver au bas des pages. Le traducteur a desiré d'en ajouter, d'en retrancher, d'en modifier quelques-unes ; et nous n'avons pas voulu le priver d'une satisfaction si légère : il est toujours difficile de réduire un traducteur à la pure et simple fonction d'interprète. Il a donc supprimé des citations qu'il ne pouvait vérifier, comme tirées de livres peu répandus en France, et il les a remplacées, en indiquant des sources qui seront plus accessibles à la plupart de nos lecteurs. Il a consenti, quoiqu'avec peine, à ne distinguer, par aucun signe, ses propres notes de celles de l'auteur : distinction minutieuse qui, après tout, n'eût importé qu'à ce traducteur lui-même. Pour s'en dédommager, il a rédigé une table chronologique des papes, qui, selon lui, doit jeter quelque lumière sur certains détails de l'ouvrage, et qui terminera ce volume.

ESSAI

ESSAI HISTORIQUE

SUR LA

PUISSANCE TEMPORELLE

DES PAPES.

CHAPITRE I.er

Origine de la Puissance temporelle des Papes.

Quiconque a lu l'Évangile, sait que Jésus-Christ n'a fondé aucun pouvoir temporel, aucune souveraineté politique. Il déclare que son royaume n'est pas de ce monde (1); il avertit ses apôtres de ne point confondre la mission qu'il leur donne avec la puissance que les princes de la terre exercent (2). Saint Pierre et ses collègues sont

---

(1) Jean, XVIII, 36.
(2) Luc, XXII, 26.

envoyés, non pour gouverner, mais pour instruire (1); et l'autorité dont ils sont revêtus ne consiste que dans les lumières et les bienfaits qu'ils ont à répandre. Fidèles à se renfermer dans les bornes d'un si pur apostolat, loin de s'ériger en rivaux du pouvoir civil, ils en proclament, au contraire, l'indépendance et les droits sacrés (2) : l'obéissance aux souverains est l'un des premiers préceptes de leur morale religieuse. Résister aux gouvernemens, c'est, disent-ils, offenser l'ordonnateur du monde; c'est s'armer contre Dieu même (3).

Les successeurs des apôtres ont tenu long-temps le même langage; ils ne reconnaissaient de puissance supérieure à celle des princes, que la Providence divine (4). Ils subordonnaient aux rois tous les ministres des autels, lévites, pontifes, évangélistes, et jusqu'aux prophètes (5). Dieu seul était immédiatement, et sans aucun interprète, le

---

(1) Math. XXVIII, 19.
(2) Paul, Ép. aux Romains, XIII.
(3) *Qui resistit potestati, Dei ordinationi resistit ; qui autem resistunt, ipsi sibi damnationem acquirunt.*
(4) *Deum esse solum in cujus solius (imperatores) sunt potestate; à quo sunt secundi, post quem primi ante omnes.... Colimus imperatorem ut hominem à Deo secundum, solo Deo minorem.* Tertull.
(5) Chrysostom. Comm. sur l'Ép. aux Romains.

seul juge des souverains ; il n'appartenait qu'à lui de les condamner : l'église ne leur adressait que des supplications ou de respectueux conseils (1) ; elle n'exerçait d'empire que par ses vertus (2), et ne possédait d'autres richesses, d'autre domaine, que la foi (3). Ce sont-là les propres expressions des saints pères, non-seulement durant les trois premiers siècles, mais encore après Constantin, et même après Charlemagne.

Chacun sait qu'avant Constantin, les églises chrétiennes n'avaient été que des associations particulières, trop souvent proscrites, et toujours étrangères au système politique. Les papes, en ces temps de persécution et de ferveur, n'aspiraient point assurément à gouverner des provinces; ils n'eussent demandé qu'à être impunément vertueux; ils n'obtenaient, sur la terre, d'autre couronne que celle du martyre.

---

(1) *Quod rex delinquit, soli Deo reus est.* Cassiodor. — *Si quis de nobis, ô Rex, justitiæ tramitem transcendere voluerit, à te corrigi potest : si verò tu excesseris, quis te corripiet, quis te condemnabit, nisi is qui se pronunciavit esse justitiam ?* Gregor. Turon. ad Chilpericum. — *Reges non sunt à nobis graviter exasperandi, divino judicio sunt reservandi.* Yvo Carnot.

(2) Pelag. I. *Concilior.* tom. V, pag. 803. — Gregor. Magn. *Op.* tom. II, pag. 675, 676, 677.

(3) *Nihil Ecclesia sibi nisi fidem possidet.* Ambros. *Op.* tom. II, pag. 837.

Dès l'an 321, Constantin permit aux églises d'acquérir des biens-fonds, et aux particuliers de les enrichir par des legs : voilà peut-être, dit le président Hénault (1), ce qui a donné lieu à la supposition de la donation de Constantin. Cette donation conserva si long-temps du crédit, qu'en 1478, des Chrétiens furent brûlés à Strasbourg, pour avoir osé douter de son authenticité. Au XII.ᵉ siècle, Gratien et Théodore Balsamon la transcrivaient dans leurs compilations canoniques ; et saint Bernard ne la trouvait point apocryphe (2). Elle existait avant le X.ᵉ siècle, quoi qu'en aient dit plusieurs critiques : car vers 776, le pape Adrien en faisait usage dans une exhortation à Charlemagne. Mais, en 755, Étienne II avait aussi une occasion de s'en prévaloir, ainsi que nous le verrons bientôt ; et, puisqu'il ne l'a ni mentionnée ni désignée d'aucune manière, il fallait qu'elle lui fût inconnue comme à tous ses prédécesseurs. C'est donc après le milieu et avant la fin du VIII.ᵉ siècle qu'elle a dû être fabriquée. Au surplus, la fausseté de cette pièce est, selon Fleury (3), plus universellement reconnue que celle des décrétales d'Isidore ;

---

(1) Abrégé chronol. de l'Hist. de France, ann. 753, 754, 755.
(2) *De Consideratione ad Eugen.* l. IV, c. 4.
(3) 4.ᵉ Discours sur l'Hist. ecclésiast. n. 9.

et si la donation de Constantin pouvait conserver encore quelque crédit, pour l'en dépouiller, il suffirait de la transcrire; en voici quelques lignes:

« Nous attribuons au siége de saint Pierre toute
» la dignité, toute la gloire, toute la puissance impériale.... En outre, nous donnons à Silvestre
» et à ses successeurs notre palais de Latran, qui
» est incontestablement le plus beau palais de la
» terre; nous lui donnons notre couronne, notre
» mitre, notre diadème, tous nos vêtemens impériaux; nous lui remettons la dignité impériale et
» le commandement de la cavalerie.... Nous donnons en pur don au saint pontife la ville de Rome
» et toutes les villes occidentales de l'Italie, ainsi
» que les villes occidentales des autres contrées.
» Pour lui céder la place, nous nous démettons de
» notre domination sur toutes ces provinces, et
» nous nous retirons de Rome, en transportant le
» siége de notre empire à Byzance, attendu qu'il
» n'est pas juste qu'un empereur terrestre conserve
» la moindre puissance où Dieu a établi le chef de
» la religion. »

Le respect que nous devons à nos lecteurs nous interdit toute observation sur de si grossières absurdités : mais nous n'avons pas cru inutile de les rapporter ici, parce qu'elles peuvent donner une idée des moyens employés au VIII.e siècle pour établir le pouvoir temporel des papes. Elles fournissent encore la mesure de l'ignorance publique durant les siècles suivans, où cette étrange concession, révérée par les peuples et même par des rois, contribuait en effet au développement de la puissance politique du saint-siége. Mais il faut dire aussi qu'à la renaissance des lettres, les premiers rayons de lumière ont suffi pour dissiper un si vain prestige. Laurent Valle ayant démontré vers le milieu du XV.ᵉ siècle, la fausseté de cette donation, les meilleurs écrivains du XVI.ᵉ, même ceux d'Italie, la traitèrent avec le mépris dont elle est digne. L'Arioste exprime énergiquement le discrédit où elle est tombée (1), et la place au nombre des chimères qu'Astolphe rencontre dans la lune.

Quatre cent soixante-trois ans se sont écoulés depuis la mort de Constantin, en 337, jusqu'au couronnement de Charlemagne en 800. Or, durant tout cet espace, on ne saurait assigner aucune époque, aucune année, où les papes aient exercé l'autorité souveraine. Les premiers successeurs de Constantin régnèrent, comme lui, sur l'Italie; et lorsqu'à la mort de Théodose, deux empires

---

(1) . . . . *Or puzza forte :*
Questo era il dono (se però dir lece),
Che Costantino al buon Silvestro fece.
Orlando fur. *c. XXXIV, st. 80.*

s'élevèrent au lieu d'un seul, Rome, métropole de celui d'Occident, continua d'être gouvernée immédiatement par un empereur. Alors, comme toutes les histoires l'attestent, les papes ne remplissaient à Rome que des fonctions apostoliques ; ils n'étaient pas comptés au nombre des magistrats civils, quoique leur élection, ouvrage du peuple et du clergé, eût besoin d'être ratifiée par le prince. Quand ils réclamaient, pour leur croyance et pour l'exercice de leur ministère évangélique, une indépendance qu'ils n'obtenaient pas toujours, ils rendaient hommage à celle du pouvoir civil, et n'en revendiquaient aucun attribut.

En 476, l'empire d'Occident s'écroule : Augustule est détrôné ; les Hérules, les Ostrogoths, d'autres barbares envahissent et déchirent l'Italie. Rome est gouvernée par Odoacre jusqu'en 493, par Théodoric jusqu'en 526, et, durant les vingt-sept années suivantes, par Théodat, Vitigès, Totila, ou par les généraux des empereurs d'Orient. Il importe d'observer ici que la souveraineté de ces empereurs sur l'Italie, et spécialement sur la ville de Rome, avait été reconnue par Odoacre et par Théodoric, quelquefois même par leurs successeurs (1). Mais en 553, la victoire de Narsès sur Théia rendit aux

---

(1) Saint-Marc, Abrégé de l'Hist. d'Italie, *tom. I, p. 1-129.*

empereurs Grecs une domination immédiate sur le territoire Romain et sur les contrées voisines. Ainsi se terminèrent soixante-dix-sept années de révolutions et de combats, durant lesquelles les papes ne parvinrent ni même n'aspirèrent à l'exercice d'aucune autorité temporelle. Théodoric, en 498, confirma l'élection du pape Symmaque (1); et lorsqu'en 500 ce pontife fut accusé par ses ennemis, le jugement de cette affaire fut encore déféré à Théodoric (2).

Depuis 553 jusqu'à la fin de 567, Narsès gouverna l'Italie au nom des empereurs de Constantinople. Peu après sa mort, les Lombards, conduits par Alboin, s'emparèrent de la partie supérieure de l'Italie, et y fondèrent un royaume qui dura environ deux siècles. Les autres contrées Italiennes demeurèrent plus ou moins soumises aux empereurs d'Orient, qui les faisaient administrer par les exarques de Ravenne. L'exarque était un gouverneur général, auquel demeuraient subordonnés les ducs, préfets ou patrices, gouverneurs particuliers de certains territoires ou de certaines cités. On demandait à l'exarque et à l'empereur la ratification de l'élection de chaque évêque de Rome; c'est

---

(1) Anastas. Biblioth. *de vit. Roman. pontif.* p. 84.
(2) Fleury, Hist. ecclés. *l.* XXX, *n.* 1.

un fait dont la preuve existe dans un ancien recueil des formules de l'église Romaine (1). Une seule fois, à l'élection de Pélage II, en 577, on se passa du consentement de l'empereur, parce que les Lombards assiégeaient Rome et empêchaient la communication avec Constantinople. Paul Diacre, en parlant de Grégoire-le-Grand, qui, en 590, succédait à Pélage II, dit expressément qu'il n'était pas permis d'installer un pape sans l'ordre de l'empereur Grec (2). Une lettre de Martin I.ᵉʳ à l'empereur commence ainsi : « Martin, évêque, à l'em- » pereur notre seigneur sérénissime », et finit par ces paroles : « Que la grâce d'en haut conserve » l'empire très-pieux de notre seigneur et lui sou- » mette le col de toutes les nations (3). » Ainsi s'exprimait un pape qui, emprisonné, exilé, destitué par Constant, ne contesta jamais les droits du souverain qui le traitait avec tant de rigueur ou même d'injustice. Quand cet empereur Constant

---

(1) *Liber diurnus Romanorum pontificum.* Le P. Garnier, Jésuite, en a donné une édition à Paris en 1680. Ce recueil avait été publié auparavant par Holstenius, et supprimé par la cour de Rome. — *Voy.* sur la dépendance des papes, les titres III et IV.

(2) *Non enim licebat tunc temporis quemlibet in Romanâ civitate ad pontificatum promoveri absque* jussione *imperatoris.* Paul. Diac. *l. III, c. 4.*

(3) Morin, Hist. de l'origine et des progrès de la puissance des papes, *page 664.*

vint à Rome en 663, le pape Vitalien lui rendit les hommages d'un sujet fidèle (1).

Deux nonces ou apocrisiaires, entretenus, l'un à Constantinople, l'autre à Ravenne, offraient à l'empereur et à l'exarque, les respects, les vœux, les tributs du pontife romain. Le pape Léon II, vers 683, écrivant à Constantin Pogonat, l'appelle son roi, son seigneur (2). En 686 et 687, les élections des papes Conon et Sergius furent confirmées, l'une par l'exarque Théodore, l'autre par l'exarque Platys, qui exigea de Sergius une somme considérable, quoique ce genre de tribut eût été aboli par l'empereur, sous le pontificat d'Agathon(3). En 710, le pape Constantin, mandé à Constantinople par Justinien II, s'empressa d'obéir à cet ordre suprême (4). Ne citons plus qu'une lettre écrite par le pontife Romain au duc de Venise, en 727 (5) : « La ville de Ravenne ayant été prise à » cause de nos péchés par la méchante nation des » Lombards, et notre excellent maître l'exarque » s'étant retiré, comme nous l'avons appris, à

---

(1) Fleury, *Hist. ecclés.* l. *XXXIX*, n. *33.*
(2) Morin, Hist. de l'origine et des progrès de la puissance des papes, *page 664.*
(3) Anast. Bibl. *de vit. Rom. pontif.* pag. 147-149.
(4) Fleury, Hist. ecclés. l. *XLI*, n. 22.
(5) Baronius, *Ann. eccles.* tom. XII, pag. 343.

» Venise, nous conjurons votre altesse de se
» joindre à lui pour faire rentrer la ville de Ra-
» venne sous la domination impériale, afin que
» nous puissions, avec le secours du Seigneur,
» demeurer inviolablement attachés au service de
» nos maîtres, Léon et Constantin, grands empe-
» reurs. » Le pape qui s'exprime ainsi est Grégoire II, l'un de ceux qu'on peut soupçonner d'avoir songé les premiers à étendre au-delà des bornes de l'apostolat l'autorité pontificale. Sa lettre prouve au moins que la souveraineté impériale était alors un droit universellement reconnu, un fait public et incontestable.

C'est pourtant au VIIIe siècle, et peu après la date de cette épître, qu'on aperçoit, non sans doute l'établissement, mais les premiers symptômes de la puissance temporelle des prélats Romains. Les diverses causes qui devaient amener ce résultat commencent à devenir sensibles et à se fortifier par leur concours.

La première de ces causes consistait dans les vastes progrès de toutes les institutions ecclésiastiques. Plusieurs papes et beaucoup d'autres prélats avaient mérité par leurs vertus et par leurs talens le respect des nations et l'estime des rois : ils avaient obtenu ces réputations imposantes qui, au sein des troubles et des désastres publics, sont toujours des commencemens de puissance. De zélés missionnaires avaient porté la lumière de l'évangile dans la plupart des contrées de l'Europe, et préparé, avancé même, par des instructions religieuses, la civilisation de quelques peuples barbares. De toute part s'élevaient et s'enrichissaient des églises et des monastères : les pieuses libéralités des princes et des particuliers accroissaient par-tout, et spécialement à Rome, les trésors et les immeubles du clergé : ses propriétés territoriales acquéraient assez de surface pour se transformer insensiblement en principautés ; métamorphose trop facile sous des gouvernemens si faibles, sous des législations si vacillantes. Ajoutons la fréquence et la solennité des conciles, l'intérêt général qu'excitaient leurs décisions, et le contact presque inévitable de leurs débats avec l'ordre ou le désordre des affaires politiques. Observons sur-tout qu'au commencement du VIIIe siècle, il n'existait d'autre grand empire que celui d'Orient ; et que la puissance des empereurs Grecs, limitée en Asie par celle des califes, affaiblie au sein même de Constantinople par des révolutions intérieures, représentée à Ravenne par des exarques inhabiles ou infidèles, se soutenait à peine en Italie contre les armes des Lombards, et avait quelquefois besoin d'y être défendue par l'influence des pontifes Romains. Cependant, les nouveaux trônes qu'avaient élevés çà et là quelques conquérans barbares, chancelaient déjà sous leurs successeurs, dont l'ignorance, le plus souvent égale à celle de leurs peuples, semblait provoquer les entreprises du clergé. Ce clergé, d'ailleurs, plus instruit que le vulgaire, ne l'était point assez lui-même pour reconnaître, en de telles circonstances, les limites de ses propres fonctions, et ne pas profiter aveuglément des occasions d'agrandir son pouvoir. Lorsqu'en 681, un concile de Tolède dégagea les sujets de Vamba de leurs obligations envers ce prince, peut-être les trente - cinq évêques qui siégeaient dans ce synode ne s'aperçurent-ils ni de la témérité, ni de la monstrueuse déloyauté d'une telle sentence. Fleury (1) a raison de nous faire observer ce premier exemple d'un roi déposé par des évêques : mais il pouvait remarquer aussi qu'une nouveauté si grave n'excita aucun scandale, que les rois ne s'en plaignirent point, et que nul obstacle n'empêcha l'exécution de cet étrange décret.

Il faut placer au nombre des causes qui favorisèrent l'ambition des papes, le goût insensé des empereurs Grecs pour les controverses dogmatiques, et la part malheureuse qu'ils ne cessaient d'y prendre. Ils provoquaient ainsi des résistances

---

(1) Hist. ecclés. *l. XL*, *n. 34;* et 3.ᵉ Discours, *n. 10.*

apostoliques qui, par leur éclat et leur succès, rabaissaient, aux yeux des peuples, l'autorité impériale. On voyait la doctrine du pontife triompher solennellement des édits du prince; et celui dont les instructions pastorales limitaient ainsi l'autorité civile, devait paraître capable de l'exercer au moment où il ne la dédaignerait plus. Une secte venait de se former à Constantinople contre les images décréditées en quelques lieux et pour quelques momens par les victoires que les Mahométans avaient remportées sur elles. L'empereur Léon l'Isaurien se mit à la tête des iconoclastes (1) : il publia presque en même temps un édit qui abolissait le culte de tout simulacre, et le projet d'une capitation nouvelle à payer par les peuples d'Italie. Le pape Grégoire II, devenu le défenseur des intérêts et des croyances, adresse à l'empereur des lettres énergiques, mais respectueuses, pour l'inviter à maintenir dans les églises une pratique ancienne et salutaire. Léon ne répond que par les menaces les plus propres à fortifier, dans le cœur des Italiens, leur amour et leur vénération pour le pontife. Que fait Grégoire ! il ne paraît point occupé de ses périls personnels; il implore, pour le peuple et pour le prince, la miséricorde divine; il

---

(1) Brise-images.

ne lance point d'anathèmes, mais il recommande les bonnes œuvres et en donne l'exemple ; il veut sur-tout que chacun demeure fidèle au chef de l'empire. Il nous serait difficile de vérifier, à dix siècles de distance, si réellement Léon a plusieurs fois essayé, par le ministère de ses officiers, d'attenter aux jours de Grégoire : mais personne n'en douta dans Rome, dans toute l'Italie ; et ces complots avortés excitèrent au loin l'indignation ou le mépris plus dangereux qu'elle. Au contraire, quand le duc Pierre est chassé de Rome, quand l'exarque Paul est tué à Ravenne, Grégoire est tellement en règle, qu'on ne songe point à lui imputer ces attentats. Cependant Liutprand, roi des Lombards, profite de ces troubles pour s'emparer de Ravenne et de plusieurs autres places. C'est dans cette conjoncture que Grégoire écrit au duc de Venise la lettre que nous avons déjà transcrite. Grégoire fait plus, il négocie avec Liutprand, il l'apaise : mais le roi des Lombards, en abandonnant les villes qu'il a conquises et pillées, ne veut pas les rendre aux officiers de l'empereur ; il en fait présent à l'église Romaine, qui s'abstient également de les accepter et de les refuser. Déconcerté par tant de sagesse, Léon l'Isaurien se vit réduit, pour toute vengeance, à détacher du patriarcat de Rome les églises d'Illyrie, de Sicile, du duché de Naples et de la

Calabre, pour les soumettre au patriarche de Constantinople. Ce fut-là tout le mal qu'il put faire à Grégoire II, qui mourut sans daigner s'en plaindre. Quoi qu'en aient dit Théophane et d'autres auteurs Byzantins qui ont fort décrié ce pontife, il règne beaucoup de modération dans sa conduite; et si c'est prudence, elle est si profonde, qu'on est souvent tenté de la prendre pour de la bonne foi (1).

Son successeur, Grégoire III, se crut dispensé d'une circonspection si rigoureuse : à la tête d'un concile, il excommunia l'empereur, non pas à la vérité nominativement, mais en ne l'exceptant point de la secte entière des iconoclastes; et tandis que Léon s'appliquait cet anathème par l'éclat du courroux qu'il en ressentait, tandis qu'il confisquait en Sicile des terres de l'église Romaine, tandis qu'une flotte envoyée par lui contre l'Italie, périssait dans un naufrage, le pape travaillait à créer, au sein de Rome, un état indépendant, ou destiné du moins à le devenir. Quelques auteurs aperçoivent dès 726, sous le pontificat de Grégoire II, un simulacre de république Romaine; et l'on peut assurer du moins qu'en 730, peu avant la mort de ce pape et sans qu'il parût y concourir, les Romains

---

(1) *Voy.* Le Beau, Hist. du Bas-Empire, *t. XIII*, *pag.* 368 et 369.

s'érigèrent

s'érigèrent formellement en république. Mais ce fut sur-tout depuis 731 jusqu'à 741 (1), c'est-à-dire, sous le pontificat de Grégoire III, que s'accréditèrent les expressions de république des Romains, d'association républicaine, de corps de l'armée romaine (2) : expressions qui ne disparaissent qu'en 800, et qui, durant les soixante-dix années précédentes, sont fort souvent employées, soit dans les actes d'administration intérieure, soit dans les négociations avec les rois Lombards, ou avec les maires du palais de France. On évitait toutefois les déclarations positives qui auraient irrité la cour de Constantinople ; au besoin même on reconnaissait la suprématie de l'empereur, on lui demandait des secours, on recevait ses officiers ; et ces hommages à l'autorité impériale sont les motifs de l'opinion des auteurs qui nient l'existence de cette république. Sans doute ce n'était qu'une apparence ; mais on aimait à se présenter sous ce titre aux princes qui régnaient dans l'Europe occidentale : c'était une manière de se placer furtivement au nombre des états indépendans, et d'amincir de plus en plus le fil par lequel on tenait encore à l'empire Byzantin.

---

(1) Anast. Biblioth. *in vitâ Gregorii III.*

(2) *Respublica Romanorum ; compages S. reipublicæ, corpus Christo dilectum exercitûs Romani.* Apud Anastas.

Pour l'ordinaire, le pape ne remplissait point la première magistrature de cette république ; il abandonnait les signes du pouvoir à un préfet, à un duc, à un patrice, et se préparait à substituer bientôt à ces formes indécises, un gouvernement définitif et pontifical.

Une autre cause amenait et justifiait même la révolution qui allait s'opérer en Italie contre les empereurs Grecs ; c'était l'abandon presque absolu dans lequel ils laissaient depuis deux siècles les provinces qu'ils possédaient dans cette contrée. Ils n'entretenaient aucune garnison dans Rome ; et cette ville, continuellement menacée par les Lombards, invoqua plus d'une fois en vain, par l'organe ou de ses ducs ou de ses pontifes, les soins de l'exarque et la puissance de l'empereur. Les historiens Byzantins de cette époque ne parlent presque jamais de l'Italie ; l'un d'eux, Théophylactus Simocatta, écrit l'histoire de l'Empire depuis 582 jusqu'en 802, sans nommer une seule fois ni l'Italie, ni Rome, ni les Lombards. Délaissés par leurs maîtres, les Romains durent s'attacher à leurs pontifes, alors presque tous Romains, alors aussi presque tous recommandables. Pères et défenseurs du peuple, médiateurs entre les grands, chefs de la religion de l'Empire, les papes réunissaient les divers moyens de crédit et d'influence que donnent les richesses, les bienfaits, les vertus et le sacerdoce suprême. Ils conciliaient ou divisaient autour d'eux les princes de la terre; et cette puissance temporelle qu'ils ne possédaient point encore, ils pouvaient, à leur gré, l'affermir ou l'affaiblir entre les mains d'autrui.

Les choses étant ainsi disposées, il devait arriver infailliblement des occasions favorables à l'ambition des pontifes Romains, ou déjà même ils n'avaient besoin que d'une ambition plus active. Tandis que Zacharie continuait de rendre hommage à la souveraineté des empereurs, Liutprand s'emparait de l'exarcat, et son successeur Rachis stipulait immédiatement avec les Romains une paix de vingt années. Sous le même pape, Pepin détrônait en France la dynastie Mérovingienne, proposait au saint-siège un célèbre cas de conscience, et en obtenait une réponse qui, absolvant aux yeux des peuples son audacieuse entreprise, fixait dans ses mains un sceptre qu'elles seules pouvaient porter. Peu de temps après une si sage réponse, Astolphe, successeur de Rachis, rompit la trève de vingt ans, conquit l'Istrie, reprit Ravenne, où les officiers Grecs étaient rentrés, et les en chassa pour toujours. Eutichius, le dernier des exarques, prend la fuite, se retire à Naples; et tout annonce que la puissance des

empereurs va s'éteindre dans l'Italie moyenne comme dans l'Italie supérieure. Astolphe, en effet, tourne ses armes contre cette république Romaine, où le chef de l'Empire conservait encore quelque ombre de souveraineté. Le pape (c'était alors Étienne II) supplie Constantin Copronyme de secourir la ville de Rome, d'envoyer une armée qui mette en fuite les Lombards, qui maintienne en Italie l'intégrité de l'empire et l'honneur de l'autorité impériale (1). C'est évidemment comme au souverain de Rome qu'Étienne s'adresse à Constantin. Mais Constantin, occupé à faire la guerre aux images, charge (2) Étienne de négocier avec Astolphe, et, si Astolphe est intraitable, avec Pepin, roi des Français. Le pontife pénètre en France : là, ministre de l'empereur Grec, il donne, en 753, à Pepin et à ses fils, le titre de patrice Romain, qu'avait déjà porté Charles-Martel, et reçoit, dit-on, en échange, la donation des provinces qu'occupait Astolphe, et que réclamait ce même empereur, au nom

---

(1) *Id cùm ipsius imperio perniciosum, tum nomini quoque apud posteros fore turpissimum.* Sigonius, *Hist. regn. Ital.* l. III, p. 197.

(2) *Joannes Silentiarius à Constantino cum legatis pontificis rediit, narrans imperatori placere ut ipse ad regem proficiscens, quantùm precibus atque auctoritate proficere posset, experiretur.* Sigon. *ibid.* p. 199.

duquel négociait Étienne. Pepin hésitait d'autant moins à les donner, qu'il n'en était ni le souverain ni le possesseur. Jaloux pourtant de tirer quelque avantage de son titre de patrice, il passe les Alpes en 754, assiége Pavie, et contraint Astolphe à promettre qu'il restituera l'exarcat et la pentapole, non à l'empereur de Constantinople, mais à saint Pierre, à l'église et à la république Romaine. Vaine promesse : à peine le roi Pepin est-il rentré en France, que le roi Lombard oublie ses sermens, ravage les environs de Rome, et travaille à se rendre maître de cette cité. C'est alors, en 755, que le pape adresse au monarque Français plusieurs lettres, dont l'une, écrite au nom de saint Pierre, fait connaître, dit Fleury (1), « le génie de ce siècle, et jusqu'où les hommes » les plus graves savaient pousser la fiction quand » ils la croyaient utile. »

» Pierre, appelé à l'apostolat par Jésus-Christ » fils du Dieu vivant, &c....Comme par moi » l'église Romaine, dont Étienne est évêque, est » fondée sur la pierre,...je vous adjure, vous » excellens Pepin, Charles et Carloman, trois » rois, et avec vous les évêques, abbés, prêtres » et moines, et même les ducs, les comtes et

---

(1) *Hist. ecclés.* l. XLIII, n. 17.

» les peuples, ... je vous adjure, et la vierge Marie,
» les anges, les martyrs et tous autres saints,
» vous conjurent avec moi, de ne pas permettre
» que ma ville de Rome et mon peuple soient
» plus long-temps en proie aux Lombards....
» Si vous m'obéissez promptement, vous en re-
» cevrez une grande récompense en cette vie,
» vous surmonterez vos ennemis, vous vivrez
» long-temps, vous mangerez les biens de la
» terre, et vous aurez en outre la vie éternelle :
» si vous ne m'obéissez pas, sachez que par l'au-
» torité de la sainte Trinité et de mon apostolat,
» vous serez privés du royaume de Dieu. »

Il importe extrêmement de remarquer que cette lettre ne fait mention ni de la donation de Constantin, ni de celle que Pepin-le-Bref passe pour avoir faite en 753 et renouvelée en 754. Ce n'est pas le plus faible argument de ceux qui relèguent au rang des chimères la seconde de ces donations tout aussi bien que la première. Ils ajoutent que le titre original de la concession de Pepin, n'existe en aucun lieu du monde, qu'on n'en saurait produire aucune copie authentique, et que ses dispositions, omises par les historiens contemporains, ne nous sont connues que par Anastase, qui compilait son Histoire des papes à la fin du IX.ᵉ siècle, cent trente ans après la mort d'Étienne II. Les défenseurs de cette concession s'en tiennent à dire qu'Anastase déclare en avoir vu l'original, et citent d'ailleurs un reste d'inscription conservé à Ravenne, sans trop s'enquérir de l'époque où l'on a pu élever un monument si mutilé (1).

Nous demandera-t-on maintenant quelle était la nature de la concession faite aux papes par Pepin-le-Bref; s'il donnait la souveraineté absolue, ou la simple administration, un pouvoir secondaire et délégué, ou seulement la propriété, et comme on dit, le domaine utile ? Dans l'absence d'un texte positif qui offrirait une réponse immédiate à ces questions, nous n'avons d'autre moyen de les résoudre que de continuer jusqu'en 800 l'examen des faits relatifs au gouvernement de Rome et à l'autorité du pape. Or il est certain, comme nous l'avons annoncé, que, durant les cinquante dernières années du VIII.ᵉ siècle, les papes n'ont jamais été souverains, et presque jamais administrateurs. Nous avons une suite de lettres où

---

(1) *Pipinus. pius. primus. amplificandæ. ecclesiæ. viam. aperuit. et. exarchatum. Ravennæ. cum. amplissimis....* Le P. le Cointe cite ce commencement d'inscription, et l'achève ainsi : *urbibus. territoriis. ac. reditibus. principi. apostolorum. ejus. que. demum. successoribus. lubens. ac. volens. concessit.* Annal. eccl. Francorum, tom. *V*, pag. 484.

ils se plaignent de l'inexécution des promesses de Pepin, et de l'infidélité des rois Lombards, qui ravagent ou reprennent les possessions de l'église. D'ailleurs Constantin Copronyme ne renonçait point à ses droits ; il offrait de payer les frais des victoires de l'armée Française sur les Lombards, pourvu qu'on lui restituât les places qu'on venait de leur reprendre. Pepin, quoique fort peu empressé de satisfaire à ces réclamations, évitait de caractériser la puissance qu'il exerçait, à titre de patrice, sur la république des Romains ; laissant indécis s'il s'y considérait comme souverain ou comme investi provisoirement par les circonstances, des fonctions de la souveraineté impériale. Ce qui est bien remarquable, c'est qu'en fixant les limites des États de ce monarque, aucun historien Français ne les étend au-delà des Alpes (1). Quant aux papes, quoique leur influence dominât presque toujours l'autorité des commissaires du patrice, ils n'exerçaient point encore une magistrature civile proprement dite, authentiquement instituée ou déléguée. Ils continuaient de dater du

---

(1) *Antiquit. S. Dionysii*, l. II, c. 3 :
Regnabant inter Rhenum Ligerimque priores, (ante Car. Mag.)
Ad Boream fuerat terminus Oceanus ;
Australemque dabant Balearica littora finem,
Alpes et tectæ perpetuis nivibus.

règne des empereurs de Constantinople, et de les appeler leurs seigneurs et leurs maîtres. C'est ce qu'on observe dans une lettre écrite par Étienne II en 757, peu avant sa mort (1), dans un diplome souscrit en la même année par Paul I.ᵉʳ, frère et successeur d'Étienne (2), dans un réglement du même Paul en 758 (3), dans une lettre qu'Adrien adressait, en 772, à l'empereur, en lui renvoyant le jugement d'un crime commis dans le duché de Rome (4), et en 785, dans une épître de ce même Adrien à Constantin V et à Irène sa mère (5). Plusieurs villes comprises dans la prétendue donation, furent gouvernées, d'après les dispositions de Pepin, par les archevêques de Ravenne, qui semblaient remplacer les exarques, dont le titre demeurait aboli.

Appelé par Adrien contre Didier, roi des Lombards, Charlemagne bloque Pavie et renouvelle dans Rome, en 774, la donation de Pepin. Cet acte de 774 ne nous est pas mieux connu que

---

(1) *Antiquit. S. Dionysii*, l. II, c. 3.
(2) *Concil.* tom. VI, p. 1689.
(3) *Ibid.* p. 1694.
(4) Fleury, *Hist. ecclés.* l. XLIV, n. 2.
(5) Δεσπόταις Εὐσεβεςάτοις... Κωνςαντίνῳ καὶ Εἰρήνῃ Αὐγούςοις, Ἀδριανὸς δοῦλος τῶν δούλων τοῦ Θεοῦ. *Concil.* tom. VII, p. 99.

ceux de 753 et 754. Point de titre original, point de copie authentique ou même informe. C'est encore Anastase, qui vient après cent ans nous en détailler les dispositions.

A la donation de Pepin, Charlemagne ajouta, selon cet Anastase, la Corse, la Sardaigne, la Ligurie, la Sicile, Venise, Bénévent, et déposa la charte qui enrichissait à ce point l'église Romaine, sur le tombeau des saints apôtres Pierre et Paul. Anastase n'explique point comment Charlemagne donnait des provinces qu'il ne possédait pas, sur lesquelles il n'avait aucun droit de souveraineté ni même de conquête. La Sardaigne et la Sicile n'étaient point en son pouvoir; Venise, en travaillant de plus en plus à se rendre indépendante, reconnaissait encore, pour la forme, les droits souverains des empereurs Grecs. Un duc gouvernait Bénévent, qui n'a été cédé au saint-siége qu'en 1047 par Henri-le-Noir. Cette cession de 1047 n'embrasse pas tout le territoire Bénéventin, et l'acte où elle est consignée n'est d'ailleurs pas très-authentique : mais ce qui est à observer ici, c'est que cet acte ne renouvelle point la prétendue donation de Charlemagne ; il n'en fait aucune mention; il suppose, au contraire, que la cour de Rome, en 1047, va, pour la première fois, posséder la ville de Bénévent.

Une autre difficulté que ne résout point Anastase, c'est qu'après 774, les papes ne se mirent à gouverner ou administrer ni Bénévent, ni Venise, ni la Sicile, ni la Sardaigne, ni l'exarcat, ni la ville de Rome. Charlemagne, vainqueur et successeur des rois Lombards, ajoute le titre de roi d'Italie à celui de patrice des Romains. La souveraineté, ou l'administration suprême, demeure entre ses mains; il l'exerce ou par lui-même ou par ses délégués, reçoit les hommages des pontifes, s'investit du droit de confirmer leurs élections, et subordonne tellement leurs possessions et leurs personnes à son autorité, qu'on ne saurait supposer qu'il leur eût cédé autre chose que des propriétés ou domaines utiles. Le duché de Rome, l'exarcat, la pentapole, sont compris, par les historiens de ce prince, dans le tableau des États sur lesquels il régnait avant 800 (1), et Pagi juge à propos d'y joindre la Corse (2). En 778, c'est à Charles qu'on défère le jugement des contestations qui s'élèvent entre le pape et l'archevêque de Ravenne : celui-ci retenait l'administration de l'exarcat, à quoi peut-être Charlemagne l'avait tacitement autorisé. On a recueilli, dans le Code Carolin, plusieurs

---

(1) Eginh. *de Car. Magn.* p. 91-96 du t. V du Rec. des Hist. de Fr.
(2) *Crit. Ann. Baronii* ad ann. 800, n. 11.

lettres adressées à ce monarque par le pape Adrien après 775 : elles prouvent que Charles n'était pas très-pressé de revêtir le saint-père de la puissance temporelle. La donation de Constantin est mentionnée dans l'une de ces épîtres (1), ainsi que nous l'avons déjà remarqué : le nom de nouveau Constantin y est promis à Charles, s'il remplit ses engagemens. Mais, en 789, le pape se plaint encore du retard des jouissances qu'on lui a fait espérer; il rappelle la donation de Pepin comme un acte resté sans effet. Il paraît cependant qu'Adrien, dans le cours des six dernières années de son pontificat, a réellement exercé quelque pouvoir, puisqu'on trouve une monnaie qui porte son nom. Mais des ducs de Bénévent et d'autres gouverneurs délégués usaient alors du même droit, avec le consentement de leurs souverains. Beaucoup plus de médailles ont été frappées à Rome au nom de Charlemagne (2), et l'on appelait à ses officiers des jugemens rendus par les papes (3).

Charlemagne, avant la fin du VIII.ᵉ siècle, songeait si peu à revêtir les papes d'un pouvoir souverain, qu'il évitait au contraire de s'attribuer à

---

(1) *Cod. Carol. ep. Adriani VI*, p. 550 du t. V du Recueil des Historiens de France.

(2) Leblanc, Médailles de Charlemagne, &c. pag. *17.*

(3) Velly, Hist. de Fr. *tom. I* (in-12), *p. 399.*

lui-même une souveraineté absolue sur la ville et le territoire de Rome. Il ne contestait pas celle des empereurs Grecs; et, quoiqu'il gouvernât sans prendre leurs ordres, il laissait croire qu'il ne se considérait que comme leur vicaire. On conjecture même qu'en 781 il avait reçu d'Irène des lettres qui le créaient expressément patrice des Romains. Quand Paul Diacre dit que Charles ajouta Rome à ses États dès 774, c'est, selon D. Bouquet, une expression fort hyperbolique (1), puisque Charles s'est alors contenté du simple patriciat. Théophane ne fixe qu'à l'année 799 le commencement de la domination des Français sur la capitale de l'Italie; et Théophane est encore inexact, puisqu'il avance d'une année, comme nous le verrons bientôt, l'extinction absolue de la souveraineté des empereurs Grecs sur les Romains.

Pour mesurer l'étendue de l'autorité que Charlemagne exerçait dans Rome avant 800, il faut se former une idée de la dignité de patrice dont il y était revêtu.

---

(1) *Rhetoricè hîc et hyperbolicè loquitur Paulus. Anno enim 774, Roma neque à Longobardis oppressa fuit, neque à Carolo cum ditionibus suis unita, sed à Longobardorum insultibus liberata et Carolo jure patriciatûs tantùm subdita.* Recueil des historiens des Gaules et de la France, *tome V, pag. 191, n. a.*

Constantin, voulant remplacer les anciens patriciens, avait imaginé ce titre personnel de patrice, pour le donner au gouverneur ou premier magistrat de la ville de Rome. Depuis 729 jusqu'en 800, c'est-à-dire, pendant la durée d'un simulacre de république Romaine, la charge de patrice fut souvent conférée par le clergé, les seigneurs et le peuple de cette ville, presque toujours au gré des papes, jamais par eux seuls. Les empereurs Grecs ratifiaient tacitement ou expressément l'élection du patrice, aimant mieux supposer qu'il administrait en leur nom, que de laisser croire qu'il gouvernât malgré eux. Plusieurs rois barbares, Visigoths, Ostrogoths et autres, ont reçu et porté ce titre, et Charlemagne ne dédaigna pas une dignité subordonnée en apparence, mais en effet indépendante, et pouvant servir de degré à une plus véritable souveraineté.

Léon III, succédant, en 796, au pape Adrien, s'empressa d'adresser à Charlemagne une lettre d'hommage pareille à toutes celles que ce prince devait recevoir de ses vassaux (1). Cependant il nous reste un monument de la suprématie que l'empereur d'Orient conservait sur les Romains en 897 ; c'est une mosaïque (2) dont Léon III orna

---

(1) Saint-Marc, Abr. chr. de l'Hist. d'Italie, *t. I, ann. 796.*
(2) Ciampini, *Vetera monum.* p. II, pag. 128.

la salle du palais de Latran. On y voit un prince couronné, que les circonstances font reconnaître pour Constantin V; un autre prince sans couronne et un pape sont représentés à genoux, et nommés Charles et Léon par une inscription. L'empereur reçoit un étendard de la main de Jésus-Christ; Charlemagne en reçoit un autre de la main gauche de saint Pierre, qui, de la droite, donne un pallium au pape. Cette mosaïque est tout-à-la-fois l'emblème de la primauté de l'empereur, de la puissance du patrice et des prétentions du pontife.

En 799, on conspire contre Léon III; on l'accuse devant Charlemagne, qui charge des commissaires de l'examen et du jugement de toute l'affaire (1). Ce fait suffirait pour montrer combien il s'en fallait que le pape fût souverain avant 800.

Le 25 septembre de cette année 800, Charles est proclamé empereur. Il avait été promu à cette suprême dignité, non par le pape seul, mais par une assemblée du clergé, de la noblesse et du peuple de Rome. Voilà dans Rome l'époque précise de l'extinction des droits souverains de

---

(1) Theophan. *Chronic.* — Eginhard, *ad ann. 799.* — Anast. *Vit. Leonis III.* — Fleury, Hist. ecclés. *l. XLV, n. 14.*

l'empereur d'Orient : c'est alors aussi que cesse le patriciat proprement dit, et que le pape, ne reconnaissant plus d'intermédiaire entre lui et l'empereur d'Occident, devient en effet le gouverneur ou premier magistrat temporel de Rome et de son territoire. Charlemagne, pour ménager la cour de Constantinople, avait feint de ne remplir qu'un rôle passif dans son propre couronnement : c'était à son insu qu'on lui déférait la couronne impériale ; c'était malgré lui qu'il souffrait qu'on la plaçât sur sa tête victorieuse : tel est du moins le récit que son chancelier Éginhard nous a fait de cet événement ; récit que Sigonius (1) et Muratori (2) ont rejeté parmi les fables, et auquel le père Daniel lui-même a refusé toute croyance. Charlemagne s'empressa d'envoyer des ambassadeurs à Constantinople ; il reçut à son tour ceux de l'empereur Nicéphore, et conclut un traité d'alliance et d'amitié qui fixait les limites des deux empires, sans néanmoins que l'empereur d'Occident y fût reconnu formellement par les Grecs. Mais la souveraineté absolue de Charles sur l'exarcat, sur la pentapole, sur le territoire Romain, devint incontestable. Le pape Léon, en

---

(1) *De regn. Ital.* l. IV, pag. 252.
(2) *Annali d'Italia*, ann. 800.

805 (1), en 806 (2), date du règne de l'empereur Charles. Ce prince lui-même se qualifie chef de l'empire Romain (3); et les confins de ses États sont dès-lors reculés jusqu'à la Calabre inférieure, par Éginhard (4) et les autres historiens.

Étienne IV, à peine élu pour succéder à Léon III, fait prêter par les Romains serment de fidélité à Louis-le-Débonnaire, successeur de Charlemagne (5). Parmi les donations dont se prévaut le saint-siége, il en est une qui porte le nom de ce premier Louis, et la date de 819. On veut qu'en confirmant les concessions de Charlemagne et de Pepin, Louis ait expressément compté la Sicile au nombre des provinces acquises à la cour Romaine, et qu'il ait renoncé de plus, pour lui et pour ses successeurs, au droit de ratifier l'élection des papes. Mais nous le voyons lui-même, en 827, examiner et approuver celle de Grégoire IV; Éginhard et un autre historien de Louis-

---

(1) *Imperante nostro Domino Carolo piissimo à Deo coronato.* Ughelli, *Ital. sacr.*

(2) *Concilior.* tom. VII, pag. 1120.

(3) *Carolus serenissimus Augustus..... Imperator Romanorum gubernans imperium.... Datum idibus junii, anno III imperii nostri, et XXXV regni nostri in Francia.* Lecointe, *Annal. eccl. Francor.* tom. VI, pag. 814.

(4) *Italiam totam.... usque in Calabriam inferiorem.* Eginhard.

(5) Theg. *de Gestis Ludovici Pii*, ann. 816.

C

le-Débonnaire (1) nous attestent cette circonstance. Quant à la Sicile, elle n'appartenait aucunement à Louis; il ne la possédait point; le pape ne songea pas même à la gouverner; et il est tellement incroyable qu'elle ait été cédée au pape en 816 par l'empereur, que le père Morin (2), en soutenant l'authenticité de la donation de Louis I.ᵉʳ, est obligé de supposer que le nom de cette île ne s'y trouvait point, et y a été intercalé dans la suite des temps. Au surplus, c'est encore là une donation inconnue aux écrivains contemporains, et qui ne se montre dans les livres d'histoire que long-temps après sa date.

Les suppositions de pièces reviennent souvent dans l'histoire de la puissance temporelle des papes. La donation de Constantin fut fabriquée, ainsi que nous l'avons fait observer, entre 756 et 779, et ce fut à-peu-près vers les mêmes temps qu'un Isidore Mercator ou Peccator forgea des décrétales d'anciens papes, de Clément, d'Anaclet, d'Évariste et autres, jusqu'à saint Silvestre. Au VI.ᵉ siècle, Denis-le-Petit n'avait pu recueillir de décrétales que depuis saint Sirice qui mourut à la fin du IV.ᵉ Celles d'Isidore sont longues, pleines de lieux

---

(1) Dans le Rec. des Hist. de France, *tom. VI, pag. 108.*
(2) Hist. de l'origine de la puissance des papes, *pag. 627, &c.*

communs et toutes d'un même style, qui, selon Fleury (1), est bien plus celui du VIII.ᵉ siècle que du premier âge de l'église. « Leurs dates sont » presque toutes fausses », ajoute l'historien que nous venons de nommer, « et la matière de ces » lettres en découvre encore la supposition : elles » parlent d'archevêques, de primats, de patriarches, » comme si ces titres avaient été reçus dès la nais- » sance de l'église. Elles défendent de tenir aucun » concile, même provincial, sans la permission du » pape, et représentent comme ordinaires les appel- » lations à Rome. » Ces fausses décrétales ont contribué à étendre le pouvoir spirituel des papes, et à les investir d'une autorité politique : leurs funestes effets ont été parfaitement exposés par Fleury, dans son 4.ᵉ discours sur l'histoire ecclésiastique.

Nous croyons que, des détails que nous venons de rassembler, il résulte assez clairement que, jusqu'en 800 et au-delà, Rome et les papes ont toujours reconnu des souverains, empereurs d'Orient ou d'Occident, et même des gouverneurs particuliers, exarques, patrices, rois des Lombards, ou d'Italie. Le pape, à la fin du règne de Louis-le-Débonnaire, en 840, n'était pas encore souverain; et à prendre ce mot à la rigueur, c'est-à-dire, pour

---

(3) Hist. ecclés. *l.* XLIV, *n.* 22.

une autorité suprême, indépendante et non déléguée, on pourrait soutenir, avec certains auteurs, qu'il n'a commencé de l'être qu'en 1355, lorsque l'empereur Charles IV, recevant à Rome la couronne impériale, renonça de la manière la plus expresse à tout genre d'autorité sur les possessions du saint-siége.

Mais, sans être souveraine, une puissance peut néanmoins être effective. Telle fut celle des papes, bien avant 1355, et dès le temps de Charlemagne. Un pouvoir temporel très-positif, quoique subalterne, délégué ou emprunté, exista dès-lors entre les mains des évêques de Rome; et depuis ce temps, les guerres continuelles du sacerdoce et de l'empire n'ont eu d'autre but que d'affranchir et d'accroître ce pouvoir. Il a fallu d'abord le rendre indépendant; et dès qu'il s'est vu ou prétendu tel, étendre ses attributions, ses droits, ses limites, le transformer en une monarchie universelle. Voilà la cause générale des anathèmes, des querelles, des guerres dont nous devons esquisser le tableau. Voilà le secret de cette lutte éternelle de la cour Romaine contre la plupart des puissances Européennes, et sur-tout contre celle qui obtenait la prépondérance en Italie.

CHAPITRE II.

Entreprises des Papes du neuvième siècle.

Charlemagne avait condamné les donations faites à l'église au préjudice des enfans et des proches parens du donateur. En 816, un capitulaire de Louis I.er déclara nulles toutes les donations de cette espèce. Mais, loin de continuer à limiter, par de telles barrières, l'ambition sacerdotale, Louis était destiné à devenir l'une des premières victimes, et par cela même l'un des fondateurs de la puissance du clergé.

Pascal, succédant en 817 à Étienne IV, n'attendit point, pour s'installer, le consentement du prince; il se contenta de lui envoyer des légats et une lettre d'excuse, où il protestait qu'il avait été forcé d'accepter hâtivement cette dignité. Quelques années après, Pascal couronna Lothaire, que Louis, son père, associait à l'empire : le pape, disent les historiens ecclésiastiques du IX.e siècle, donna au jeune prince la puissance dont les anciens empereurs avaient joui; ils ajoutent que, du consentement et par la volonté de Louis, Lothaire reçut du souverain pontife la bénédiction, la dignité et le nom d'empereur ; expressions remarquables, dont on s'est prévalu depuis pour ériger le pape en dispensateur de la couronne impériale; comme si Charlemagne et Louis ne l'avaient pas déjà portée sans la devoir aux évêques de Rome! comme s'il n'était pas sur-tout contradictoire de prétendre à-la-fois que ces deux princes ont fondé la puissance temporelle des papes, et qu'ils ont été créés, par ces mêmes papes, chefs de l'empire d'Occident!

Des officiers attachés à Lothaire ayant été mis à mort dans le palais de Latran, le saint-père, accusé d'avoir ordonné ce crime, s'empressa d'envoyer à Louis des nonces chargés de dissiper un tel soupçon. Louis reçut mal les nonces, et fit partir pour Rome des commissaires devant lesquels Pascal se purgea par serment. Il s'abstint toutefois de livrer les meurtriers, parce qu'ils étaient de la famille de S. Pierre, c'est-à-dire, de la maison du pape. Louis-le-Débonnaire suivit son inclination naturelle *pour la clémence*, dit Fleury (1); et malgré le desir qu'il avait de punir cet attentat, il consentit à ne pas donner de suite à une procédure dont les premiers actes prouvent au moins qu'il était reconnu, en 823, pour souverain de Rome, et pour juge du pontife Romain.

---

(1) Hist. ecclés. *l. XLII, n. 57.*

Eugène II, à l'exemple de son prédécesseur Pascal, se dispensa de faire confirmer son élection par l'empereur. Lothaire s'en plaignit hautement, et vint remplir à Rome les fonctions de l'autorité souveraine. Il jugea un procès entre le pape et l'abbé de Farfa, dont la cour de Rome exigeait un tribut annuel. Non-seulement l'abbaye fut exemptée de ce tribut, mais il fallut encore lui restituer les biens que l'église Romaine lui avait *enlevés injustement ;* ce sont les termes d'une charte de Lothaire (1). Ce prince publia en même temps une constitution en neuf articles (2), où l'autorité du pape est, à la vérité, formellement établie, mais subordonnée à celle de l'empereur. Il y est dit que les plaintes contre les juges et autres officiers seront d'abord portées au pontife, qui doit y remédier promptement, ou en donner avis au souverain, afin que celui-ci puisse y pourvoir. Cette constitution est de 824, et c'est aussi la date d'un serment que les Romains prêtèrent en ces termes (3) : « Je promets d'être fidèle aux empereurs » Louis et Lothaire, sauf la foi que j'ai promise au » pape, et de ne point consentir qu'on élise un

---

(1) Saint-Marc, Abr. de l'Hist. d'Italie, *tom. I, pag.* 469.
(2) *Ibid.* pag. 472.
(3) *Ibid.* pag. 473.

» pape, sinon canoniquement, ni que le pape élu
» soit consacré avant qu'il ait fait, en présence des
» commissaires de l'empereur, un serment pareil
» à celui que le pape Eugène a fait par écrit. » La
clause *sauf la foi promise au pape* n'a pas manqué
d'entraîner des restrictions arbitraires : mais cette
formule énonçait essentiellement la souveraineté
de l'empereur.

Aussi voyons-nous, en 827, Grégoire IV supplier l'empereur de confirmer son élection (1), ce qui prouve, ainsi que nous l'avons observé déjà, que Louis n'avait point renoncé à ce droit en 819. Si le prince, dit de Marca (2), avait laissé au peuple et au clergé le pouvoir d'élire les papes, leur consécration devait du moins être différée jusqu'à ce que le souverain y eût consenti. Malgré ce préliminaire, le pontificat de Grégoire IV n'en est pas moins l'un des plus mémorables par les humiliations de la dignité impériale. Il est vrai qu'elles ont eu pour cause la faiblesse du prince autant

---

(1) *Loco illius (scil. Valentini) Gregorius presbyter tituli Sancti Marci electus est, dilatâ consecratione ejus ad consultum imperatoris. Quo annuente et electionem cleri et populi probante, ordinatus est in loco prioris.* Vit. Ludov. Pii imp. ann. *827.* — *Gregorius presbyter non priùs ordinatus est, quàm legatus imperatoris Romam veniret et electionem populi examinaret.* Eginhard, *ad ann. 827.*

(2) *De Concordiâ sacerdotii et imperii.* l. VIII, c. 14, n. 8.

que l'ambition du pontife. La première faute de Louis-le-Débonnaire avait été de partager, en 817, ses États entre ses trois fils : en associant Lothaire à l'empire, il avait donné à Pepin l'Aquitaine, à Louis la Bavière ; et par ces dispositions, il avait sur-tout mécontenté son neveu Bernard, roi d'Italie. Bernard s'était révolté ; il avait fallu le soumettre et le punir. En commuant la peine de mort prononcée contre lui, Louis-le-Débonnaire lui avait fait toutefois crever les yeux, et cette exécution cruelle avait coûté la vie au patient. Louis se reprocha cette cruauté, et mit encore moins de modération dans son repentir que dans sa faute : il demanda la pénitence publique. Pour surcroît de difficultés, Judith, sa seconde épouse, devenue mère de Charles-le-Chauve, réclamait un royaume pour cet enfant ; elle obtint un nouveau partage qui dérangea le premier et souleva les trois fils dotés en 817. Ils se liguent contre leur père ; Vala, abbé de Corbie, moine factieux et révéré, encourage leur rebellion ; comme eux, il accable d'invectives et l'empereur, et sa femme Judith, et son ministre Bernard. Aisément déconcerté par tant de clameurs, Louis convoque quatre conciles, auxquels il remet l'examen de sa conduite et des plaintes qu'elle occasionne. Ces synodes favorisèrent assez peu les prétentions des révoltés ; mais on y professa, sur les droits du clergé et sur les devoirs des princes, une doctrine qui, à une époque si voisine de la toute-puissance de Charlemagne, pourrait sembler incroyable, si l'objet même de la convocation de ces assemblées (1) ne suffisait pour expliquer et pour justifier l'idée qu'elles prenaient de leur autorité suprême. Nous transcrirons ici un discours que l'un de ces quatre conciles fait adresser par Constantin-le-Grand aux évêques : « Dieu vous a donné le pouvoir de nous juger ; » mais vous ne pouvez être jugés par les hommes. » Dieu vous a établis sur nous comme des dieux, » et il ne convient pas que l'homme juge des dieux. » Cela n'appartient qu'à celui dont il est écrit : » Dieu s'est assis dans la synagogue des dieux, et » il les juge. » Voilà, certes, la question des deux puissances mieux éclaircie qu'elle n'a jamais pu l'être ; car on ne saurait les réduire plus nettement à une seule.

Tandis que des conciles donnaient à Louis de telles leçons, tandis qu'il reléguait Judith au fond d'un cloître, et qu'il songeait à se couvrir lui-même du froc monastique, ses fils et l'abbé Vala travaillaient à l'y contraindre, et allaient y réussir, si un autre moine, en semant la discorde entre les

---

(1) *Concil. Gall.* tom. I.

trois princes rebelles, n'eût rendu à leur père quelques momens de repos et de vigueur. Il rappelle Judith, exile Vala, dépouille Lothaire du titre d'empereur; et toujours incapable de prudence, il s'abandonne à tel point aux conseils de son ambitieuse et vindicative épouse, qu'il déshérite Pepin en faveur de Charles, et qu'il indispose jusqu'au ministre Bernard. Aussitôt la révolte se ranime; et c'est ici que commence, dans ces déplorables scènes, le rôle de Grégoire IV. Ce pape s'allie aux trois princes; il vient en France avec Lothaire; il y vient sans la permission de son souverain, ce que n'avait osé faire aucun des pontifes ses devanciers. Au premier bruit de l'anathème qu'il va lancer contre l'empereur, des prélats Français ont le courage de s'écrier que, si Grégoire est venu pour excommunier, il s'en retournera excommunié lui-même (1) : mais Agobard, évêque de Lyon, et plusieurs de ses collègues, soutiennent que c'est au pape qu'il faut obéir. Grégoire, de son côté, adresse aux partisans de Louis une lettre mémorable, où la puissance séculière est, sans aucune sorte d'ambiguité, assujétie au saint-siége (2).

---

(1) *Si excommunicaturus adveniret, excommunicatus abiret, cùm aliter se haberet antiquorum canonum autoritas.* Vita Ludovici Pii, dans le Rec. des Hist. de France, tom. VI, pag. 113.

(2) Agobardi *Oper.* tom. II, pag. 53.

« Le terme de frère sent l'égalité, dit-il aux prélats qui l'avaient appelé de ce nom, c'est le titre de » père que vous me devez : sachez que ma chaire » est au-dessus du trône de Louis. » Cependant Lothaire et ses deux frères ont rassemblé leurs troupes en Alsace ; Grégoire est auprès d'eux, et ne les quitte que pour se rendre, en qualité de médiateur, dans le camp de Louis. On ne sait comment fit le pape ; mais, dans la nuit même où il prit congé de l'empereur, les troupes de celui-ci se débandèrent ; la désertion décomposa son armée et doubla celle de ses ennemis ; forcé de se livrer à ses fils, il est détrôné, *de l'avis du pape*, dit Fleury (1), et Grégoire s'en retourne à Rome, très-affligé, selon le même historien, du triomphe des enfans dénaturés qu'il vient de servir. La plaine où il avait négocié, entre Strasbourg et Bâle, s'appelle encore aujourd'hui le Champ du Mensonge.

Il serait trop pénible de retracer ici les détails si connus des humiliations de Louis I.er ; comment Ebbon, sa créature, et d'autres évêques le condamnèrent à une pénitence publique ; comment le fils de Charlemagne se montra presque digne de tant d'ignominie en s'y soumettant ; comment,

---

(1) Hist. ecclésiast. *l. XLVII, n. 39.*

à genoux devant ces prélats, il récita publiquement une confession de ses crimes, au nombre desquels ils avaient placé les marches de ses troupes pendant le carême et la convocation d'un parlement pour le jeudi saint; comment, traîné de cloître en cloître, à Compiègne, à Soissons, à Aix-la-Chapelle, à Paris, à Saint-Denis, il semblait destiné à y terminer ses jours, quand l'excès même de ses malheurs provoqua la pitié publique, et suscita, contre ses ennemis déja divisés, l'indignation du peuple et des grands.

Des seigneurs vont lui rendre hommage comme à leur souverain; mais Louis n'ose se reconnaître pour tel, qu'après une absolution canonique : il ne reprend, dit-il, le baudrier qu'en vertu du jugement et de l'autorité des évêques. A cette occasion même, il invite le moine Hilduin à composer une vie de saint Denis; légende devenue depuis si fameuse, et qui suffirait pour caractériser le règne de Louis I.er, ou plutôt l'empire des superstitions grossières qu'il laissait régner en sa place. On tint à Thionville une assemblée, moitié parlement, moitié concile, qui le replaça sur son trône. Solennellement réhabilité au milieu de l'église de Metz, il prétendit que la déposition de l'archevêque de Reims Ebbon, prononcée à Thionville, avait besoin d'être confirmée par le pape. Plusieurs prélats, complices de cet Ebbon, se réfugièrent en Italie sous la protection de Lothaire et de Grégoire ; d'autres, presque aussi déhontés à confesser un crime qu'à le commettre, furent amnistiés : aucun ne subit la peine due à de si grands attentats. Louis poussa la débonnaireté jusqu'à rétablir Agobard sur le siége de Lyon, et ne mit aucune limite aux déférences respectueuses que le pape exigea. Cependant la mort de Lothaire donna lieu à un nouveau partage et à une nouvelle révolte de Louis, roi de Bavière. Le Débonnaire prenait encore une fois les armes contre ce fils toujours rebelle, quand l'effroi mortel qu'une éclipse inspira à cet empereur, dont on vantait les connaissances astronomiques, termina, en 840, ce règne déplorable, tout-à-fait digne d'une telle fin.

L'ambition de Lothaire ayant ligué contre lui le roi de Bavière et Charles-le-Chauve, ils le vainquirent à Fontenai ; et pour s'emparer de ses Etats, ils s'adressèrent à des évêques assemblés à Aix-la-Chapelle. Promettez-vous, dirent ces évêques, de mieux gouverner que n'a fait Lothaire ! Les princes le promirent, et les prélats ajoutèrent : « Régnez donc à sa place, nous » vous le permettons ; recevez le royaume par » l'autorité divine ; gouvernez-le selon la volonté

» de Dieu; nous vous y exhortons, nous vous
» le commandons. » Mais Lothaire ne le souffrit
pas, et ses frères le trouvèrent assez redoutable
pour traiter avec lui, et pour lui laisser le nom
d'empereur avec des États.

Après les actes qui avaient si fort rabaissé la
puissance impériale, on ne s'étonne point de voir
Sergius II succéder à Grégoire IV, sans attendre
le consentement de l'empereur Lothaire. Ce prince
en fut tellement irrité, qu'il envoya son fils Louis
en Italie à la tête d'une armée. Le pontife épou-
vanté s'efforça de calmer le jeune prince à force
d'honneurs et d'hommages. Louis examina l'élection de Sergius, et la ratifia au sein d'une assemblée où le pontife avait été juridiquement inter-
rogé. Sa consécration prématurée ne fut tenue
pour valable, qu'à condition qu'on agirait plus
régulièrement à l'avenir. Le pape et l'assemblée
prêtèrent serment de fidélité à l'empereur (1).
Cette fermeté de Lothaire releva pour quelques
momens la puissance civile, même dans les états
de Charles-le-Chauve. Celui-ci tint, en 846, à
Épernai, un parlement, où les évêques ne furent
point admis; on y réprouva les canons qui limitaient les droits du roi et des seigneurs, et l'on

---

(1) Anastas. Biblioth. *de Vit. Roman. pontif.* pag. 352.

prit quelques mesures contre l'abus des excommunications.

En 847, Léon IV fut encore sacré avant que l'empereur eût approuvé l'élection ; mais on protesta que les ravages des Sarasins autour de Rome obligeaient d'en user ainsi, et qu'on n'entendait aucunement déroger à la fidélité due au chef de l'Empire. Au surplus, Léon IV est le pontife le plus vénérable du IX.ᵉ siècle. Il fortifia Rome, bâtit le quartier qui porta le nom de cité Léonine ; et sans songer à troubler les autres États, il travailla durant huit années à la prospérité de celui qu'il gouvernait. On ne saurait donner les mêmes éloges à Nicolas I.ᵉʳ, qui occupa le siége de saint Pierre depuis 858 jusqu'en 867 ; mais il est l'homme de son siècle qui a le plus agrandi l'autorité pontificale.

Élu en présence et sous l'influence de l'empereur Louis, fils de Lothaire, il reçut de ce prince des hommages jusqu'alors inusités : Louis crut apparemment pouvoir honorer sans péril sa propre créature. On vit donc l'empereur aller à pied au-devant du pontife, lui servir d'écuyer, mener son cheval par la bride, et réaliser ainsi, outrepasser même l'une des dispositions de la prétendue donation de Constantin. De pareilles cérémonies ne pouvaient demeurer sans conséquence, et Nicolas

NEUVIÈME SIÈCLE.

Nicolas ne tarda point à trouver des occasions de s'en prévaloir. La puissance de Charlemagne était alors divisée entre ses nombreux descendans : trois étaient fils de l'empereur Lothaire, savoir, Louis, héritier de l'empire, Charles, roi de Provence, et Lothaire, roi de Lorraine. Leurs oncles Louis et Charles régnaient, l'un en Germanie, l'autre en France, tandis que les fils de Pepin, roi d'Aquitaine, déchus du trône de leur père, n'y remontaient que pour en descendre encore. Tous ces princes, presque également dénués de lumières et d'énergie, déjà si faibles par leur nombre, l'étaient encore plus par leurs discordes : chacun d'eux usait contre les autres la plus grande partie de sa modique puissance; il ne tenait qu'à Nicolas de se déclarer leur maître, et il n'y manqua point.

Un archevêque de Sens, nommé Vénilon, comblé des bienfaits de Charles-le-Chauve, mais soulevé contre ce monarque par Louis, roi de Germanie, avait rassemblé dans le palais d'Attichi quelques autres prélats infidèles, et prononcé avec eux la déposition du roi de France, déliant ses sujets de leurs sermens, et déclarant sa couronne dévolue à son frère. Cet attentat n'eut qu'un seul effet remarquable; ce fut l'étrange plainte qu'en porta Charles-le-Chauve, en 857,

dans un concile de Savonnières. « Vénilon, disait-il,
» m'a sacré dans l'église de Sainte-Croix d'Orléans;
» il a promis de ne point me déposer de la di-
» gnité royale, sans le concours des évêques qui
» m'ont sacré avec lui : les évêques sont les
» trônes où Dieu s'assied pour rendre ses décrets;
» j'ai toujours été, je suis encore disposé à me
» soumettre à leurs corrections paternelles, mais
» quand ils y procèdent régulièrement (1). »

Pour mieux établir cette énorme autorité du clergé, Charles-le-Chauve la réclama contre Louis. Il fit assembler à Metz des prélats Français, qui signifièrent au roi des Germains qu'il avait encouru l'excommunication, et lui prescrivirent les conditions auxquelles ils attachaient sa grâce. Ainsi, de l'aveu du roi de France, des évêques avaient le droit de le déposer lui-même, et d'excommunier encore un prince étranger. Un jour ces évêques contractèrent solennellement à Savonnières l'engagement de rester unis pour corriger les rois, les grands et les peuples; et Charles-le-Chauve écoutait, recueillait ces paroles avec toute l'humilité qui aurait convenu à ceux qui les proféraient.

___

(1) *Libellus proclamationis adversùs Venilonem.* Concilior. t. VIII, pag. 679.

Nicolas se gardait bien de réprimer ces entreprises des évêques; il se plaisait au contraire à contempler le progrès de leur puissance, pourvu qu'elle demeurât subordonnée à la sienne. Les querelles qui s'élevaient entre ces prélats, lui donnaient lieu d'exercer sa suprématie; et ceux au profit desquels il l'employait, la rehaussaient avec ardeur. Hincmar, archevêque de Reims, avait destitué un Rotade, évêque de Soissons, et le roi Charles-le-Chauve exécutait les décrets d'un concile qui, malgré l'appel de ce Rotade au saint-siége, l'avait condamné par contumace. Nicolas cassa ces décrets, menaça Hincmar et rétablit l'évêque de Soissons. Le roi ne songea point à soutenir Hincmar : au contraire, il protégeait le nommé Vulfade, également déposé par l'archevêque de Reims dans un autre concile dont Nicolas annulla aussi la sentence. Les fausses décrétales avaient étendu jusqu'à ce point la juridiction du saint-siége.

Mais l'affaire où Nicolas déploya le plus solennellement sa puissance, fut celle du roi de Lorraine, Lothaire, qui, après avoir répudié et repris sa femme Theutberge, voulut enfin la quitter pour épouser Valdrade. Cette opposition des papes aux divorces des princes, s'est souvent renouvelée depuis; mais en voici le premier exemple. On avait vu Charlemagne répudier Imiltrude, répudier encore Ermengarde ou Désiderate, sans aucun obstacle de la part du pontife Romain : mais c'était Charlemagne, et son arrière-petit-fils n'avait hérité ni de son génie, ni de sa puissance respectable.

Le mariage est un acte civil qui, de sa nature, ne peut jamais être soumis qu'à l'empire des lois civiles. Les règles ou maximes religieuses qui le peuvent concerner, n'ont de force extérieure, d'efficacité positive, qu'autant qu'elles sont expressément insérées dans les codes des nations : elles ne l'étaient point dans ceux du IX.ᵉ siècle; et par conséquent le ministère ecclésiastique se devait réduire à recommander en secret et sans scandale l'observation purement volontaire de ces maximes. Mais cette sagesse, quoique si naturelle, était déjà étrangère aux mœurs d'un clergé dont les fausses décrétales venaient d'ériger le ministère en puissance; et ni les peuples ni les rois n'étaient capables du degré d'attention nécessaire pour acquérir des idées précises de leurs droits civils et de leurs devoirs religieux. Tant que Lothaire, demeurant époux de Theutberge, n'eut Valdrade que pour concubine, le pape et les évêques s'abstinrent de l'exhorter à donner l'exemple d'une vie plus régulière ou plus décente : mais dès qu'il fut question de conférer à Valdrade les droits d'une épouse légitime, Nicolas s'empressa d'appliquer à ce projet de réforme le *veto* pontifical.

Au fond, Lothaire provoquait lui-même l'intervention du clergé, en faisant comparaître Theutberge devant un tribunal d'évêques pour y subir d'indécens interrogatoires. Deux fois elle se confessa coupable d'inceste; et quand la fonction de ces prêtres Lorrains s'étendait jusqu'à extorquer d'elle de pareils aveux publics, Nicolas, qu'ils reconnaissaient pour leur chef suprême, pouvait se croire autorisé à revoir une si étrange procédure. Il cassa donc la décision rendue contre Theutberge par des conciles d'Aix-la-Chapelle et de Metz; il destitua deux prélats, Gonthier et Theutgaud, que le dernier de ces conciles avait cru devoir lui députer. Ces prélats *maudirent*, en propres termes, la sentence du pape; ils protestèrent; ils prétendirent que Nicolas voulait se faire *empereur de tout le monde* (1). L'empereur Louis parut en croire quelque chose; il vint à Rome, résolu d'y soutenir son frère Lothaire contre Nicolas. Mais un jeûne et des processions qu'ordonna le pape, un tumulte qu'il n'empêcha point, des profanations dont il fit grand bruit, la mort subite d'un soldat accusé d'avoir mutilé une croix miraculeuse; tant de sinistres présages

---

(1) Fleury, Hist. ecclés. *l. L, n. 33.*

épouvantèrent Louis à tel point, qu'il en prît la fièvre. D'ailleurs, tandis que Louis avait essayé de protéger Lothaire, Charles-le-Chauve, déclaré contre celui-ci, avait recueilli Theutberge. Hincmar lui-même composait sur ce divorce, dont s'occupait l'Europe entière, un traité fort peu favorable aux intérêts de Valdrade (1). Il fut donc enjoint par Nicolas à Lothaire, de renoncer au projet d'un second mariage, sous peine d'excommunication. Un légat nommé Arsène vint obliger le roi de Lorraine à reprendre sa première épouse; et, pour le détacher plus sûrement de Valdrade, cette courtisane (ainsi la qualifiait le saint-siége) fut enlevée par le légat, qui l'aurait conduite à Rome, si elle ne s'était échappée en route. Le saint-père, qui voulait la convertir, ne put que l'excommunier. Mais il reçut du roi Lothaire une humble épître, où ce prince, après avoir affirmé qu'il n'a point revu Valdrade depuis qu'elle a quitté Arsène, conjure la cour de Rome de ne point donner le royaume de Lorraine à l'un de ses rivaux; supplication qui peut nous sembler aujourd'hui l'excès et presque le délire de la faiblesse, mais que dictait à ce roi la crainte d'être dépouillé de ses Etats au profit de Charles-le-Chauve, qui songeait en effet à les obtenir du saint-siége.

---

(1) *De divortio Lotharii*, tom. I *Operum* Hincmari.

Diverses lettres écrites par Nicolas sur cette affaire, contiennent un précieux développement de ses idées sur le pouvoir royal et sur sa propre autorité. « Vous dites, écrit-il à l'évêque de Metz,
» Adventius (1), vous dites que l'apôtre ordonne
» d'obéir aux rois; mais examinez d'abord si ces
» rois le sont véritablement, c'est-à-dire, s'ils sont
» justes, s'ils se conduisent bien, s'ils gouvernent
» convenablement leurs sujets ; car autrement il
» faut les tenir pour des tyrans et leur résister.
» Soyez-leur soumis à cause de Dieu, comme dit
» l'apôtre, et non contre Dieu. » Fleury (2) observe qu'ici « le pape fait les évêques juges si les princes sont légitimes ou tyrans, au lieu que la morale chrétienne veut qu'on obéisse aux plus mauvais maîtres : à quel prince, en effet, l'apôtre exigeait-il qu'on restât fidèle ? c'était à Néron. »

Nicolas écrit aux évêques (3) pour leur demander si Lothaire accomplit ses promesses et s'ils sont contens de sa conduite à l'égard de sa première épouse. Il adresse au roi de Germanie de nouvelles plaintes contre Lothaire (4) : « Nous

---

(1) *Conciliœ*. tom. VIII, pag. 487.
(2) Hist. ecclés. *l. L, n. 35.*
(3) Recueil des Hist. de France, *tom. VIII, pag. 419.*
(4) *Ibid.* pag. 428.

» apprenons, dit-il, qu'il se propose de venir à
» Rome sans notre permission; empêchez-le de
» nous désobéir, et prenez soin d'ailleurs de nous
» faire tenir, par des voies sûres, les revenus de
» saint Pierre, que nous n'avons point reçus de vos
» États depuis deux ans. » Il déclare à Charles-
le-Chauve (1) que Theutberge ayant eu recours
à l'église, elle ne peut plus être soumise à un
jugement séculier. Dans une autre lettre au même
Charles (2), il annonce qu'il n'écrit plus à Lothaire,
parce qu'il l'a excommunié. Lothaire, en effet,
quoiqu'il eût repris Theutberge, n'avait point assez
renoncé à Valdrade; et Nicolas ne se contentait
point d'une obéissance apparente.

Les mêmes principes sur la juridiction et l'indépendance du clergé se retrouvent dans l'instruction de Nicolas aux Bulgares (3). « Vous
» autres laïques, leur dit-il, vous ne devez juger ni
» prêtres ni clercs; il faut tout laisser au jugement
» des prélats. » Ainsi, tandis que le pape censure
la conduite des rois, casse ou confirme leurs actes
civils, et dispose même de leurs couronnes, tous
les membres du clergé, jusqu'aux plus simples

---

(1) Recueil des Hist. de France, *tom. VIII, pag. 422.*
(2) *Ibid.* pag. 438.
(3) Fleury, Hist. ecclés. *l.* ▶, *n. 51.*

clercs, sont affranchis de toute juridiction séculière. Voilà le régime auquel Nicolas veut assujétir l'Occident et l'Orient. Il avait sur-tout à cœur de soumettre Constantinople; et sa première tentative fut de condamner, de destituer le patriarche Photius, malgré l'empereur Michel. Il menaça Michel de brûler, à la face des nations, une lettre énergique que cet empereur lui avait écrite, d'excommunier les ministres qui l'avaient porté à cette démarche, et d'annuller, dans un concile d'Occident, tout ce qu'on avait fait en Orient pour Photius. Cette querelle, qui se prolongea sous les successeurs de Nicolas, fut le prélude du schisme de l'église Grecque.

Basile Cephalas ou le Macédonien assassina son bienfaiteur Michel, et s'empara du trône de Constantinople. Photius, en cette circonstance, voulut imiter S. Ambroise; il osa dire à Basile: vos mains sont teintes de sang, n'approchez pas des saints mystères. Mais Basile n'imita point Théodose; il chassa Photius et rétablit Ignace, que Michel avait non moins injustement arraché du siége patriarcal. Adrien II profita de la disgrace de Photius pour renouveler contre lui les anathèmes de Nicolas. Photius, condamné à Rome, le fut encore dans un concile général tenu à Constantinople.

Charles-le-Chauve et Louis-le-Germanique, impatiens de partager entre eux les États de leur neveu Lothaire, espéraient qu'Adrien II excommunierait définitivement ce prince. Mais Adrien ne jugea point à propos de leur fournir ce moyen d'agrandir leurs domaines; il permit à Lothaire de venir à Rome, l'admit à la sainte table, ne craignit point d'absoudre Valdrade elle-même, et se contenta, pour tant de condescendance, des sermens et des promesses du roi de Lorraine. Le monarque jura qu'il n'avait eu aucun commerce avec Valdrade pendant qu'elle avait été excommuniée, et prit l'engagement de ne plus jamais la revoir. Lothaire mourut à Plaisance, peu de jours après ce serment; et sa mort, qui passa pour une punition de son parjure, amena, pour ses deux oncles, les résultats qu'ils attendaient de son excommunication. Ils firent entre eux le partage de son royaume, sans égard aux droits que les traités précédens donnaient à l'empereur Louis.

Le pape Adrien, de son propre mouvement, se déclara le garant et l'arbitre des droits respectifs de ces trois princes, adjugea les États de Lothaire à l'empereur, qui ne les réclamait point encore, enjoignit à Charles et à Louis de Germanie, sous la peine ordinaire des anathèmes ecclésiastiques, de renoncer au partage qu'ils avaient osé faire, et menaça du même châtiment tout évêque, tout seigneur, qui soutiendrait leur usurpation : mais, ni en France, ni en Germanie, on ne se trouva disposé à l'obéissance que prescrivait Adrien ; on méprisa ses commandemens. Hincmar, archevêque de Reims, lui répondit, au nom de la nation entière, qu'un évêque de Rome n'était point le dispensateur des couronnes de l'Europe ; que jamais la France ne recevrait ses maîtres de la main d'un pape ; que des anathèmes déraisonnables, lancés par des motifs purement politiques, n'alarmaient point un roi de France ; qu'avant Nicolas, les papes n'avaient écrit aux princes Français que des lettres respectueuses ; qu'en un mot, tout en révérant le ministère spirituel du pontife Romain, on saurait résister efficacement à ses entreprises, toutes les fois qu'il voudrait être pape et roi tout ensemble (1).

Cette lettre, digne d'un siècle plus éclairé, excita dans l'ame d'Adrien le plus violent courroux. Il savait qu'un fils de Charles-le-Chauve, nommé Carloman, venait de se révolter contre ce monarque ; il savait qu'un autre Hincmar, évêque de Laon et neveu de l'archevêque de Reims, avait pris parti pour Carloman, et porté la témérité

---

(1) Hincmari *Op.* tom. II, pag. 689.

jusqu'à excommunier le roi. Adrien se déclara le protecteur et de Carloman et du séditieux évêque. Celui-ci, voyant ses actes annullés par son oncle, qui était aussi son métropolitain, en appela au saint-siége : « chose insolente, dit Pasquier (1), » nouvelle et contraire aux anciens décrets, qui ne » veulent pas que les causes outre-passent les li- » mites des royaumes où elles ont été encommen- » cées. » On n'hésita point en France à casser cet appel; on déposa même l'appelant. Nouvelle co- lère d'Adrien, qui ordonne au roi, *par puissance apostolique*, d'envoyer les parties à Rome pour y attendre leur jugement. Réponse vigoureuse du roi Charles, qui proteste que les rois de France, sou- verains sur leurs domaines, ne s'aviliront point jusqu'à se considérer comme les lieutenans d'un pape, « l'exhortant, pour conclusion, ajoute Pas- » quier, qu'il eût à l'avenir à se départir de lettres » d'une telle substance envers lui et ses prélats, » afin qu'ils n'eussent occasion de l'éconduire. » Cette épître de Charles produisit l'effet qu'obtient toujours la fermeté, quand elle est persévérante : le saint-père s'adoucit, s'excusa, abandonna Carlo- man, confirma la déposition de l'évêque de Laon, et ne parla plus du partage qu'on avait fait des

---

(1) Recherches sur la France, *l. III*, c. 12.

États de Lothaire. Il écrivit au roi une lettre si pleine d'égards, de louanges et de promesses, qu'elle contient aussi la prière de la tenir bien secrète : mais elle est devenue et restée publique (1). Adrien mourut fort peu de temps après l'avoir écrite, et Jean VIII lui succéda en décembre 872.

Les ravages que les Sarasins exerçaient en Italie, et particulièrement autour de Rome, obligèrent le pape Jean à quelques ménagemens envers les princes chrétiens. Il se garda, par exemple, de mécontenter Basile, quand cet empereur Grec, s'étant réconcilié avec Photius, voulut replacer ce prélat sur le siége patriarcal de Constantinople, que la mort d'Ignace laissait vacant. Jean concourut, par ses légats et par ses lettres, aux actes d'un concile de Constantinople, qui rétablit Photius, et il porta même le desir de complaire aux Grecs, jusqu'à blâmer ceux qui avaient ajouté le mot *filioque* au symbole (2).

Mais les rivalités qui divisaient les nombreux héritiers de Charlemagne, offrirent à Jean VIII plus d'une occasion de se constituer le juge de leurs prétentions, et d'obtenir, en retour des

---

(1) *Concilior.* tom. VIII, pag. 936. — Recueil des Hist. de France, *tom. VII, pag. 456-458.*

(2) Fleury, Hist. ecclés. *l. LIII, n. 24.*

services qu'il rendait aux uns, le droit d'humilier les autres et de les dominer tous.

L'empereur Louis mourut en 875 ; et Charles-le-Chauve, pour acquérir la dignité impériale au préjudice du roi de Germanie son frère aîné, eut besoin de recourir au saint-père. Jean VIII, qui n'espérait pas trouver dans le Germanique et dans ses fils d'assez forts défenseurs contre les Sarasins, préféra Charles-le-Chauve, et profita de ces conjonctures pour disposer de l'empire en faveur d'un roi de France. Il le sacra empereur dans la solennité de Noël. « Nous l'avons jugé, dit-il, digne du » sceptre impérial ; nous l'avons élevé à la dignité » et à la puissance de l'empire ; nous l'avons dé- » coré du titre d'Auguste (1) ». Charles paya fort cher la cérémonie de ce couronnement. Il consentit, à dater de ce jour, toutes les chartes qu'il aurait désormais à souscrire ; et, selon les apparences, Jean tira de lui des sommes considérables, qui servirent depuis à payer les tributs exigés par les Sarasins. On ajoute même que Charles se dépouilla, en faveur du pape, de ses droits souverains sur la ville et le territoire de Rome : mais l'acte de cette cession n'existe pas ; les historiens contemporains, hors un seul, n'en disent

---

(1) *Concilior.* tom. IX, pag. 295.

rien; et Jean VIII lui-même n'en fait aucune mention dans les lettres qui nous restent de lui.

En 877, quand Charles avait tant de peine à défendre la France contre les Normands, Jean VIII l'attira en Italie pour combattre les Sarasins. « N'oubliez pas, lui disait-il, de qui » vous tenez l'empire, et ne nous forcez point à » changer de sentiment. » Charles-le-Chauve survécut peu à cette menace; et la couronne impériale, qu'il avait portée si peu de temps, fut encore une fois demandée au souverain pontife par plusieurs compétiteurs. Cette fois, Jean se contenta de la promettre, afin de la tenir à plus haut prix; durant trois années, il n'y eut pas d'empereur d'Occident : aucun de ceux qui convoitaient ce titre, n'était assez fort pour le conquérir sans l'intervention de la cour de Rome. Louis-le-Bègue, fils de Charles-le-Chauve, ne lui succéda qu'en qualité de roi des Français. Le pape vint en France dans la première année de ce nouveau règne, et présida un concile à Troyes. Il y fulmina des anathèmes contre Lambert, duc de Spolète, et contre Adelbert, marquis de Toscane, et contre Gosfrid, comte du Mans, et contre Bernard, marquis de Septimanie, et contre Hugues, fils de Lothaire et de Valdrade. Il est statué, par l'un des canons de ce concile, que les évêques seront traités avec respect par les puissances séculières, et que nul ne sera assez hardi pour s'asseoir devant eux, s'ils ne l'ordonnent (1). L'un des projets de Jean VIII était d'exercer sur les affaires de France une influence plus immédiate et plus habituelle, par le ministère d'un légat du saint-siége; déjà même il avait revêtu de ce titre Angésise, archevêque de Sens : mais cette nouveauté ne plut point aux autres prélats, et pas trop au monarque. Le pape voulut bien s'en désister : il eût encore mieux aimé obtenir contre les Sarasins des secours militaires et pécuniaires qui lui furent plus promis qu'accordés.

Sergius, duc des Napolitains, s'obstinait à favoriser les Sarasins, nonobstant les anathèmes de Rome, et malgré les réclamations de son frère Athanase, évêque de Naples. Athanase prit le parti de faire crever les yeux à Sergius et de se proclamer duc en sa place. Il est pénible de rapporter que le pape *approuva extrêmement* ce forfait, ou, comme dit Fleury, *ce procédé* (2) : mais on a conservé les lettres que Jean VIII écrivit à ce sujet (3), et dans lesquelles il loue Athanase d'avoir préféré Dieu à son frère, et d'avoir arraché, selon le précepte

---

(1) *Concilior.* tom. IX, pag. 308.
(2) Hist. ecclés. *l. LII*, *n. 47*.
(3) *Joannis VIII*, Epist. 66 et 67.

de l'évangile, l'œil qui le scandalisait. Cette application barbare et presque dérisoire d'un texte sacré, décèle le caractère de Jean VIII, dont les trois cent vingt lettres parlent d'ailleurs si souvent d'excommunication, que cette menace s'y présente comme une formule ordinaire, et pour ainsi dire indispensable.

En 880, Jean VIII disposa de la couronne impériale; il la donna, le jour de Noël, au fils de Louis-le-Germanique, à Charles dit le Gros, qui, en 884, devint roi de France après la mort de Louis III et de Carloman, fils de Louis-le-Bègue. Les noms de ces princes suffisent pour rappeler la décadence de la dynastie Carlovingienne. Un évêque de France écrivit un jour à Louis III : « Ce n'est pas vous qui m'avez choisi » pour gouverner l'église; c'est moi qui, avec » mes collègues, vous ai élu pour administrer le » royaume, à condition d'observer les lois (1). » Et l'évêque qui adressait de pareils discours à son roi, était ce même Hincmar de Reims, qui avait si énergiquement repoussé les entreprises audacieuses du pape Adrien II. Il semblait décidé que le monarque aurait pour maître ou le clergé national, ou l'évêque de Rome; et déjà

---

(1) Millot, Élémens de l'Hist. de France, tom. I, pag. 194.

E.

faible contre une seule de ces puissances, il succombait inévitablement quand elles se réunissaient.

Jean VIII mourut en 882, et l'on compterait après lui jusqu'à dix papes dans le cours des dix-huit dernières années du IX.ᵉ siècle : aucun n'a eu le temps de s'illustrer par de très-vastes entreprises ; nous remarquerons seulement que l'élection d'Étienne V, en 885, fut, après son installation, examinée et confirmée par Charles-le-Gros (1) ; que la déposition de cet empereur, en 887, fut prononcée, non par l'autorité ecclésiastique, mais par une assemblée de seigneurs Allemands et Français (2) ; que Formose, en intervenant dans un démêlé entre Eudes et Charles-le-Simple, parla du moins un langage plus évangélique et moins superbe que n'avaient fait, en de pareilles conjonctures, Nicolas I.ᵉʳ, Adrien II et Jean VIII. Formose couronna deux empereurs, Lambert en 892, Arnoul en 896 ; et dans l'une et l'autre de ces cérémonies, les Romains prêtèrent au prince serment de fidélité, avec la réserve de la foi promise au seigneur

---

(1) Art de vérifier les dates, *tom. 1, pag. 267.*
(2) Muratori, *Annali d'Italia*, ann. 887.

Formose (1). Ce pape, au surplus, n'est très-fameux que par les procédures que sa mémoire et son cadavre ont subies sous ses successeurs : déplorables scènes qui sont étrangères au sujet que nous traitons.

En 898, sous le pontificat de Jean IX, Arnoul fut déclaré usurpateur de la dignité impériale, et Lambert reprit le titre d'empereur. Le pape tint, à cette occasion, un concile à Ravenne, où la souveraineté des empereurs d'Occident sur Rome et sur l'État ecclésiastique fut reconnue par plusieurs décrets (2). Voici le plus important : « Attendu qu'à la mort d'un
» souverain pontife, l'église Romaine est exposée
» à de grands désordres, quand on consacre le
» nouveau pape à l'insu de l'empereur, et sans
» attendre ses commissaires, dont l'autorité pré-
» viendrait les violences et les scandales qui le
» plus souvent accompagnent cette cérémonie :
» nous voulons qu'à l'avenir le pape soit nommé
» par les évêques et par le clergé, sur la propo-
» sition du sénat et du peuple ; qu'après l'avoir
» ainsi élu solennellement et publiquement, on

---

(1) Liutpr. *l. 1, c. 8.* — Saint-Marc., Abr. de l'Hist. d'Ital. *t. II, pag. 632.*

(2) Saint-Marc, *ibid.* 636-640.

» le consacre en présence des commissaires de
» l'empereur, et que personne n'ose impunément
» exiger de lui, sous quelque prétexte que ce
» puisse être, d'autres promesses, d'autres ser-
» mens que ceux qui sont autorisés par l'ancienne
» coutume; en sorte que l'église ne souffre ni
» scandale, ni dommage, et que l'autorité de
» l'empereur ne reçoive aucun affaiblissement. »

Mais en rendant ainsi hommage à la dignité impériale, les papes semblaient s'être réservé, comme par compensation, le droit de la conférer. Après la mort de Lambert et d'Arnoul, les évêques et les seigneurs de Bavière élurent, en 899, un fils d'Arnoul, nommé Louis, et prièrent le pape de confirmer cette élection, s'excusant de l'avoir faite sans son aveu, attendu que les païens, c'est-à-dire les Hongrois, coupaient le chemin de l'Italie. Ni Jean IX, ni son successeur Benoît IV, ne se pressèrent de couronner Louis. A l'exemple de Jean VIII, ils essayèrent d'accoutumer les Romains à se passer d'empereur; l'empire vaqua jusqu'en 901.

On a dû reconnaître, dans le partage des États de Charlemagne entre les fils de Louis-le-Débonnaire, et dans les sous-divisions ultérieures de ces mêmes États, la principale cause de l'avilissement du pouvoir civil, et de la métamorphose du ministère

pontifical en une redoutable puissance. « De là,
» dit Velly (1), ces entreprises des papes, qui, se
» regardant comme les dispensateurs d'un empire
» dont ils n'étaient que les premiers sujets, pré-
» tendirent, à l'ombre d'une puissance purement
» spirituelle, disposer souverainement des États.
» De là cette énorme autorité des évêques, qui,
» après avoir détrôné le père à la sollicitation des
» enfans, se crurent en droit d'élire, confirmer ou
» déposer leurs maîtres : prélats ambitieux, plus
» guerriers qu'ecclésiastiques, sachant à peine lire,
» encore moins écrire, redoutables cependant au-
» tant par le foudre spirituel dont souvent, selon
» l'expression de Pasquier, ils s'escrimaient indif-
» féremment et trop librement, que par la puis-
» sance temporelle qu'ils avaient usurpée dans leurs
» villes et dans leurs diocèses. De là ces princi-
» pautés presque indépendantes que les moines
» se firent dans les pays où, quelques années au-
» paravant, ils défrichaient de leurs mains quelques
» terres qu'une pieuse libéralité leur avait aban-
» données. »

Quoiqu'il n'y eût encore aucun acte authentique
qui érigeât le pape en souverain, et qui affranchît
de la suprématie impériale l'autorité qu'il exerçait

---

(1) Hist. de France, *tom. II (in-12), pag. 244.*

à Rome et autour de Rome, sa puissance devenait en effet indépendante ; et puisqu'en sacrant des empereurs, il croyait déjà les faire, puisqu'il osait parler de leur dignité comme d'un bienfait dont ils lui étaient redevables, il avait sans doute assez de force pour mettre des bornes à l'obéissance qu'ils voudraient exiger de lui. Loin de lui imposer des lois dans ses propres États, ils subissaient souvent les siennes dans l'exercice même de leurs droits civils et de leurs pouvoirs politiques. Tout va dépendre, dans le cours des siècles suivans, non-seulement du progrès de l'ignorance ou du retour des lumières, mais aussi de l'énergie personnelle de chacun des rois et des pontifes.

CHAPITRE III.

Dixième Siècle.

LES protestans se complaisent à peindre l'intérieur de la cour Romaine au x.ᵉ siècle, et à extraire de Liutprand, auteur contemporain, les détails peu édifians dont il a composé l'histoire ecclésiastique et politique de cette époque. Mais, sans examiner si les récits de cet écrivain sont aussi fidèles que satiriques, il faut dire avec Fleury (1), que Rome, sous ces indignes papes, ne laissait pas d'être le centre de la chrétienté. On peut ajouter, avec d'autres théologiens, que tant de scandales n'ayant point entraîné la chute du saint-siége, l'excès même de ces désordres sert à manifester le soin que donne la Providence au maintien de ce foyer visible de l'unité catholique. Au surplus, la vie privée des papes n'est point l'objet qui nous occupe ; nous ne considérons que leurs relations politiques avec les gouvernemens séculiers. En nous bornant à cette étude, nous n'aurons point à débrouiller la succession tant soit peu confuse des trente papes qui, dans le cours de ce siècle,

---

(1) 4.ᵉ Disc. *n. 13.*

ont occupé plus ou moins légalement la chaire de saint Pierre. Quand il s'en élevera deux à-la-fois, nous n'aurons point à rechercher quel est le véritable; nous ne déciderons point entre Baronius, qui ne veut jamais reconnaître que le plus digne ou le plus canoniquement élu, et les auteurs qui s'attachent au plus effectif, c'est-à-dire, à celui qui a le plus réellement exercé le pouvoir pontifical : questions délicates, qui exigeraient de longues discussions, et l'examen d'une multitude de petits faits étrangers à l'histoire des grands démêlés entre les pontifes et les rois. Au milieu de ces faits et de ces vicissitudes, deux points nous paraissent incontestables : l'un, que le saint-siége était alors compté au nombre des gouvernemens temporels; l'autre, qu'occupé de ses propres affaires et des troubles intérieurs qui l'agitaient, il perdait au dehors une grande partie de l'influence et de la puissance que le siècle précédent lui avait léguées. Le premier de ces résultats est reconnu par Constantin Porphyrogénète, empereur Grec, qui, avant le milieu du X.ᵉ siècle, rédigeait une sorte de tableau statistique de l'Orient et de l'Occident : il y représente les papes comme souverains de Rome (1);

---

(1) Ρωμην.... ἰδιοκρατείαν ἐχεῖν, καὶ δεσπόζεσθαι κυρίως, περὶ τινὸς κατα καιρὸν Πάπα. *De Themat. imp.* l. II, th. 10, p. 27.

et, tout en modifiant cette expression inexacte, on doit avouer que ce texte place au moins les évêques de Rome au rang des princes qui gouvernaient immédiatement un État. Quant au second résultat, il était presque nécessaire : les plaisirs amortissent l'activité de l'ambition, la discorde entrave la puissance, les intrigues qui occupent au-dedans, suspendent les projets extérieurs; et celui qu'on oblige à se défendre dans l'enceinte de son palais, ne médite pas des attaques lointaines. Les excommunications, si familières à Grégoire III, à Nicolas Ier, à Jean VIII, vont donc menacer moins souvent les têtes couronnées. Les opinions théologiques seront elles-mêmes moins exposées aux anathèmes. Point de concile général, point d'hérésie nouvelle au Xe siècle.

Ce siècle peut se diviser en quatre époques : la première finirait en 932 ; elle serait caractérisée par l'influence de Théodora et de ses filles. La seconde offrirait l'administration d'Albéric et de son fils, jusqu'en 962. La troisième s'ouvrirait par le couronnement d'Othon en qualité d'empereur, et se terminerait à la mort de ce prince, en 973. Le consulat de Crescentius désignerait la quatrième.

Les habitans de Rome n'avaient pas cessé de nourrir des idées d'indépendance ; de vieilles habitudes les ramenaient à des formes républicaines. Leur ville n'appartenait point au royaume d'Italie; elle ne relevait que de la couronne impériale, dont le pontife Romain disposait à tel point, qu'il la tenait quelquefois en réserve. Nous avons remarqué des exemples de cette vacance de l'empire sous Jean VIII et sous Jean IX. En 905, lorsqu'on eut crevé les yeux à Louis III, qui fut, pour cette raison, surnommé *l'Aveugle*, les Romains cessèrent d'insérer son nom dans les actes publics; et quoique ce malheureux prince s'obstinât à prendre le titre d'empereur, la dignité impériale resta réellement vacante jusqu'au couronnement de Bérenger en 915 (1). Durant ces interrègnes, Rome s'habitua à ne reconnaître pour souverain que son pontife, ou plutôt que ses propres habitans, nobles ou prêtres, ou même aussi plébéiens. Ce souverain collectif faisait les papes et les défaisait quelquefois. Il y eut sept ou huit élections ou révolutions de cette espèce dans le cours des quatorze premières années du x.ᵉ siècle, et chaque fois on vit s'entre-choquer deux factions qui, depuis les procédures contre la mémoire de Formose, divisaient la noblesse Romaine. Quelques auteurs découvrent, dès cette époque, l'origine des Guelfes

---

(1) Saint-Marc, Abrégé de l'Hist. d'Italie, tom. II, pag. 658.

et des Gibelins : nous devons avouer que nous n'apercevons encore que des familles qui se disputent la papauté, ou l'influence tant sur les élections que sur les élus. Un parti pour les empereurs d'Occident est ce que nous distinguons le moins au sein de ces troubles; nous y remarquerions plutôt une faible tendance à se rapprocher des empereurs Grecs, disposition qui devint beaucoup plus sensible à la fin du siècle. Dès 907, Rome traita favorablement Léon VI dit le Philosophe, dont les quatrièmes noces avaient été censurées par le patriarche de Constantinople. La puissance du clergé était alors plus imposante loin de Rome que dans cette capitale de la chrétienté. Guillaume d'Aquitaine, en fondant l'abbaye de Cluni, vers 910, déclara que ces moines ne seraient soumis ni à lui, ni à ses parens ou descendans, ni à aucune puissance de la terre (1). Dans l'Europe occidentale et septentrionale, les moines héritaient sans qu'on héritât d'eux, et l'édifice de leur redoutable opulence s'élevait rapidement. Ils ne faisaient point de pareils progrès dans le territoire Romain, où, sous des papes éphémères, chefs électifs d'une espèce de république,

---

(1) *Concilior.* tom. IX, pag. 565. — *Bibl. Cluniac.* pag. 2. — Fleury, Hist. ecclés. *l. LIV, n. 45.*

les intrigues attachées à un tel gouvernement occupaient tous les esprits. Du sein de ces mouvemens politiques s'élevèrent trois patriciennes, pourvues de tous les moyens d'influence dont le rang, les talens et la beauté peuvent armer l'ambition. Théodora, mère des deux autres, séduisit les grands, calma les factions, soumit à son empire l'église même, adoucit enfin les mœurs en les corrompant. Un de ses amans, d'abord évêque de Bologne, lui dut l'archevêché de Ravenne, puis le souverain pontificat, qu'il occupa sous le nom de Jean X, depuis 914 jusqu'en 928. On ne saurait préconiser la sainteté de ce pontife; mais, en qualité de chef d'un État, il mériterait moins de reproches. Il ne contesta point les droits des autres monarques; il reconnut qu'il n'appartenait qu'aux rois d'investir les évêques (1); il réconcilia les princes dont les rivalités déchiraient l'Italie; lorsqu'il eut placé la couronne impériale sur la tête de Bérenger, il s'efforça de l'allier à l'empereur Grec contre les Sarasins, leurs ennemis communs; il marcha lui-même contre ces Mahométans, les combattit avec plus de vaillance qu'il n'appartenait à un pape, et les chassa du voisinage de Rome.

---

(1) *Concil. Gall.* tom. III, pag. 575.

Il paraît que Théodora mourut avant 928. Marosie, l'une de ses filles, après avoir épousé en secondes noces Gui de Toscane, détrôna Jean X et le jeta dans une prison, où bientôt il périt d'une mort sans doute violente. Il eut pour successeurs un Léon VI, un Étienne VII, créatures de Marosie, enfin Jean XI, jeune homme de vingt ou vingt-cinq ans, dont elle était la mère et qu'elle avait eu du pape Sergius II, selon Fleury (1), Baronius (2), Sigonius (3) et plusieurs autres, qui adoptent sur ce point le récit de Liutprand (4). Muratori (5) donne pour père à Jean XI, Albéric, premier mari de Marosie. Quoi qu'il en soit, cette femme gouverna Rome sous le pontificat de son fils, jusqu'en 932, époque d'une révolution nouvelle. Marosie venait d'épouser en troisièmes noces Hugues, roi de Provence, frère utérin de Gui de Toscane. Ce troisième époux s'étant avisé de maltraiter Albéric, autre fils de Marosie, un parti dévoué à ce jeune Albéric le mit à la tête des affaires : Hugues fut chassé de la ville, et Jean XI continua d'y remplir, pour la forme, et presque

---

(1) Hist. ecclés. l. LV, n. 5.
(2) Annal. eccl. ad ann. 931.
(3) De regn. Ital. l. VI, pag. 400.
(4) L. III, c. 12, pag. 410.
(5) Annali d'Italia, ad ann. 931.

sans aucun pouvoir réel, la chaire de saint Pierre.

Ici donc vont commencer dans Rome trente années, ou environ, d'administration séculière. Albéric, sous le titre de consul ou de patrice, choisit les papes, les gouverne, les tient sous sa dépendance. Hors de la ville, ces papes ne possédaient réellement que des propriétés territoriales; encore les avaient-ils inféodées pour en tirer parti. Une noblesse armée s'était élevée dans leurs domaines, qui déjà n'étaient plus leurs États, ou qui même ne l'avaient jamais été. On ignorait, dans ces temps barbares, l'art d'administrer au loin, l'art d'établir sur de grandes surfaces un système énergique de centralité, de subordination, de correspondance. Cet art ne s'est perfectionné que dans nos temps modernes; et son absence, au moyen âge, fut peut-être l'une des principales causes de l'établissement et des progrès de l'anarchie féodale. On ne savait posséder un empire de quelque étendue, qu'en le divisant entre des vassaux, qui voulaient être indépendans, toutes les fois que la faiblesse personnelle du suzerain leur permettait de le devenir. Le pape ne fut donc, depuis 932 jusque vers 956, qu'un évêque de Rome, sans pouvoir civil, et dont l'influence spirituelle était fort restreinte. A proprement parler, l'empereur d'Occident avait aussi disparu : car

Henri-l'Oiseleur ne prenait point ce titre dans ses diplomes ; il ne se qualifiait qu'avoué ou avocat des Romains (1) ; et ce vain titre, inférieur même à celui de patrice, n'établissait aucune autorité, aucune fonction, aucune relation politique. Voilà dans quelle indépendance Albéric gouverna ses concitoyens : ils les convoquait périodiquement en assemblées nationales ; il conservait ou renouvelait au milieu d'eux les formes républicaines qu'il jugeait favorables au maintien de sa magistrature personnelle. Albéric mourut en 954 ; et son fils Octavien, qui lui succéda, crut nécessaire de fortifier l'autorité civile en la réunissant à la dignité pontificale ; il devint pape en 956, et prit le nom de Jean XII. Ce double pouvoir aurait suffi pour rehausser le saint-siége, si l'extrême jeunesse de Jean XII, la médiocrité de ses talens, et les entreprises du roi d'Italie Bérenger II, n'eussent amené le rétablissement de la dignité impériale. Jean XII ayant besoin, contre Bérenger, du roi de Germanie Othon, le couronna empereur en 962.

Bérenger II et son fils Adalbert furent déposés ; Othon réunit à son royaume de Germanie celui d'Italie et la couronne impériale. Pour acquérir tant de puissance, il fit à l'église Romaine de

---

(1) Art de vérifier les dates, *tom. II, pag. 10.*

magnifiques promesses, et reçut en échange les sermens et l'hommage du pape. Ces actes d'Othon et de Jean XII subsistent; Gratien les a consignés dans sa compilation canonique; et si l'on en conteste l'authenticité, le fond en est indubitable (1). Othon confirma les donations de Pepin, de Charlemagne, de Louis I.er; il les étendit peut-être, mais en se réservant expressément la souveraineté sur la ville de Rome et sur tous les domaines ecclésiastiques : sauf en tout, disait-il, notre puissance et celle de notre fils et de nos descendans. Les constitutions qui exigeaient pour l'installation d'un pape le consentement de l'empereur, furent renouvelées : Othon se regarda même comme investi du droit de déposer les pontifes Romains, et ne tarda point à saisir l'occasion de l'exercer. A peine était-il sorti de Rome, que Jean XII, mesurant avec effroi l'étendue de l'autorité impériale, se repentit de l'avoir rétablie, et conçut le projet de s'en affranchir : Bérenger, Adalbert, avec lesquels il avait promis de n'entretenir aucune relation, devaient l'aider dans cette entreprise. L'empereur, qui en fut aussitôt averti, reçut en même temps quelques rapports sur les mœurs privées du pontife : elles

---

(1) Liutprand, *l. VI*, *c. 6*. — Pagi, *Crit. Ann. Baron.* ann. 962.. — Fleury, Hist. ecclés. *l. LVI*, *n. 1*.

n'étaient

n'étaient point édifiantes. Othon parut donner assez peu d'attention à ces récits. « Le pape, dit-
» il, est un enfant : les exemples des gens de bien
» le pourront corriger; de sages remontrances le
» retireront du précipice où il se jette. » Jean reçut fort mal des conseils si paternels; il attira dans Rome Adalbert, affecta de l'y recevoir avec pompe, rassembla des troupes et se révolta ouvertement contre l'empereur, malgré l'approche de ce prince et de son armée. Mais les forces étaient par trop inégales : Jean se voit forcé de s'enfuir à Capoue avec Adalbert. Othon entre à Rome, et, après avoir reçu des Romains le serment de ne reconnaître aucun pape que l'empereur n'aura point approuvé, il écrit à Jean XII une lettre que Fleury (1) rapporte en ces termes :

« Étant venus à Rome pour le service de Dieu,
» comme nous demandions aux évêques et aux
» cardinaux la cause de votre absence, ils ont
» avancé contre vous des choses si honteuses,
» qu'elles seraient indignes de gens de théâtre.
» Tous, tant clercs que laïques, vous ont accusé
» d'homicide, de parjure, de sacrilège, d'inceste
» avec vos parentes et avec deux sœurs, et d'avoir
» invoqué, dans le jeu, Jupiter, Vénus et les autres

___
(1) Hist. ecclés. *l. LVI*, *n. 6.*

» démons. Nous vous prions donc instamment de
» venir vous justifier sur tous ces chefs. Si vous
» craignez l'insolence du peuple, nous vous pro-
» mettons avec serment qu'il ne se fera rien que
» selon les canons. »

Pour toute réponse, le pape déclara qu'il excommuniait les évêques qui oseraient coopérer à l'élection d'un autre souverain pontife. Cette menace n'empêcha point le concile, assemblé par Othon, de déposer Jean XII, et d'élire Léon VIII. Cependant, quelques seigneurs attachés à la famille des Albérics excitèrent deux séditions, l'une sous les yeux même de l'empereur, l'autre aussitôt après son départ. La seconde de ces émeutes replaça Jean XII sur le trône pontifical, qu'il souilla cette fois par d'horribles vengeances : il ne se borna point à des excommunications, il fit tuer ou mutiler ceux qui avaient concouru à le destituer. Sa mort soudaine interrompit le cours de ces exécutions cruelles : il périt d'un coup violent à la tempe, nuitamment appliqué par quelque ennemi secret, sans doute par un des maris qu'outrageait le très-saint-père. Les Romains, au mépris de tous les sermens qu'ils avaient prêtés aux empereurs, lui donnèrent un successeur, nommé Benoît V : mais Léon VIII, qui s'était retiré auprès d'Othon, fut bientôt ramené à Rome par ce prince; et Benoît V, le vrai pape

DIXIÈME SIÈCLE.

selon Baronius (1), se reconnut pour anti-pape aux pieds du chef de l'empire, se dépouilla de ses habits pontificaux, demanda pardon d'avoir osé s'en revêtir, offrit enfin son hommage à Léon VIII comme au légitime successeur de saint Pierre (2). Les publicistes Allemands (3) ne doutent point de l'authenticité d'un acte qu'Othon fit alors souscrire à Léon VIII, au clergé et au peuple de Rome: il y est dit que personne à l'avenir n'aura le droit d'élire le pape, ou tout autre évêque, sans le consentement de l'empereur; que les évêques élus par le clergé et le peuple ne seront point sacrés avant que l'empereur ait confirmé leur élection, à l'exception néanmoins de certaines prélatures dont l'empereur a cédé l'investiture au pape et aux archevêques; qu'Othon, roi des Allemands, et ses successeurs au royaume d'Italie, auront à perpétuité la faculté de choisir celui qui devra régner après eux, et celle de nommer les papes aussi-bien que les archevêques et évêques, lesquels recevront de ces princes l'investiture *par la crosse et l'anneau.*

---

(1) *Ann. eccl.* ad ann. 964.
(2) Liutpr. *l. VI, c. ult.* — *Vita Joannis XII*, tom. III *Rer. Italic.* p. II, pag. 328.
(3) *Voy.* Pfeffel, Abr. chron. de l'hist. et du droit public d'Allemagne, *ann. 964*; Koch, Tableau des révolutions de l'Europe, *3.ᵉ période, &c.*

Hormis ces derniers mots, l'acte est consigné dans le décret de Gratien ; cependant quelques auteurs Italiens le jugent apocryphe, sans alléguer d'autre motif de cette opinion que l'étendue *exorbitante* (1) que cette constitution leur semblerait donner à l'autorité impériale. Nous dirons encore ici qu'alors même que l'authenticité de ce texte ne serait pas rigoureusement démontrée, le témoignage des historiens contemporains (2) prouverait toujours qu'Othon fit souscrire à Léon VIII une reconnaissance catégorique des droits impériaux. La révolte récente de Jean XII suffisait pour inspirer à l'empereur le desir de cette nouvelle garantie ; et Léon, sa créature, n'avait aucun moyen d'y mettre des restrictions. L'acte fut tel que le voulut Othon ; et ce prince, vainqueur et bienfaiteur, ne pouvait se contenter d'une formule ambiguë.

---

(1) *Sono invenzioni.... alcuni decreti.... ne' quali si trovano esorbitanti concessioni di autorità all' imperadore, sì nello spirituale che nel temporale della chiesa Romana. Il cardinal* Baronio (Ann. eccl. ann. 964), *il padre* Pagi (Crit. Baron.), *ed altri han saggiamente rigettate simili imposture.* Muratori, Annali d'Italia, ann. 964, tom. V, pag. 410.

(2) Liutprand, *l.* VI, *c. 6*... — *Voy.* Yvo *Pannon.* l. VIII, c. 136 ; Gratiani *Decretum*, dist. 63, c. 23 ; De Marca *Concord.* l. VIII, c. 12 ; Saint-Marc, Abrégé de l'Hist. d'Italie, *tom.* IV, *pag.* 1167-1185.

Léon VIII et Benoît V meurent en 965; les commissaires d'Othon font élire Jean XIII; mais les Romains se révoltent contre ce nouveau pape, ils le chassent. Il faut qu'Othon repasse en Italie, qu'il vienne à Rome soumettre les séditieux et rétablir le pontife. Jean XIII ne put pardonner à aucun de ses ennemis; il signala sa rentrée par d'atroces vengeances, dont l'empereur daigna se rendre le complice et l'instrument. Elles ont terni la gloire de ce prince, et justifié le mauvais accueil que fit alors à l'un de ses envoyés l'empereur Grec Nicéphore Phocas. « L'impiété de ton » maître », dit à l'envoyé d'Othon le souverain de Constantinople, « ne nous permet pas de te rece- » voir honorablement : ton maître s'est fait le tyran » des Romains ses sujets; il a exilé les uns, ar- » raché les yeux aux autres, il a exterminé une » partie de son peuple par le glaive et sur l'écha- » faud. » L'ambassadeur auquel s'adressait ce discours, était l'historien Liutprand, qui le rapporte lui-même (1). Othon cependant n'était pas cruel de sa nature; mais il cédait, en cette circonstance, aux impulsions du vindicatif Jean XIII.

Les succès d'Othon-le-Grand, ses voyages à Rome depuis 962 jusqu'en 966, ont fondé la

---

(1) Liutpr. *ann.* 968; Fleury; Hist. ecclés. *l.* LVI, *n.* 20.

puissance des empereurs Allemands ses successeurs. Il voulait que la dignité impériale devînt à jamais inséparable des royaumes de Germanie et d'Italie; que la chrétienté entière fût une république qui reconnût dans l'empereur son unique chef temporel; qu'il appartînt à ce chef suprême de convoquer les conciles, de commander les armées chrétiennes, d'établir les papes, de les déposer, de présider et de créer les rois. Mais, pour s'élever à tant de grandeur, il eut besoin de ménager les évêques Allemands; ils obtinrent de lui des concessions énormes. Ils distingua les villes en préfectoriales et royales (depuis impériales) et confia le gouvernement de ces dernières, aux prélats, qui travaillèrent à les rendre épiscopales. Les évêques devinrent comtes et ducs avec des droits régaliens, tels que la haute justice, le privilége de battre monnaie, celui de percevoir des péages et autres revenus publics. C'était à titre de fiefs, et à la charge de le suivre dans ses expéditions militaires, qu'Othon les gratifiait de tant de pouvoirs et de richesses : mais ces dangereux bienfaits, en atténuant le domaine de la couronne et les revenus de l'État, semaient des germes d'anarchie et de révolutions. Le clergé, tant séculier que régulier, acquérait, dans la plupart des contrées Européennes, une puissance formidable, qui l'aurait été davantage encore, si déjà quelques symptômes de rivalité entre ces deux clergés n'eussent entravé leur commun agrandissement. Les couvens se multipliaient de jour en jour, et s'enrichissaient presque sans mesure. On attendait fort prochainement la fin du monde; le terme des mille années de l'église allait expirer; et les donations à l'église, spécialement aux monastères, passaient pour la garantie la plus sûre contre la damnation éternelle. Du sein des cloîtres s'élevaient d'imposans personnages devant qui s'abaissaient les trônes de la terre. Dunstan s'élance de l'abbaye de Glaston pour gouverner la Grande-Bretagne, sévir contre les reines et mettre les rois en pénitence. Othon-le-Grand était, à cette époque, le seul prince chrétien qui dominât pleinement l'autorité ecclésiastique; et s'il restait chez quelque peuple des idées ou des habitudes d'indépendance civile, c'était encore parmi les Romains, au centre même de la chrétienté.

Le règne d'Othon-le-Grand est l'époque à laquelle nous rapporterions volontiers la première origine des deux factions, papale et impériale, appelées depuis celles des Guelfes et des Gibelins. Mais au Xe siècle, les partisans du pape n'étaient à Rome que des citoyens jaloux de reconquérir l'indépendance de leur ville ou de leur république, et d'en soustraire le chef électif à toute domination étrangère. Quelques-uns même auraient préféré une magistrature purement civile, comme celle d'Albéric; ils se réunissaient bien plus contre l'empereur qu'en faveur des pontifes élus sans lui ou malgré lui. Tels furent les élémens de la faction qui se révolta avec Jean XII, qui nomma Benoît V, et qui repoussa, tant qu'elle put, Léon VIII et Jean XIII. L'empereur n'avait de partisans à Rome que ses agens personnels et un bien petit nombre d'habitans : le reste n'était soumis qu'en sa présence ou par ses armes. Ainsi cette faction fanatique, qui dans la suite parut soutenir les plus monstrueux excès de l'ambition pontificale, n'était originairement qu'un parti républicain, que plus d'une fois il eût été facile d'employer à la destruction du pouvoir temporel des papes, en donnant aux Romains, et à quelques autres villes italiennes, un gouvernement convenable.

Othon mourut en 973; et, depuis sa mort jusqu'au pontificat de Gerbert ou *Silvestre II*, les événemens les plus remarquables sont, l'avénement de Hugues Capet au trône de France, l'excommunication prononcée contre son fils Robert, et les tentatives de Crescentius pour affranchir Rome du joug d'Othon II et d'Othon III, faibles successeurs d'Othon-le-Grand.

Crescentius était fils de Théodora, et, selon

Fleury (1), du pape Jean X. On le voit gouverner Rome en qualité de consul vers 980 : mais il est probable que dès 974, il exerçait une grande influence ; d'orageux ou faibles pontificats ramenaient la magistrature civile. Benoît VI, successeur de Jean XIII, avait été détrôné, emprisonné, étranglé ou condamné à mourir de faim ; un Boniface VII, usurpateur du saint-siége, après avoir dépouillé les églises, s'était enfui, avec sa proie, à Constantinople : on n'hésita point à le remplacer, et l'influence impériale détermina l'élection de Benoît VII, qui appartenait à la famille des Albérics, devenus comtes de Tusculum ; famille puissante, dont l'empereur Othon II et ses agens fortifiaient le parti Germanique. Mais cet empereur, occupé d'une guerre contre les Grecs dans le duché de Bénévent, craignit de mécontenter les Romains en prenant trop de part à leurs affaires. Il n'empêcha donc point Crescentius, qui avait obtenu leur confiance, de gouverner et leur ville et leur évêque. En 983, lorsque Benoît VII mourut, le consul et les Romains élurent Jean XIV. Cependant Boniface VII revint de Constantinople, s'empara de Rome et de Jean XIV, le fit périr dans un cachot, et se maintint, durant onze mois, à la tête de la

---

(1) Hist. ecclés. *l. LVI, n. 36.*

ville et de l'église. On a lieu de croire que Crescentius a contribué à la chute de Boniface, qu'une mort soudaine déroba aux vengeances du peuple. Jean XV, élu en 985, eut des démêlés avec le consul, qui l'exila et ne consentit à le revoir qu'après que ce pape eut promis de respecter l'autorité populaire. Malgré cette promesse, Othon III fut appelé en Italie par Jean XV, qui supportait péniblement l'ascendant de Crescentius. Jean mourut au moment où il espérait de se voir délivré de ce gouverneur. Othon III désigna pour pape un Allemand qui prit le nom de Grégoire V : ce pontife étranger, élu par l'influence des comtes de Tusculum, à l'approche d'une armée impériale, odieux aux Romains par toutes ces circonstances, leur déplut davantage encore par ses manières et ses hauteurs Germaniques. Ce fut alors que Crescentius conçut le projet de replacer Rome sous l'autorité souveraine des empereurs Grecs, maîtres à-la-fois plus doux et plus lointains, accoutumés à respecter les priviléges des peuples, et sous la protection desquels prospéraient ou respiraient les Napolitains et les Vénitiens. Des ambassadeurs Grecs se rendirent à Rome, sous le prétexte d'une mission qu'ils allaient remplir à la cour d'Othon III ; ils conférèrent avec le consul, qui ne tarda pas à chasser Grégoire V et à le remplacer par un Grec, nommé Philagathus, qui, d'évêque de Plaisance, devint pape ou anti-pape sous le nom de Jean XVI. Mais Othon III vint à Rome, et se saisit de ce nouveau pontife, que Grégoire V condamna, malgré les prières de saint Nil, à perdre la vie au milieu des plus horribles tourmens. Crescentius s'était retiré dans le môle Adrien; on feignit de négocier avec lui, on prit l'engagement de respecter sa personne: il crut à cette promesse donnée par l'empereur, sortit de sa forteresse, se livra lui-même à Othon, et fut à l'instant décapité avec ses plus fidèles partisans.

C'était Jean XV qui occupait la chaire de saint Pierre, lorsqu'en 987 Hugues-Capet détrôna la race Carlovingienne et se fit roi de France. Il sut rendre agréable aux seigneurs et aux évêques Français cette révolution nécessaire; elle s'opéra sans secousse, et sur-tout sans l'intervention de la cour Romaine. Hugues ne s'adressa point à Jean XV, comme jadis Pepin à Zacharie; et le bonheur de ne point devoir son élévation au saint-siége, fut sans doute l'une des causes de l'affermissement de Hugues, de la longue durée de sa dynastie, et de la propagation des maximes d'indépendance qui ont distingué et honoré l'église Gallicane. Ces maximes furent proclamées, dès le règne de Hugues, par un évêque d'Orléans, et par Gerbert, devenu archevêque de Reims (1). Il s'agissait d'un archevêque de cette même ville de Reims, nommé Arnoul, qui avait trahi le nouveau roi, et que ce prince avait fait déposer. Jean XV voulut rétablir Arnoul et casser l'élection de Gerbert; mais le monarque tint ferme, et laissa, tant qu'il vécut, Gerbert sur le siége de Reims, Arnoul dans les prisons d'Orléans.

Robert, fils de Hugues, ne résista point aussi heureusement à Grégoire V. Robert avait épousé Berthe, quoiqu'elle fût sa parente au quatrième degré, et qu'il eût été parrain d'un fils qu'elle avait eu du comte de Chartres son premier mari. On se récria contre un mariage fait au mépris de deux empêchemens si graves. Trop effrayé de ces clameurs, Robert s'avisa de rétablir l'archevêque de Reims Arnoul : cette complaisance, par laquelle il croyait se concilier la cour de Rome, ne parut qu'un indice de sa faiblesse. Le pape n'hésita point à déclarer la nullité du mariage ; il excommunia les deux époux; et Robert, forcé de renvoyer Berthe, épousa Constance. On lui a beaucoup reproché cette docilité; mais après avoir rétabli Arnoul, son obstination à conserver Berthe aurait eu presque infailliblement de funestes suites.

―――

(1) Velly, Hist. de Fr. tom. II (in-12), pag. 275 et suiv.

Il faut penser que Robert était le second roi de sa race; que cette dynastie nouvelle régnait à peine depuis dix ans; que Gerbert, l'un des hommes les plus habiles de cette époque, avait quitté le roi de France pour s'attacher à Othon III; que cet empereur s'était montré dans le concile où Grégoire V avait excommunié le fils de Hugues, et qu'enfin ces anathèmes étaient alors si redoutables, que nous avons peine à ne pas soupçonner quelque exagération dans ce qu'on nous raconte de leurs effets. C'était pour la première fois que l'église de France se voyait mise en interdit, et qu'elle recevait l'injonction de suspendre la célébration des offices divins, l'administration des sacremens aux adultes, la sépulture religieuse des morts. On assure que Robert excommunié fut abandonné de ses courtisans, de ses parens, de ses domestiques, et que les deux serviteurs qui lui restaient faisaient passer par le feu les objets qu'il avait touchés.

Ce Gerbert dont nous venons de parler, devint pape, après Grégoire V, sous le nom de Silvestre II. C'était lui qui, étant archevêque de Reims, et se voyant condamné par Jean XV, avait parlé en ces termes : « Si l'évêque de Rome
» pèche contre son frère, et qu'averti plusieurs fois
» il n'obéisse point à l'église, il doit être regardé

» comme un publicain : plus le rang est élevé,
» plus grave est la chute. Quand saint Grégoire
» dit que le troupeau doit craindre la sentence
» juste ou injuste du pasteur, saint Grégoire
» ne prétend point conseiller cette crainte aux
» évêques, qui ne sont pas le troupeau, mais les
» chefs et les conducteurs du troupeau. Ne four-
» nissons pas à nos ennemis l'occasion de sup-
» poser que le sacerdoce, qui est un dans toute
» l'église, soit tellement soumis à un seul pontife
» souverain, que si ce pontife vient à se laisser
» corrompre par argent, faveur, crainte, igno-
» rance, personne ne puisse plus être évêque
» sans se soutenir par de tels moyens. L'église a
» pour lois communes l'écriture, les canons et
» les décrets du saint-siége, quand ces décrets
» sont conformes aux canons et à l'écriture (1). »
Chassé de Reims, Gerbert avait été recueilli par Othon III, qui le fit d'abord archevêque de Ravenne, puis chef de l'église en 998. Il mourut en 1002, après avoir, dans ce court pontificat, raffermi de son mieux à Rome l'autorité impériale, et comprimé les mouvemens d'indépendance qui avaient agité les Romains.

On ne saurait quitter le x.ᵉ siècle sans déplorer

---

1) *Concilior.* tom. IX, pag. 744.

l'épaisse ignorance où l'Europe était plongée. Les possessions n'étaient plus réglées que par l'usage ; les transactions ne se conservaient que dans les souvenirs. Au milieu de ces peuples, de ces grands, de ces rois, qui ne savaient ni écrire ni lire, l'instruction la plus grossière suffisait au clergé pour s'emparer de la plupart des affaires civiles. « Les ecclésiastiques, dit Pasquier (1),
» se lotirent les clefs tant de la religion que des
» lettres, encore que, pour bien dire, ils n'en
» eussent provisions que pour leurs portées. »
Eux seuls pouvaient épeler d'anciens écrits, et tracer quelques caractères : ils se mirent à dicter les testamens, à régler les mariages, les contrats, les actes publics; ils extorquèrent des legs et des donations; ils s'affranchirent de la juridiction séculière, et s'efforcèrent d'assujétir toutes les personnes et toutes les choses à leur propre jurisprudence (2).

---

(1) Recherch. de la France, *l. VIII, c. 13.*
(2) Velly, Hist. de Fr. *tom. II (in-12), pag. 293.*

CHAPITRE IV.

Entreprises des Papes du onzième Siècle.

PEU après la mort de Silvestre II, on vit reparaître à Rome un patrice, des consuls, douze sénateurs, un préfet, des assemblées populaires. Un second Crescentius, né du premier peut-être, remplissait les fonctions préfectoriales. Quant au patrice, qui se nommait Jean, et qui était le principal auteur de ce rétablissement des magistratures civiles, il nous est expressément désigné comme fils du premier Crescentius. Mais en 1013, Henri II vint à Rome; il reçut du pape Benoît VIII la couronne impériale; et les Romains, malgré leurs murmures, perdirent encore une fois leur indépendance. Baronius (1) rapporte un diplome où Henri II confirme les donations de ses devanciers : on ajoute que Benoît VIII, avant de couronner cet empereur, lui fit jurer qu'il serait fidèle au pape, et ne se regarderait que comme le défenseur et l'avoué de l'église Romaine. Glaber (2), historien contemporain, après avoir raconté ce

---

(1) *Ann. eccles.* ad ann. 1014, t. XI, p. 48.
(2) *Histor.* l. 1, c. ult.

couronnement, dit qu'il paraît fort raisonnable et très-bien établi qu'aucun prince ne prenne le titre d'empereur, sinon celui que le pape aura choisi et revêtu des marques de cette dignité : paroles qui semblent bien moins exprimer ici une réflexion particulière de l'écrivain, qu'une opinion commune qui s'établissait de son temps. Cependant, Mabillon (1) et Muratori (2) nient l'authenticité du diplome allégué par Baronius ; et nous voyons qu'en 1020, lorsque Benoît VIII se rendit en Allemagne auprès de Henri, ce prince ne confirma les donations de ses prédécesseurs qu'avec la réserve expresse de la souveraineté impériale.

Jean XIX, successeur de Benoît, fut chassé par les Romains, et rétabli en 1033 par l'empereur Conrad, qu'il avait couronné en 1027. Après Jean XIX, qui survécut peu à son rétablissement, on élut pape son neveu, qui prit le nom de Benoît IX, et qui, selon Glaber (3), n'était âgé que de dix ans. L'élévation d'un enfant au trône pontifical n'est pas vraisemblable ; mais toutes les circonstances concourent à prouver que Benoît IX n'était en 1033 qu'un très-jeune homme : il porta

---

(1) *Annal. Bened.* ann. 1014.
(2) *Annali d'Ital.* ann. 1014, t. VI, p. 45.
(3) *Lib.* IV, c. 5 ; l. V, c. 5.

sur la chaire de saint Pierre l'inconsidération et les déréglemens de cet âge; on lui reprocha même autant de rapines et d'assassinats que de galanteries. Voici comment il nous est dépeint par Victor III, l'un de ses successeurs et de ses contemporains (1) : « J'ai horreur de dire combien
» honteuse fut la vie de Benoît IX, combien dis-
» solue, combien détestable. Aussi ne commen-
» cerai-je mon récit qu'à l'époque où Dieu prit en
» pitié la sainte église. Après que Benoît IX eut
» long-temps fatigué les Romains par ses vols,
» par ses meurtres, par ses abominations, l'excès
» de sa scélératesse devint insupportable; il fut
» chassé par le peuple; et pour le remplacer, on
» élut à prix d'argent, et au mépris des saints ca-
» nons, Jean, évêque de Sabine, qui n'occupa que
» trois mois le saint-siége, sous le nom de Sil-
» vestre III. Benoît IX, qui descendait des consuls
» de Rome et qu'un parti puissant rappelait, dé-
» vasta les environs de la ville, et, à l'aide de ses
» soldats, contraignit Silvestre de retourner igno-
» minieusement dans son évêché de Sabine. Be-
» noît IX, en reprenant la tiare, ne changea
» point de mœurs : mais toujours odieux au clergé,
» au peuple, que ses désordres continuaient de

---

(1) *Dialog.* l. III, in *app. Chron. Cassin.*

» révolter, effrayé lui-même des clameurs qui s'éle-
» vaient contre ses crimes, livré d'ailleurs aux vo-
» luptés, et plus enclin à vivre en épicurien qu'en
» pontife, il prit le parti de vendre le pontificat
» à un archiprêtre Jean, qui lui en compta une
» somme considérable. Ce Jean, néanmoins, pas-
» sait dans la ville pour l'un des meilleurs ecclé-
» siastiques; et tandis que Benoît IX habitait des
» maisons de plaisance, Jean, sous le nom de
» Grégoire VI, gouverna l'église deux ans et trois
» mois, jusqu'à l'arrivée de Henri (III), roi d'Al-
» lemagne. » Tel est le tableau que nous fait un
pape, de l'état du saint-siége sous trois papes ses
prédécesseurs, depuis 1033 jusqu'en 1046.

Il peut importer de remarquer que Benoît VIII, son frère Jean XIX et leur neveu Benoît IX, étaient de la maison des Albérics, comtes de Tusculum. C'est un des premiers exemples du népotisme pontifical, ou des efforts d'une famille pour se perpétuer sur le saint-siége.

On a vu, par le récit de Victor III, qu'en 1045, il existait à-la-fois trois papes; savoir, Benoît IX retiré dans ses châteaux, Silvestre II relégué dans son premier évêché, et Grégoire VI siégeant à Rome depuis 1044. Ce troisième pontife, qui avait acheté sa place, en voulut recueillir les fruits, et ne put les voir sans douleur considérablement diminués par la perte de plusieurs domaines que des séculiers avaient usurpés sur le saint-siége. Il prit les armes pour les reconquérir, sans négliger toutefois d'excommunier les détenteurs. Ce furent-là les principaux actes de son court pontificat. Il nous est représenté comme fort ignorant, même pour son siècle; on doute qu'il sût lire (1); et l'histoire rapporte qu'un adjoint lui fut donné pour remplir les fonctions pastorales, tandis qu'il se signalait par des exploits guerriers (2).

Au moment de l'arrivée de Henri III à Rome, les trois papes s'y trouvèrent, Benoît IX au palais de Latran, Silvestre III au Vatican, et Grégoire VI, ou Jean son adjoint, à Sainte-Marie-Majeure. Henri les destitua tous trois sans nul obstacle, et en fit élire un quatrième, Suidger, évêque de Bamberg, qui prit le nom de Clément II. A ce Clément succédèrent Damase II, Léon IX, Victor II, comme lui créatures de Henri III. Les dix années de cet empereur sont l'une des époques où les Romains et les papes ont été le plus décidément assujétis à la puissance impériale.

Léon IX, parent et sujet de Henri, se dédommagea de l'obéissance qu'il ne pouvait refuser à

---

(1) Amalric. Augerius, *de Vitis Pontificum*, pag. 340.
(2) *Ibid.*

cet empereur, par des actes d'autorité contre les autres souverains. Il vint tenir un concile à Reims malgré le roi de France Henri I.ᵉʳ, y proclama la suprématie pontificale, déposa, excommunia des prélats et des séculiers. Dans un concile de Rome, il décréta que les femmes dont les prêtres abuseraient dans l'enceinte de cette ville, demeureraient esclaves du palais de Latran (1). Ce pontife, qu'on a mis au rang des saints, aurait pu obtenir une place parmi les guerriers : il conduisit une armée contre les Normands, qui le vainquirent et le tinrent prisonnier à Bénévent. Son pontificat est mémorable par la consommation du schisme de l'église Grecque; mais les discussions religieuses qui tiennent à l'histoire de ce schisme, dépassent les bornes de notre sujet : le principal résultat politique de cette division fut d'éteindre l'influence déjà bien faible des empereurs d'Orient sur les affaires d'Italie.

C'est sous Léon IX que l'on commence à distinguer Hildebrand, l'homme le plus fameux de son siècle. Né en Toscane, où son père était, dit-on, charpentier, il vint étudier en France, y embrassa l'état monastique, et revint en Italie

---

(1) Fleury, Hist. ecclés. *l. LIX, n. 75.*

donner des conseils à Léon IX, à Victor II, gouverner Étienne IX, Nicolas II, Alexandre II, et leur succéder enfin sur le trône pontifical. L'idée d'une théocratie universelle avait pris dans son ame ardente et dure le caractère d'une passion ; toute sa vie fut consacrée à cette entreprise. Pour assurer l'empire des prêtres sur le reste des humains, et la domination du pape sur tous les pretres, il sentit la nécessité de réformer leurs mœurs et de concentrer leurs relations, de les isoler plus étroitement, de les constituer en une seule et grande famille, dont les membres ne se souvinssent plus d'avoir appartenu à des familles séculières. Le célibat ecclésiastique n'était encore qu'une pratique générale, introduite et révérée dans presque toutes les églises, mais presque par-tout aussi modifiée par des exceptions ou des transgressions. Hildebrand résolut d'en faire une loi rigoureuse : à son instigation, Étienne IX, en 1058, déclara le mariage incompatible avec le sacerdoce, traita de concubines toutes les femmes de prêtres, les excommuniant, elles et leurs époux, si leur union n'était à l'instant brisée. Le clergé fit quelque résistance ; les prêtres Milanais surtout alléguaient la permission que leur avait donnée saint Ambroise de se marier en premières noces seulement, et pourvu que ce fût avec une vierge (1). Hildebrand, pour couper court à ces réclamations, mit au nombre des hérétiques les réclamans obstinés (2).

Sous Nicolas II, Hildebrand changea la manière d'élire les papes. Jusqu'alors, tous les Romains, clergé, noblesse et peuple, avaient coopéré à ces élections. On régla qu'à l'avenir elles seraient préparées par les seuls cardinaux évêques, lesquels s'adjoindraient ensuite les cardinaux clercs, et finiraient par demander le consentement des autres ecclésiastiques, même celui des simples fidèles. Les cardinaux évêques ici mentionnés ne sont autres que les sept évêques du territoire Romain. Nicolas, dans ce même décret, les appelle ses comprovinciaux, *comprovinciales episcopi* (3). Quant aux cardinaux prêtres ou clercs, c'étaient ceux qui administraient les vingt-huit principales églises de la ville de Rome. Bien avant Nicolas, ces vingt-huit prêtres et ces évêques avaient été désignés par ce nom de *cardinaux*; mais les voilà, pour la

―――――――――――――――――――――――

(1) Landulph. Senior. *Hist. Mediol.* l. III et IV; *Rer. Italic.* tom. IV, p. 96 et seqq. — Corio, *Istorie Milanesi*, p. I, p. 6, &c.
(2) Baron. *Ann. eccles.* ad ann. 1059.
(3) Mabillon, *Mus. Italic.* tom. II, pag. 114. — Fr. Pagi, *Breviar. pontif. Roman.* tom. II, pag. 374; Thomassin. *Discipl. vet. et nov.* l. II, c. 115, 116. — Muratori, *de origine cardinalatûs*, *Ant. Ital.* tom. V, pag. 156.

première fois, investis du droit exclusif et positif de nommer les nouveaux papes : le reste du clergé et le peuple ne conservent au plus que la faculté de rejeter le désigné. Telle est l'origine du collége électoral des cardinaux, collége qui n'a reçu que plus tard, et par degrés, son organisation actuelle. Il a, comme on voit, pour premier fondateur, Nicolas II, ou plutôt Hildebrand. N'omettons pas la clause qui termine ce décret : « sauf l'honneur et » le respect dus au roi Henri, futur empereur, à » qui le siége apostolique a donné le privilége » personnel de concourir à l'élection par consen- » tement (1). » Les droits de l'empereur étaient encore trop bien établis pour qu'il fût permis de n'en rien dire : on se contente de les dénaturer, de les présenter comme une concession que le saint-siége accorde, comme un privilége personnel dont il lui plaît de gratifier Henri.

En fondant des bénéfices ecclésiastiques, les rois et les seigneurs s'étaient réservé le droit d'y nommer ; nul ne pouvait les posséder qu'après en avoir été investi par le donateur ou par ses héritiers. Ce n'était-là qu'une simple application de régime féodal aux domaines ecclésiastiques. la cour

---

(1) *Concilior.* tom. IX, pag. 11, 35. — Fleury, Hist. ecclés. l. LX, n. 31.

de Rome se plaignit des mauvais choix qu'amenait ce système, et spécialement des marchés qui se pratiquaient entre les collateurs et les postulans. Il se vendait, sans contredit, un très-grand nombre de bénéfices ; mais ce commerce a subsisté sous tous les régimes ; la question n'a jamais été que de savoir au profit de qui il se ferait. Hildebrand s'arma d'un saint zèle contre ce scandale : pour l'éteindre, il osa dicter à Nicolas II un décret, qui défendait de recevoir d'un laïque aucun bénéfice ecclésiastique, même gratuitement (1). Ce décret, prononcé, en 1059, dans le même concile qui réservait aux cardinaux la désignation des papes, ne se présentait que comme un réglement particulier contre la simonie. On y fit d'abord peu d'attention, on ne l'exécuta presque point ; mais nous devons le remarquer ici comme le prélude de la querelle des investitures.

Long-temps les rois et les seigneurs avaient investi les prélats, en leur présentant une baguette ou un rameau, ainsi qu'il se pratiquait pour l'investiture des comtes et des chevaliers. Mais le clergé, dès le X.ᵉ siècle, s'était plus d'une fois avisé de frustrer de leurs droits les

---

(1) Baronius, *Ann. eccles.* ad ann. 1059, §. 32-34.

collateurs de bénéfices, en procédant, sans aucun délai, à l'élection et à la consécration d'un nouveau prélat. Il semblait convenu que la consécration rendait l'élection irrévocable; et si le collateur laïque n'était averti ni de l'une ni de l'autre, il perdait l'occasion de donner ou de vendre une dignité. Pour échapper à ce stratagème, les princes avaient ordonné qu'aussitôt après la mort d'un prélat, on leur apporterait son anneau et sa crosse, qu'ils ne remettraient à son successeur qu'en l'investissant. Adam de Brême (1) fait remonter au règne de Louis-le-Débonnaire cette forme d'investiture : il est infiniment plus probable qu'elle ne s'introduisit que sous Othon-le-Grand, après le milieu du X.ᵉ siècle; mais elle était généralement établie au XI.ᵉ (2). Hildebrand se promit de l'abolir, d'abord parce qu'elle garantissait aux laïques leur droit d'élection ou de vente, et de plus, parce qu'elle faisait passer par leurs mains profanes deux symboles de la puissance ecclésiastique.

Loin qu'il pût consentir au maintien d'une cérémonie où l'autorité séculière semblait conférer des fonctions sacerdotales, il prétendit, au

---

(1) *Hist. ecclesiastica*, l. I, c. 32.
(2) Humbert, *l. III; contra Simoniacos*. c. 7 et 11.

contraire, ériger le chef de l'église en dispensateur suprême des couronnes temporelles. Dès 1059, il fit, sous le nom de Nicolas II, un premier essai de ce système. Nicolas reçut l'hommage des Normands, et créa l'un de leurs chefs, duc de la Pouille, de la Calabre et de la Sicile, sous la condition qu'en qualité de vassal du siége apostolique, ce chef, nommé Robert Guiscard, prêterait à l'église Romaine serment de fidélité, s'obligerait à lui payer, au même titre, un tribut annuel, et prendrait les mêmes engagemens pour ses successeurs (1). Telle fut l'origine du royaume de Naples; et cette étrange concession dépouilla les empereurs de Constantinople de tout reste de souveraineté sur la grande Grèce.

Nicolas II mourut en 1061; et pour élire, pour installer son successeur Alexandre II, on ne demanda en aucune manière le consentement impérial. La cour de Henri IV, alors mineur, s'en offensa, et fit nommer un autre pape, Cadaloo, qui s'intitula Honorius II. Cadaloo vainquit l'armée d'Alexandre II, et parvint à s'établir au Vatican; mais le duc de Toscane l'en chassa : Alexandre II fut reconnu pour le vrai pontife, et Hildebrand continua de régner.

---

(1) Baronius, *Ann. eccles.* ad ann. 1060. — Muratori, *Annali d'Italia*, tom. VI, pag. 186.

Hildebrand ne s'assit en personne sur la chaire de saint Pierre qu'en 1073. On est surpris qu'il ne l'ait pas occupée plutôt; quelques auteurs pensent que la hauteur et la dureté de son caractère indisposaient contre lui les électeurs : il nous paraît plus vraisemblable qu'en effet il n'aspirait point à devenir pape, pourvu que le pape devînt le souverain des rois; car s'il eût convoité la tiare, s'il l'eût voulue comme il savait vouloir, qu'aisément il eût triomphé, dès 1061, ou même auparavant, de quelques faibles résistances ! C'était à l'agrandissement illimité de la puissance pontificale, bien plus qu'à son élévation personnelle, que l'entraînaient ses opinions et son caractère. On ne remarque dans sa conduite aucun de ces ménagemens que l'intérêt privé conseille : elle a toute la raideur d'un système inflexible dont il n'est jamais permis de compromettre l'intégrité par des concessions ou des complaisances. Son zèle, qui n'est pas seulement actif, mais audacieux, opiniâtre, inconsidéré, lui vient d'une persuasion incurable. Hildebrand aurait été le martyr de la théocratie, si les circonstances l'eussent exigé ; et il ne s'en fallut guère. Comme tous les enthousiastes rigides, il se crut désintéressé et fut sans remords le fléau du monde. Sans doute que les intérêts sont les mobiles des actions humaines :

mais le triomphe d'une opinion est aussi un intérêt ; et sacrifier à celui-là tous les autres, c'est, dans chaque siècle, la destinée de quelques hommes. Il en est qui, attentifs à ne rien troubler autour d'eux, ne compromettent que leurs propres jouissances ; ceux-là sont d'autant plus excusables, que c'est peut-être à la vérité qu'ils offrent un si pur et si modeste sacrifice. D'autres, comme Hildebrand, pensent acquérir, par les privations qu'ils s'imposent, le droit d'ébranler et de tourmenter les peuples ; et leurs sombres erreurs coûtent des désastres à la terre.

On attribue à Grégoire VII (c'est le nom papal d'Hildebrand), vingt-sept maximes qui composent une déclaration complète de la souveraineté spirituelle et temporelle du pontife Romain (1), y compris le droit de destituer tous les princes, de disposer de toutes les couronnes, de réformer toutes les lois. Il n'est pas très-certain qu'il ait réellement rédigé ou dicté ces articles ; mais on en retrouverait la substance ou le développement dans ses lettres authentiques ; ils pourraient être intitulés, *Esprit d'Hildebrand;* ils étaient la règle de sa conduite, le symbole qu'il professait et qu'il eût

---

(1) *Dictatus papæ*, Concilior. tom. X, pag. 110.—Baron. *Ann. eccles.* ad ann. 1076, §. 24.—De Marca. l. VII, c. 26, §. 4.

voulu imposer à la chrétienté. Il y est dit expressément que le pape n'a jamais erré, qu'il ne tombera jamais dans aucune erreur, qu'il peut seul nommer les évêques, convoquer les conciles, les présider, les dissoudre; que les princes lui doivent baiser les pieds; que par lui les sujets sont déliés des sermens de fidélité; qu'en un mot il n'est qu'un seul nom dans le monde, celui du pape.

Quand Grégoire VII vit Guillaume-le-Conquérant établi en Angleterre, il n'hésita point à lui prescrire de rendre hommage de ce royaume au siége apostolique (1). Cette étrange proposition avait pour prétexte une aumône que les Anglais payaient à l'église Romaine depuis environ deux siècles, et qu'on appelait denier de saint Pierre. Le conquérant répondit que l'aumône se continuerait peut-être, mais qu'il y avait de l'inconséquence à demander un hommage à ceux de qui l'on recevait la charité. Guillaume défendit en même temps aux Anglais d'aller à Rome et de reconnaître d'autre pape que celui qu'il approuverait. Ce léger démêlé n'eut pas de suite; et nous n'en parlons ici que parce qu'il montre mieux qu'un autre, que Grégoire VII ne savait mettre

---

(1) Fleury, Hist. ecclés. *l. LXII*, *n. 63*.

aucune limite aux prétentions du saint-siége. Peutêtre se figurait-il que la nouveauté de la puissance de Guillaume en Angleterre le disposerait à desirer la protection de Rome et à l'acheter par un acte de vasselage : mais c'était trop mal connaître l'état des affaires de ce conquérant, sa force, son caractère et son ascendant sur ses nouveaux sujets. Les plus simples réflexions pouvaient détourner Grégoire VII d'une démarche ridicule, honteuse à force d'être inutile.

La Sardaigne (1), la Dalmatie (2), la Russie, n'étaient aux yeux de Grégoire VII que des fiefs qui relevaient de la tiare. « De la part de saint » Pierre, écrivait-il au prince Russe Démétrius (3), » nous avons donné votre couronne à votre fils, » qui va la recevoir de nos mains, en nous prêtant » serment de fidélité. » Il faudrait nommer tous les princes qui régnaient en même temps que ce pape, pour fournir la liste de ceux qu'il a frappés ou menacés d'excommunication : Nicéphore Botoniate, empereur Grec, auquel il enjoignait d'abdiquer la couronne (4); Boleslas, roi de Pologne,

---

(1) Gregor. VII *Epist.* l. 1, ep. 29, 41. — Fleury, Hist. ecclés. l. LXIII, n. 11.
(2) Gregor. VII *Epist.* l. II, ep. 4, *ad Vezalin.* — Fleury, ibid.
(3) *Ibid.* ep. 14, *ad Demetr.* — Fleury, ibid.
(4) *Concil. Rom.* ann. 1078.

qu'il déclarait déchu, en ajoutant que la Pologne ne serait plus un royaume (1); le roi de Hongrie Salomon, qu'il renvoyait aux vieillards Hongrois, pour apprendre d'eux que leur pays appartenait à l'église Romaine (2); les princes Espagnols, auxquels il écrivait que saint Pierre était seigneur suzerain et domanial de tous leurs petits États, et qu'il vaudrait mieux que l'Espagne tombât au pouvoir des Sarasins, que de ne pas rendre hommage au vicaire de Jésus-Christ (3); Robert Guiscard, son vassal, dont il punissait par des anathèmes les plus légères désobéissances (4); le duc de Bohême, duquel il exigeait un tribut de cent marcs d'argent; Philippe I.er, roi de France, qu'il prétendait assujétir à des redevances pareilles, et qu'il dénonçait aux évêques Français comme un tyran plongé dans le crime et l'infamie, qui ne méritait pas le nom de monarque, et dont ils se rendraient les complices, s'ils ne lui résistaient vigoureusement. « Imitez, leur disait-il, l'église » Romaine votre mère; séparez-vous du service

---

(1) Dlugoss. Hist. Polon. *l. III, 295.*
(2) Gregor. *Epist.* l. II, ep. 13, 63. — Fleury, Hist. ecclés. *l. LXIII, n. 11.*
(3) Fleury, *ibid.*
(4) Gregor. *Epist.* l. I, 25-26, 52-57. — Fleury, Hist. ecclés. *l. LXII, n. 9.*

» et

« et de la communion de Philippe, s'il demeure
» endurci ; que la célébration des saints offices
» soit interdite dans la France entière ; et sachez
» qu'avec l'aide de Dieu nous délivrerons ce
» royaume d'un tel oppresseur (1). » Mais de tous
les souverains de l'Europe, l'empereur Henri IV,
qui avait sur l'Italie la principale influence, était,
à ce titre, le plus exposé aux foudres d'Hildebrand.

Contre tant de potentats, et spécialement contre
Henri IV, Grégoire VII n'avait d'autre appui,
d'autre allié qu'une princesse Italienne, peu habile,
mais fort dévote : c'était Mathilde, comtesse de
Toscane. Elle eut pour lui une amitié généreuse
et tendre ; il lui a écrit, comme directeur spirituel, des lettres extrêmement affectueuses ; elle
vécut mal avec Godefroi-le-Bossu, son premier
mari : de ces circonstances et de quelques autres,
on a tiré des inductions téméraires qu'aucun fait
positif ne justifie. Ce ne sont point des passions
tendres qu'on peut reprocher à Hildebrand ; et
les résultats connus de ses liaisons avec Mathilde,
n'appartiennent qu'à l'histoire de l'ambition pontificale.

---

(1) Gregor. VII, *Epist.* l. II, ep. 5. — Fleury, Hist. eccl.
l. LXII, n. 16.

CHAPITRE IV.

Cette princesse donna tous ses biens au saint-siége, et l'on cite jusqu'à trois monumens distincts de cette insigne libéralité. Le premier acte, souscrit par elle en 1077, ne s'est point retrouvé. On conserve à Rome le second, qu'elle signa vingt-cinq ans plus tard, lorsqu'Hildebrand ne vivait plus (1); et l'on parle enfin d'un testament qu'on ne produit point, mais qui confirme, dit-on, les deux donations précédentes. Il y a bien quelques difficultés sur ces trois actes : pourquoi le premier s'est-il égaré ! pourquoi les historiens disent-ils qu'il fut signé à Canosse, tandis qu'il est rappelé dans le second comme ayant été souscrit à Rome ! Et ce second acte lui-même, qui exproprie si complétement la donatrice, qui ne lui laisse que des jouissances viagères, comment le concilier avec les domaines considérables dont elle continua d'enrichir des moines et des chanoines, depuis 1102 jusqu'à 1115 ! Pourquoi n'a-t-on pas publié son testament, qui eût peut-être expliqué ces contradictions apparentes ! A toutes ces questions, nous répondrons que l'acte de 1102 subsiste, qu'il renouvelle expressément celui de 1077 ; et que de toutes les donations dont s'est prévalu le saint-

---

(1) Dissert. de Saint-Marc, *pag. 1231-1316 du tom. IV de l'Abr. de l'Hist. d'Italie.*

siége, celle de Mathilde est, sans contredit, la plus authentique comme la plus riche. A la vérité, l'Empereur Henri V, héritier de cette comtesse, s'empara de tous les biens qu'elle avait possédés, et qui ne sont revenus que plus tard à la cour Romaine; mais, avec le temps, les papes ont recueilli en effet une partie de cet héritage, et l'ont appelé le patrimoine de saint Pierre : ils en étaient redevables aux soins de Grégoire VII.

Henri IV venait de remporter une victoire sur les Saxons, lorsqu'il fut abordé par deux légats qui lui signifièrent l'ordre de se rendre à Rome, pour y répondre aux accusations portées contre lui : il s'agissait des investitures qu'il avait données par la crosse et par l'anneau; il fallait obtenir le pardon de cette faute, ou subir une excommunication (1). Henri, quoiqu'il méprisât cette menace, crut à propos de susciter au pape quelques embarras dans la ville de Rome : une émeute y éclata; et Grégoire VII fut saisi, frappé, emprisonné, rançonné. L'effet de ces mauvais traitemens fut de jeter de l'intérêt sur la personne du pontife et de le prémunir contre une vengeance plus sérieuse. L'Empereur, dans un concile de Worms, déposa

---

(1) Lamb. Schafn. *ad ann. 1074*.—*Vita Greg. VII*, ap. *Boll.* tom. XVII, pag. 148.

Grégoire, qui, trop sûr de l'inefficacité d'un tel décret, y répondit par celui-ci : « De la part du » Dieu tout-puissant et de ma pleine autorité, je » défends à Henri fils de Henri, de gouverner le » royaume Teutonique et l'Italie : j'absous tous les » chrétiens des sermens qu'ils lui ont faits ou lui » feront; il est interdit à toute personne de lui » rendre aucun service comme à un roi (1). »

On ne le voudrait pas croire; mais il est avéré que ces paroles extravagantes ravirent au prince le fruit de tous ses triomphes. La guerre civile se ranime au sein de l'Allemagne; une armée de confédérés se rassemble près de Spire, entoure Henri IV, lui oppose la sentence du pape, et lui fait prendre l'engagement d'interrompre l'exercice de son pouvoir, jusqu'au jugement à prononcer entre lui et le pape, dans un concile d'Augsbourg que le pape doit présider.

Pour prévenir cet arrêt définitif, Henri se détermine à demander pardon à Hildebrand; il vient le trouver dans la forteresse de Canosse, où le pontife était enfermé avec sa comtesse Mathilde. Le prince se présente sans garde et sans suite : arrêté dans la seconde enceinte, il se laisse dépouiller de ses vêtemens, et revêtir

---

(1) *Concilior.* tom. X, pag. 356.

d'un cilice. Les pieds nus, au mois de janvier 1077, il attend au milieu des cours la réponse du très-saint-père. La réponse fut qu'il jeûnerait trois jours, avant d'être admis à baiser les pieds d'Hildebrand; et au bout de ces trois jours, on voulut bien le recevoir et l'absoudre, sous la promesse d'une soumission parfaite au futur jugement d'Augsbourg. Grégoire aurait pu prévoir que cet excès d'orgueil et de tyrannie révolterait les Italiens, dont il était déjà détesté. Sa puissance avait auprès d'eux le désavantage de n'être pas vue d'assez loin. La Lombardie s'arma pour Henri IV, que les Allemands abandonnaient; et tandis que l'Allemagne élisait un autre empereur, l'Italie fit un autre pape (1).

Rodolphe, duc de Souabe, ayant donc été nommé empereur, Grégoire excommunia derechef Henri IV. Je lui ôte la couronne, dit-il, et je donne le royaume Teutonique à Rodolphe. Il fit même présent à ce dernier d'une couronne, autour de laquelle on lisait un mauvais vers latin, dont voici la traduction : « La pierre a donné » à Pierre, et Pierre donne à Rodolphe le dia- » dème (2). » En même temps, Henri IV élevait

---

(1) Fleury, Hist. ecclés. 1074-1080, l. LXII et LXIII.
(2) *Petra dedit Petro, Petrus diadema Rodolpho.*

à la papauté l'archevêque de Ravenne Guibert, et rassemblait une armée contre Rodolphe. En vain Grégoire prophétisa que Henri serait vaincu, serait exterminé avant la Saint-Pierre ; ce fut Rodolphe qui succomba ; il fut tué dans la mêlée par Godéfroi de Bouillon, neveu de Mathilde. Henri marche sur la ville de Rome : après un long siége, il la prend d'assaut ; et Grégoire, retranché dans le môle Adrien, excommunie encore le vainqueur.

Les agitations qui se prolongeaient en Allemagne, obligeaient Henri IV à de fréquens voyages. Durant le siége de Rome et après son entrée dans cette capitale, il s'en éloigna plus d'une fois. Robert Guiscard profita d'une de ces absences pour délivrer Grégoire, mais sur-tout pour ravager et piller la ville : il en brûla un quartier, qui, depuis, est resté presque désert (entre Saint-Jean de Latran et le Colisée), et réduisit en esclavage un grand nombre d'habitans. Ce fut-là pour les Romains le résultat le plus mémorable et le plus durable de ce pontificat (1).

Hildebrand, emmené par les Normands à Salerne, y termina sa carrière le 24 mai 1085,

---

(1) *Vita Greg. VII, card. Arrag.* pag. 313. — Landulph. Sen. *l. III, c. 3, pag. 120.* — *Rer. Italic.* tom. V, pag. 587.

ONZIÈME SIÈCLE.

excommuniant toujours Henri IV, l'anti-pape Guibert et leurs adhérens (1). Tel vécut et mourut Grégoire VII, dont le nom, sous Grégoire XIII, fut inscrit au martyrologe Romain, à qui Paul V décerna les honneurs d'une fête annuelle (2), et pour qui Benoît XIII, au XVIII.ᵉ siècle, réclamait encore les hommages de la chrétienté entière : mais nous verrons les parlemens de France opposer à ce projet une résistance efficace. C'est presque mériter plus de reproches que Grégoire lui-même, que de canoniser, après cinq cents années d'expérience et d'études, ses égaremens déplorables. Car on ne saurait alléguer pour ses panégyristes la faible excuse qu'à toute force ses attentats pourraient trouver dans son enthousiasme, dans son ignorance, et dans les épaisses ténèbres de son siècle. Pasquier (3) le dépeint avec trop de raison comme « l'un des plus hardis propugnateurs du » siége de Rome, qui n'oublia rien, ni par les » armes, ni par la plume, ni par la censure, de » ce qu'il pensait appartenir à l'avantage de la

---

(1) Pauli Bernried. *Vit. Greg. VII,* c. 110, pag. 348. — Sigeb. *Chron.* ann. 1085.

(2) Fleury, Hist. ecclés. *l.* LXIII, n. 25. — *Act. sanct.* Boll. 25 maii.

(3) Recherch. de la France, *l.* III, c. 7.

» papauté et au désavantage des princes souve-
» rains. »

L'audacieux Grégoire VII eut un successeur timide dans Victor III. C'est celui dont nous avons emprunté les paroles au commencement de ce chapitre, pour dépeindre quelques-uns des papes précédens. Victor III n'occupa guère qu'une année le siége pontifical. Il confirma toutefois, dans un concile de Bénévent, les décrets rendus contre les investitures. Urbain II, qui lui succéda, fut, durant dix années, un plus digne continuateur d'Hildebrand : il souleva contre Henri, Conrad, fils aîné de cet empereur, encouragea ce fils ingrat à calomnier son père, et l'en récompensa en le couronnant roi d'Italie. La chrétienté était alors partagée entre Urbain II et Guibert, qui avait pris le nom de Clément III, et que Henri IV rétablit dans Rome en 1091. Urbain, jusqu'en 1096, voyagea en France et dans l'Italie septentrionale. Le roi de France Philippe, répudiant la reine Berthe, avait épousé Bertrade : Philippe fut excommunié dans ses propres États, par Urbain, né son sujet, et auquel il donnait asile (1). Mais ces voyages du pontife sont sur-tout célèbres par la prédication de la première croisade.

---

(1) Velly, Hist. de France, *tom. II (in-12), pag. 423.*

Hildebrand avait conçu (1), le premier, l'idée de ces expéditions lointaines, qui devaient, en agrandissant l'église, diminuer la puissance des empereurs Grecs, ou les forcer à rentrer sous la domination du saint-siége. Il y voyait une occasion de régir à-la-fois tous les mouvemens des princes chrétiens, de s'établir le juge des querelles qui s'éleveraient entre eux, de les distraire du gouvernement de leurs États, et d'augmenter, par leur absence, l'influence habituelle du clergé sur tous les genres d'affaires. Les pélerinages à la terre sainte devinrent, sous Grégoire VII, plus fréquens qu'ils ne l'avaient encore été : les récits des pélerins devaient provoquer un jour l'ébranlement général. Ce jour n'arriva que sous Urbain II : un nommé Cucupiètre, dit Pierre l'Hermite, vint faire au pape un récit lamentable des vexations que les chrétiens essuyaient en Palestine ; il implora pour eux de puissans secours contre les Musulmans. Urbain dépêcha Pierre à tous les princes, à toutes les églises d'Italie, de France et d'Allemagne ; et après qu'on eut laissé à ce prédicateur le temps de communiquer son enthousiasme aux peuples de ces contrées, la croisade fut proposée enfin dans un concile ou une assemblée que le pape présida,

---

(1) Fleury, Hist. ecclés. l. LXII, n. 14.

non loin de Plaisance, en rase campagne. Là se trouvèrent plus de trente mille laïques, outre les prélats et les prêtres : l'expédition projetée fut universellement applaudie, mais on s'en tint à l'admiration ; personne encore ne se croisa (1). Urbain eut plus de succès en France ; la croisade fut résolue à Clermont, dans une assemblée présidée et haranguée par lui. On s'écria, *Dieu le veut*, et ces paroles devinrent la devise des croisés, dont le nombre s'accrut sans mesure. L'histoire militaire de cette expédition ne nous concerne pas : nous avons seulement à remarquer que le premier acte de cette armée fut de rétablir, en passant, le pape Urbain dans la ville de Rome, à la fin de 1096. Henri IV, chassé d'Italie par les troupes de la comtesse Mathilde, se retira en Allemagne. Urbain ne mourut qu'en 1099 : et le pontificat de son successeur Pascal II appartient principalement au XII.ᵉ siècle.

Le siècle que nous venons de parcourir doit rester fameux dans l'histoire des papes. S'ils ne sont pas encore reconnus comme souverains, si leur puissance temporelle n'est point encore déclarée indépendante, elle rivalise en effet, elle menace le trône qui la doit dominer. Déjà les

---

(1) *Concilior.* tom. X, page 501 ; Bertold. *ad ann. 1094.*

deux Siciles sont devenues des fiefs du saint-siége ; les donations de Mathilde ont étendu sur presque toute l'Italie moyenne les droits ou les prétentions de la cour de Rome. Qu'importent d'ailleurs les limites et la nature de ces possessions temporelles, quand le pouvoir spirituel ne reconnaît plus de restrictions, quand le ministère évangélique se transforme en une théocratie universelle qui flétrit les rois, les maudit, les destitue, et dispose de leurs couronnes ! Un seul homme, il est vrai, a conçu pleinement ce redoutable système ; mais les opinions dont se compose l'ignorance de cet homme et de ses contemporains, encouragent ses entreprises les plus monstrueuses, et plusieurs circonstances politiques lui en promettent le succès. De nouvelles dynasties viennent de s'élever en France, en Angleterre, en d'autres contrées ; les empereurs Grecs, menacés dans leurs propres foyers, ont perdu tout reste d'influence sur l'Italie ; il va suffire d'abaisser l'empereur d'Occident ; lui seul en Europe contrebalance encore le saint-siége. On peut compter, en l'attaquant, sur le concours ou sur la neutralité des autres monarques ; ils sont jaloux de sa prépondérance : Rome, en les humiliant eux-mêmes, les dispose à se consoler par le spectacle des outrages plus solennels qu'elle réserve à leur coryphée ; ils vont se réjouir puérilement de la grande part qu'il aura dans les humiliations communes. On tourne en même temps contre lui les factions vieilles ou récentes qui divisent l'Allemagne ; on redouble leur audace et leur force par l'éclat des anathèmes dont on le frappe ; et si tant d'efforts ne le renversent pas, du moins ils l'ébranlent et l'affaiblissent. Telle fut la guerre que fit Hildebrand à l'empereur Henri IV, alors le premier, et pour ainsi dire le seul représentant de la puissance civile en Occident. En léguant cette guerre à ses successeurs, Hildebrand, tout vaincu qu'il était, avait indiqué le but, tracé le plan, retrempé les armes (1). Il n'eût fallu peut-être, pour achever son ouvrage dans le cours du siècle suivant, que deux ou trois héritiers de son enthousiasme intraitable. Giannone l'accuse d'avoir forgé les donations de Constantin, de Pepin, de Charlemagne, de Louis-le-Débonnaire. Nous avons vu la première de ces donations alléguée dès le VIII.e siècle (2) ; les autres sont mentionnées par des écrivains antérieurs au XI.e ; on avait parlé de tous ces actes avant Grégoire VII : tout au plus donc, il en aurait fait rédiger les textes en des

---

(1) Giannone, *Hist. di Napoli*, l. X, c. 6.
(2) Ci-dessus, *pag. 28*.

termes plus catégoriques, plus favorables à ses prétentions. Il est certain qu'aucun moyen d'établir la tyrannie pontificale n'eût alarmé sa conscience : les plus efficaces lui paraissaient par cela même les plus louables ; et si quelques-unes de ses démarches, jugées d'après les événemens, nous semblent aussi imprudentes que violentes, il faut penser qu'une si énorme entreprise ne pouvait s'accomplir que par une audace extrême.

CHAPITRE V.

Démêlés entre les Papes et les Souverains du douzième Siècle.

Pour la puissance pontificale, telle que l'avait conçue Hildebrand, c'était perdre un peu que de ne pas gagner beaucoup. Or elle ne s'est pas fort agrandie sous les papes du xii.ᵉ siècle : ils n'ont pas su recueillir les fruits des travaux de Grégoire VII. Pascal II, toutefois, qui régna près de vingt ans, depuis 1099 jusqu'en 1118, aspirait bien sincèrement à la monarchie universelle; mais ses intentions, contrariées par quelques circonstances, l'étaient encore plus par la faiblesse de son caractère. L'anti-pape Guibert, qui mourut en 1100, eut long-temps des successeurs, un Albert, un Théodoric, un Maginulfe, obscurs personnages, dont les prétentions, mal soutenues par un petit nombre de partisans, suffisaient néanmoins pour intimider Pascal. Il ne se pressa point d'excommunier le roi d'Angleterre Henri, lorsqu'en 1101 la guerre des investitures s'alluma entre ce monarque et l'archevêque de Cantorbéry, Anselme. S'il se montra plus hardi contre Philippe, roi de France, ce fut sans doute parce qu'Urbain II avait engagé la querelle, et que l'éclat des censures dont ce prince était déjà frappé, ne permettait pas de reculer. Pascal II osa donc envoyer en France des légats, qui excommunièrent de nouveau le roi Philippe, toujours à raison de son divorce. Indigné des attentats de ces prêtres, Guillaume, comte de Poitou et duc d'Aquitaine, s'honora, dans cette circonstance, par un courage que Philippe n'imita point. Philippe demanda l'absolution et l'obtint du pape, en jurant de renoncer à Bertrade. Il vint nu-pieds, au cœur de l'hiver, prêter, dans un concile de Paris, un serment qu'il n'observa point. On ne connaît aucun acte authentique qui ait réhabilité le mariage de Bertrade avec Philippe : mais ils continuèrent de vivre ensemble sans être inquiétés par l'église; l'état et les droits de leurs enfans ne furent jamais contestés.

En même temps que Mathilde renouvelle sa donation, Pascal II confirme les anathèmes de ses prédécesseurs contre Henri IV, et lui suscite un ennemi dans un fils ingrat et ambitieux. Vainement une lettre paternelle invite ce fils au repentir (1) : on répond qu'on ne reconnaît un excommunié ni pour roi ni pour père. Dégagé de ses sermens,

---

(1) Velly, Hist. de France, *tom. II (in-12), pag. 480.*

de ses devoirs, par le souverain pontife, le jeune Henri prend les armes et se fait élire empereur dans une diète de Mayence. Henri IV s'était retiré au château d'Ingelheim : là, des archevêques envoyés par la diète viennent le sommer de leur remettre sa couronne et les autres signes de sa puissance. « Tu as déchiré l'église de Dieu, lui
» disent-ils ; tu as vendu les évêchés, les abbayes,
» toutes les dignités ecclésiastiques, tu n'as point
» observé les saints canons ; pour toutes ces causes,
» il a plu *au pape* et aux princes Allemands de te
» chasser du trône, comme tu l'es de l'église. »
— « Je vous adjure, répond le monarque, vous,
» archevêques de Cologne et de Mayence, qui
» tenez de moi vos opulentes prélatures, de dé-
» clarer quel est le prix que vous m'en avez payé.
» Ah ! si je n'exigeai de vous que le serment de
» me rester fidèles, pourquoi devenez-vous les
» complices ou les chefs de mes ennemis ! Ne
» sauriez-vous attendre la fin d'une vie que doivent
» abréger tant de malheurs, et me permettre au
» moins de placer moi-même ma couronne sur la
» tête de mon fils bien-aimé ! » Mais Henri ne parlait point à des pères ; il s'adressait à des prélats inflexibles. « N'est-ce pas à nous, s'écrie l'un d'eux,
» qu'il appartient d'installer les rois, et de les
» détrôner quand nous les avons mal choisis ! »

A ces mots, les trois archevêques se précipitent sur leur souverain ; ils arrachent de sa tête la couronne impériale ; et tandis qu'il leur déclare que s'il subit en ce moment la peine des péchés de son jeune âge, ils n'échapperont pas à celle de leur sacrilége déloyauté, ils sourient de sa menace, et, pour garantir l'impunité de leur crime en le consommant sans délai, ils courent à Mayence sacrer et bénir, au nom de Dieu, le parricide Henri V (1).

Henri IV, enfermé dans Louvain, voit se rassembler autour de lui une armée de sujets fidèles. A leur tête, il remporte une victoire sur les révoltés : mais vaincu sans ressource dans un second combat, il tombe au pouvoir de ses ennemis, qui l'accablent d'outrages. « La haine des papes », écrivait ce malheureux prince au roi de France Henri I.er (2), « la haine des papes les a portés
» jusques à violer les droits de la nature ; ils ont
» armé mon fils contre moi ; ce fils, au mépris de
» la foi qu'il m'avait jurée comme mon vassal,
» vient d'envahir mon royaume, et, ce que je

---

(1) Otto Frising. l. VII, c. 8-12. — *Abb. Ursperg. Chron.* p. 243. — Sigon. *de Regno Italico*, L IX.

(2) Sigeb. Gemblac. *apud Struv.* tom I, pag. 856. — Otto Frising. l. VII, c. 12. — Fleury, Hist. ecclés. *l. LXV*, n. 42.

» voudrais pouvoir cacher, il a même attenté à
» mes jours. » Échappé de sa prison, mais plongé
dans une misère extrême, le vieil empereur est
réduit à solliciter dans une église jadis bâtie par
ses soins, un emploi subalterne qu'il n'obtient
pas. Il meurt : on le déterre ; Pascal II ne permet
pas qu'un cadavre excommunié repose en paix:
cinq ans, les restes d'un empereur qui s'était distingué dans soixante-six batailles, demeurèrent
sans sépulture ; le clergé de Liége, qui osa les
recueillir, en fut puni par des anathèmes, et,
presque de nos jours, un Jésuite nommé Longue-
val (1) a jugé inexcusables la fidélité et le courage
de ce clergé.

L'histoire la plus avérée a presque l'air d'une
fiction morale, lorsqu'après 1106 elle nous représente Henri V et Pascal II occupés à venger, l'un
contre l'autre, leurs communs attentats aux droits
et au repos de Henri IV. Henri V vient à Rome,
baise les pieds du pape et veut être couronné empereur. Pascal juge la conjoncture favorable pour
exiger une renonciation formelle aux investitures
qu'il venait de condamner dans un concile tenu à
Troyes. Mais à peine a-t-il élevé cette prétention,
qu'il est arrêté, emmené dans la Sabine, confiné dans
une forteresse. Là, un tel effroi atteint le saint-

---

(1) Hist. de l'égl. Gall. tom. VIII.

père, qu'il signe, avec seize cardinaux, un traité où il garantit à l'empereur le droit d'investiture, pourvu qu'il ne s'y mêle aucune simonie : il fait plus, il s'engage à ne jamais excommunier Henri V, et consent à l'inhumation de Henri IV. Pour sceller ce pacte sur la foi des plus redoutables mystères, une hostie est partagée entre le pape et l'empereur : comme sont divisées ces deux parts, dit le pontife, ainsi soit séparé du royaume de J. C. celui qui violera ce traité. Tel fut le serment que fit Pascal, et qu'il renouvela dès qu'il eut recouvré sa liberté.

Dès-lors il n'eut de ressource que dans les reproches que lui adressa le clergé Romain, et qui redoublaient à mesure que l'empereur et son armée s'éloignaient de Rome. Voilà donc le chef de l'église qui se laisse taxer de prévarication, qui se retire à Terracine pour pleurer son péché, qui souffre que des cardinaux annullent ses décrets et ses promesses : il va, dit-il, abdiquer la tiare ; heureusement on s'oppose à ce dessein, et telle est la docilité du saint pontife, qu'il se résigne à conserver la puissance, afin d'en faire un meilleur usage. Finalement il révoque, dans un concile, le traité qu'il a eu le malheur de souscrire : il refuse toutefois d'excommunier lui-même Henri V, tant il a de scrupule encore à violer un engagement ce sont les cardinaux qui prononcent cet anathème en présence de Pascal II. Non-seulement ce concile condamne les investitures; de plus, il appelle hérétiques tous ceux qui ne les condamnent pas. Henri V en conçut peu d'alarmes : il vint en 1116 recueillir en Italie la riche succession léguée par Mathilde à saint Pierre. Elle n'avait transmis ni des droits souverains, ni des droits régaliens, ni des fiefs, mais de simples biens territoriaux, dont l'église Romaine devait jouir comme propriétaire *(jure proprietario)* (1). N'importe, l'empereur prétend que la comtesse n'a pu, même à ce titre, disposer de ces domaines, et durant tout le XII.ᵉ siècle, les papes vont demeurer frustrés de cet héritage. Après en avoir pris possession, Henri V s'avance vers Rome; une sédition venait d'y éclater contre Pascal, dont le long pontificat déplaisait aux grands, et la personne à tout le peuple. Tandis que le pape s'enfuit au Mont-Cassin et se confine à Bénévent, le monarque excommunié entre comme en triomphe dans les murs de Rome, et y reçoit la couronne impériale des mains de Bourdin, archevêque de Brague. Pascal II excommunie Bourdin, s'efforce de soulever contre Henri, tantôt la France, tantôt les Normands établis dans l'Italie inférieure, et

---

(1) *Chartula comitissæ Mathildis super concessione bonorum suorum Roman. eccl.* tom. V, pag. 384, *Script. rer. Italic.*

termine enfin sa carrière peu glorieuse, au mois de janvier 1118.

Ses partisans lui donnèrent pour successeur Gélase II, que les Frangipani, famille dévouée à l'empereur, ne voulurent pas reconnaître. Gélase, arrêté, relâché, poursuivi, prit le parti de s'enfuir à Gaëte, sa patrie, dès qu'il sut que Henri V s'approchait de Rome. Henri fit élire pape Bourdin, qui, ayant pris le nom de Grégoire VIII, couronna de nouveau l'empereur. Mais dès que celui-ci a quitté Rome, Gélase y rentre secrètement : chassé par les Frangipani, il fuit, revient, repart, se retire en Provence, et va mourir à Cluni. Il n'avait régné qu'un an, si toutefois on peut dire qu'il ait en effet régné.

Depuis Grégoire VII jusqu'à Gélase II inclusivement, presque tous les papes, tirés de l'ombre du cloître, avaient porté sur le trône l'obstination et l'âpreté de l'esprit monastique. Calixte II, qui remplaça Gélase, sortait de la maison des comtes de Bourgogne : parent de l'empereur et de plusieurs autres monarques, il avait du moins quelques notions de l'art de gouverner les hommes et de concilier de grands intérêts. Il eut l'honneur de terminer la querelle des investitures. Une diète de Worms régla qu'à l'avenir les prélats ne seraient élus qu'en présence de l'empereur ou de ses lieutenans ; qu'en cas de litige, la décision appartiendrait au souverain, qui prendrait l'avis des évêques ; qu'enfin le prince donnerait l'investiture par le sceptre et non par la crosse et l'anneau (1). Calixte II ratifia ce traité au sein du concile général de Latran, en 1123. On peut aussi louer ce pontife d'avoir sauvé la vie à son rival Bourdin ; il se contenta de l'exposer aux quolibets de la populace, de le jeter irrévocablement au fond d'un cachot, et de se faire peindre foulant aux pieds cet anti-pape (2) : c'est ainsi qu'on était généreux en ces temps-là. Calixte II pressait le roi d'Angleterre de rétablir un évêque déposé. J'ai juré, répondait le roi, de ne jamais souffrir qu'il remonte sur son siége. Vous avez juré ! dit Calixte, eh bien ! je suis pape, et je vous dégage de votre serment. Comment, répliqua le monarque, croirai-je aux sermens de cet évêque et aux vôtres, s'il ne faut que votre volonté pour les anéantir ?

Honorius II, qui occupa le saint-siége depuis 1124 jusqu'en 1130, n'est remarquable que par ses démêlés avec Roger, comte de Sicile, qu'il voulut empêcher de réunir à ses États la

---

(1) *Concilior.* t. X, pag. 883 ; *Abb. Ursperg. Chron.* pag. 204.
(2) *Art de vérifier les dates*, *tom. 1, pag. 283-284.*

Pouille et la Calabre, héritage que lui laissait Guillaume II son père. Le pape craignant que Roger ne devînt assez puissant pour envahir les terres ecclésiastiques, fit marcher contre lui une armée qui fut vaincue. Le roi de France, Louis-le-Gros, était alors en butte aux censures des prélats de son royaume : la conduite séditieuse de l'évêque de Paris ayant exigé des mesures répressives, ce prélat, dont le temporel venait d'être saisi, osa mettre en interdit son diocèse et les terres du monarque. La plus louable action d'Honorius II est d'avoir levé cet interdit, et d'avoir peu secondé le zèle ardent de saint Bernard, quand ce pieux abbé, traitant son roi d'impie, de persécuteur, de nouvel Hérode, pressa le pape d'évoquer cette affaire au saint-siége. Louis-le-Gros dut la tranquilité des dix dernières années de son règne à la prudence d'Honorius II, que saint Bernard accusait de faiblesse (1).

Ce fut sous le pontificat de cet Honorius que les deux factions impériale et papale, nées, comme nous l'avons vu, au Xe siècle (2), prirent d'une manière plus positive les dénominations de Guelfe

---

(1) Velly, Hist. de France, *tom. III (in-12), pag. 73-74.* — S. Bern. *epist. 13, 14, 49, ad Honor.*

(2) Ci-dessus, *pag. 87, 88.*

et de Gibeline. Ces deux noms sont ceux de deux maisons Allemandes, qui, en 1125, lorsque Henri V mourut, se disputèrent la couronne impériale. L'une de ces familles, appelée tantôt Salique, tantôt Gueibelinga ou Waiblinga, régnait en Franconie, et avait fourni les quatre derniers empereurs ; elle était connue par ses longues querelles avec l'église : l'autre famille, originaire d'Altfort, possédait la Bavière ; et plusieurs de ses chefs, dévoués aux papes, avaient porté les noms de Welf ou Guelfo. Le duc de Saxe, Lothaire, choisi à Mayence pour succéder à Henri V, s'empressa de manifester son attachement à la maison des Guelfes, en épousant l'héritière de Henri duc de Bavière. Le duc de Franconie, Conrad, était alors en Palestine ; il accourut, combattit Lothaire, ranima les partisans de la maison Gibeline, et se fit couronner empereur par l'Archevêque de Milan, tandis qu'Honorius II se déclarait en faveur de l'allié de la maison Guelfe (1).

A Rome, une autre famille puissante, les Frangipani, avaient pour rivaux les enfans d'un Juif nommé Léon, qui, opulent et converti, était

―――――――――――――――――

(1) Ott. Frising. *Chron.* l. VII, c. 17.—*De Gestis Friderici*, l. II, c. 2.—Masc. *Comment. de rebus imperii sub Lothario II*, l. I, S. 1, 9, 23 ; *sub Conrado III*, l. III, pag. 141.—*Chron. Weingartense de Guelfis principibus*, apud Leibnitz, tom. I, pag. 781.

devenu, à ces deux titres, aussi redoutable que fameux. Pierre de Léon, fils de ce Juif, prétendit succéder, sous le nom d'Anaclet, à Honorius II, à qui les Frangipani donnaient Innocent II pour successeur. Les deux papes furent intronisés, sacrés en même temps à Rome : mais Anaclet s'y trouva le plus fort; Innocent II, réfugié en France, où saint Bernard l'avait fait reconnaître, y tint plusieurs conciles jusqu'en 1133. Rentré à Rome, il couronna empereur le Guelfe Lothaire, en lui cédant l'usufruit des domaines de Mathilde. Anaclet mourut; son successeur Victor abdiqua la tiare; le schisme s'éteignit; et le pape Innocent II se crut assez affermi sur le trône pontifical pour menacer le comte Roger et le roi de France Louis-le-Jeune. Roger défit les troupes d'Innocent, qui, tombé lui-même entre les mains du vainqueur, se vit contraint de confirmer le titre de roi donné à Roger par Anaclet. Louis VII se défendit moins heureusement : usant d'un droit exercé par tous ses prédécesseurs, il avait refusé de ratifier l'élection d'un archevêque de Bourges. Innocent II accueille le prétendu archevêque, le sacre, l'envoie en possession, parle du roi comme d'un jeune homme qu'il faut instruire, qu'il ne faut point accoutumer à se mêler des affaires de l'église, et, s'indignant de la résistance de ce prince, jette un interdit sur le royaume : sentence alors d'autant plus terrible, que répétée par les prélats Français, soutenue par saint Bernard, elle offrit à Thibault comte de Champagne, vassal hypocrite et turbulent, l'occasion d'exciter une guerre civile. Louis s'arme contre Thibault, entre dans Vitry, et souille sa victoire en livrant aux flammes treize cents malheureux habitans. Cet excès fut expié depuis par une croisade qui elle-même aurait eu besoin d'expiation.

Célestin II, successeur d'Innocent II, leva l'interdit jeté sur la France, refusa de confirmer les traités de ses prédécesseurs avec Roger roi de Sicile, et se déclara contre Étienne, qui s'était emparé du trône d'Angleterre. Le pontificat de Célestin II, et celui de Lucius II qui vint après lui, remplissent à peine deux années ; mais elles sont mémorables par les troubles qui agitèrent la ville et les environs de Rome.

Arnauld de Brescia, moine austère, éloquent et séditieux, avait dénoncé l'ambition et le despotisme du clergé. A des maximes d'indépendance qui furent qualifiées hérésies politiques, il joignait certaines erreurs moins intelligibles, qu'il tenait d'Abélard, son maître et son ami. Dès 1139, Arnauld, condamné par le deuxième concile de Latran, avait quitté l'Italie, et s'était réfugié dans le territoire de Zurich. Pendant son exil, les Romains, mécontens d'Innocent II, avaient rétabli quelques simulacres de leur ancienne liberté, et ces tentatives, plus hardies sous Célestin II, devenaient, sous Lucius, de véritables entreprises. On créa un patrice, magistrat populaire, et président d'un sénat composé de cinquante-six membres. Le patrice était un frère de l'anti-pape Anaclet; les treize quartiers de Rome avaient concouru au choix des cinquante-six sénateurs. Des députés furent envoyés par ce sénat à Conrad III, que la mort de Lothaire avait laissé en pleine possession de l'empire. Les Romains invitaient Conrad à venir prendre, au sein de leur ville, la couronne impériale : « Que » votre sagesse, lui disaient-ils, se souvienne des » attentats commis par les papes contre vos augustes prédécesseurs. Les papes, leurs partisans, » et les Siciliens aujourd'hui d'accord avec eux, » vous préparent de plus grands outrages. Mais » le sénat est rétabli, mais le peuple a repris » sa vigueur; ce peuple et ce sénat par qui » Constantin, Théodose, Justinien régissaient le » monde, et dont les vœux, les cris, les efforts » vous rappellent au même degré de puissance et » de gloire. » Conrad démêla parfaitement les projets d'indépendance que dissimulait ce langage, et ne jugea point à propos d'irriter Lucius II, qui lui avait aussi adressé une épître. Hardi contre des ennemis abandonnés par Conrad et menacés par Roger, Lucius s'avance vers le Capitole; il marche entouré de ses prêtres et de ses soldats. Cet appareil de toutes les armes spirituelles et temporelles est pourtant inutile; une grêle de pierres écrase la double armée du pape, qui reçoit lui-même une blessure mortelle. Son parti lui donna très-hâtivement un successeur; mais celui-ci, nommé Eugène III, se hâta de même de sortir de Rome, de peur de se voir contraint à ratifier le rétablissement des magistratures populaires (1).

Eugène III arma contre les Romains les habitans de Tivoli, et ne rentra pourtant à Rome qu'en reconnaissant le sénat. Seulement il obtint l'abolition de la dignité de patrice, et le rétablissement du préfet. Ces transactions n'amenèrent point une paix durable; Eugène prit encore la fuite et vint en France, où il seconda de son mieux saint Bernard, l'apôtre de la fatale croisade de 1147 (2). Durant l'absence d'Eugène, Arnauld de Brescia revint à

───────────

(1) Ott. Frising. *Chron.* l. VII, c. 22, 27, 31. — *De Gest. Frider.* l. I, c. 21, 22, 27, 28. — Mascov. *de reb. imperii sub Conrado III*, l. III, pag. 114.

(2) Cette expédition ne tient à notre sujet que par des considérations générales, que nous avons déjà présentées à nos lecteurs, ci-dessus *pag. 121, 122.*

Rome, suivi de deux mille Suisses (1); il proposa de rétablir les consuls, les tribuns, l'ordre équestre de l'anciene république Romaine, de ne permettre au pape l'exercice d'aucun pouvoir civil, et de limiter la puissance qu'on était forcé de laisser à l'empereur. Eugène III reparut dans cette capitale en 1149, en repartit presque aussitôt, et y rentra en 1153 pour n'en plus sortir. Implorant le secours de Frédéric Barberousse, qui venait d'être élu empereur, il avait offert de le couronner et obtenu de ce prince la promesse de relever dans Rome l'autorité pontificale. Louis VII rompait alors son mariage avec Éléonore d'Aquitaine : ce divorce, le seul peut-être qui ait eu des résultats funestes à la France, est le seul aussi qui n'ait essuyé de la part de l'église aucune sorte de contradiction. Ni le pape, ni les évêques, ni saint Bernard ne s'en plaignirent. Suger, qui l'avait déconseillé, n'existait plus ; les prélats Français que Louis daigna consulter, l'approuvèrent expressément ; et l'héritière de la Guyenne et du Poitou, répudiée sous le prétexte ordinaire d'une parenté lointaine, déshérita les filles qu'elle avait eues du roi de France, épousa Henri Plantagenet, et réunit deux grandes provinces au Maine et à l'Anjou, déjà possédés par

(1) *Chron. Corbeiens.*

Henri, qui devint depuis roi d'Angleterre. C'est ici l'une des principales causes des longues rivalités de ces deux royaumes; et si le clergé, depuis long-temps accoutumé à dépasser les limites de son ministère, eût tenté de les franchir en cette occasion, du moins on aurait pu bénir une fois l'abus des fonctions ecclésiastiques.

Ce qui doit rendre le pontificat d'Eugène III mémorable dans l'histoire de la puissance des papes, c'est l'approbation qu'il donna au décret de Gratien. Ce nom de *décret* désigne ici une compilation canonique, d'abord intitulée *Concorde des canons discordans,* et qui fut achevée, en 1152, par le nommé Gratien, moine bénédictin, né en Toscane. La découverte alors récente des Pandectes de Justinien faisait revivre en Italie l'étude de la jurisprudence civile : le recueil de Gratien devint le texte d'une jurisprudence ecclésiastique; et la première de ces études, bientôt subordonnée à l'autre, n'en parut être que l'appendice. Ce recueil est divisé en trois parties, dont l'une traite des principes généraux et des personnes ecclésiastiques; l'autre, des jugemens; la troisième, des choses sacrées. Les redites, les inutilités, le désordre, les erreurs dans les noms propres, les méprises dans les citations, sont les moindres torts du rédacteur; passages tronqués, canons chimériques, fausses décrétales, tous les genres de mensonges abondent en ce monstrueux ouvrage. Son succès n'en fut que plus rapide ; on se mit à l'expliquer dans les écoles, à le citer dans les tribunaux, à l'invoquer dans les traités ; et il était presque devenu le droit public de l'Europe, quand le retour des lumières dissipa lentement de si grossiers prestiges. Les clercs soustraits aux tribunaux séculiers, les pouvoirs civils assujétis à la suprématie ecclésiastique ; l'état des personnes, et les actes qui le déterminent, souverainement réglés, validés, annullés par les canons et par le clergé ; la puissance papale affranchie de toute restriction ; la sanction de toutes les lois de l'église attribuée au saint-siége, indépendant lui-même des lois publiées et confirmées par lui : tels sont les résultats positifs de cette jurisprudence. Quelques églises, et spécialement celle de France, l'ont modifiée ; mais elle s'est conservée pure et intacte dans l'église Romaine, qui, durant les siècles suivans, s'en est servie pour troubler les Empires. Dès la fin du VIII.e, les décrétales d'Isidore avaient semé les germes de la toute-puissance pontificale : Gratien les a recueillis et fécondés. Représentée comme la source de toutes les décisions irréfragables, comme le tribunal universel qui jugeait tous les différens, dissipait tous les doutes, éclaircissait toutes les difficultés, la cour de Rome se vit de toute part consultée par les métropolitains, par les évêques, par les chapitres, par les abbés, par les moines, par les seigneurs, par des princes même, et par de simples fidèles. La correspondance pontificale n'eut de limites que dans la lenteur des moyens de communication; l'affluence des questions multiplia les bulles, les brefs, les épîtres; et de ces décrétales fictives, attribuées aux papes des premiers siècles, naquirent et pullulèrent, depuis Eugène III, des milliers de réponses et de sentences trop authentiques. Affaires religieuses, civiles, judiciaires, domestiques, toutes alors plus ou moins embarrassées de prétendues relations avec le pouvoir spirituel; intérêts généraux, contestations locales, démêlés particuliers, tout parvenait en dernier ressort, quelquefois en première et dernière instance, au vicaire de Jésus-Christ; et la cour de Rome acquérait cette influence détaillère, si l'on peut ainsi parler, de toutes la plus redoutable, précisément parce que chacun de ses effets, isolé des autres, paraît plus indifférent. Isidore et Gratien ont transformé le pape en administrateur universel.

Frédéric Barberousse était alors le principal obstacle aux progrès du pouvoir pontifical. Jeune, ambitieux,

DOUZIÈME SIÈCLE.

ambitieux, entreprenant, il tenait par les liens du sang et à la famille Guelfe et à celle des Gibelins : il semblait destiné à éteindre ou à suspendre les fureurs des deux factions. Il annonçait le dessein de raffermir en Italie la puissance impériale ; et l'on ne pouvait songer à l'en distraire de sitôt par une nouvelle croisade, après les malheurs de celle de 1147.

Cependant Adrien IV, né dans un village voisin de l'abbaye de Saint-Albans, monta sur la chaire de saint Pierre au mois de décembre 1154 (1). Le roi d'Angleterre, Henri II, se félicita de voir un Anglais à la tête de l'église, et lui demanda la permission de s'emparer de l'Irlande pour y rétablir le christianisme dans sa pureté primitive. Adrien y consentit (2), en observant que toutes les îles où la foi chrétienne avait été prêchée, appartenaient indubitablement au saint-siége, ainsi que Henri II le reconnaissait lui-même. Le pape veut donc bien disposer de l'Irlande en faveur du roi d'Angleterre, à condition que ce roi fera payer à l'église de Rome une rente annuelle d'un denier par chaque maison Hibernoise. Fleury (3) suppose

---
(1) Guill. Neubrig. Rer. Angl. l. II, c. 6 et 9. — Ciacon. de Vitis pont. Rom. Hadr. IV.
(2) Petri Bles. Op. pag. 252, 253. — Concilior. t. IX, p. 1143.
(3) Hist. eccl. l. LXX, n. 16.

que Jean de Sarisbéri était un des ambassadeurs envoyés par Henri au pontife pour lui demander l'Irlande; mais Mathieu Paris (1) nomme ces députés, sans désigner Jean de Sarisbéri : toutefois celui-ci a pu être chargé d'appuyer la supplique auprès d'Adrien, dont il était l'ami très-intime. Ils passèrent ensemble trois mois à Bénévent. Ce fut-là qu'Adrien IV ayant demandé à Jean de Sarisbéri ce qu'on disait de l'église Romaine, Jean répondit qu'elle passait pour la marâtre des autres églises plutôt que pour leur mère, que le pape lui-même était fort à charge au monde, et que tant de concussions, tant d'avarice et d'orgueil, révoltaient la chrétienté. Est-ce là, dit le pape, ce que vous en pensez vous-même ! « J'y suis » fort embarrassé, répliqua Jean; mais depuis » que le cardinal Guy Clément parle sur ce point » comme le public, je ne saurais être d'un autre » avis. Vous êtes, très-saint-père, hors du droit » chemin : pourquoi exiger de vos enfans de si » énormes tributs ! et ce que vous avez reçu gratis, » pourquoi ne pas le donner de même (2) ! » Le pape, dit Fleury (3), se prit à rire ; et, pour

---

(1) *Hist. Angl.* ann. 1155.
(2) Joann. Sarisb. *Polycrat.* l. VI, c. 24; l. VIII, c. 22.
(3) Hist. eccl. *l. LXX*, n. 15.

disculper Rome, allégua la fable des membres et de l'estomac. Mais, pour que l'application fût juste, dit le même historien, il aurait fallu que l'église Romaine eût répandu sur les autres églises des bienfaits pareils à ceux qu'elle en recevait.

En ce temps-là, régnait en Sicile Guillaume, surnommé le Mauvais, qui, choqué de ne recevoir du pape que le titre de seigneur au lieu de celui de roi, porta la guerre dans les domaines ecclésiastiques (1). Adrien, après l'avoir excommunié, souleva contre lui des seigneurs vassaux de ce prince, en leur promettant de soutenir leurs droits avec une constance à toute épreuve, et de les faire rentrer dans les héritages dont on les avait dépouillés. Cependant le pape, enfermé dans Bénévent, se vit forcé de capituler, et de sacrifier les Siciliens qui s'étaient armés pour le défendre. Guillaume de Tyr l'en a blâmé (2) ; mais, selon Baronius (3), il ne faut que l'en plaindre ; car il manquait des moyens de rester fidèle à ses engagemens, et il était si peu libre, qu'il fut contraint de reconnaître, par un acte authentique, qu'il jouissait d'une liberté parfaite. Quoi qu'il en soit,

---

(1) Baronius, *Ann. eccl.* ann. 1154. — Pagi, *Crit.* ann. 1154. n. 4.

(2) *Lib.* XVIII, c. 2 et seqq.

(3) *Ann. eccl.* ann. 1156. — *Concilior.* tom. X, pag. 1151.

Guillaume-le-Mauvais et le pape Adrien se réconcilièrent ; et il n'y eut de mécontens que les seigneurs qui, sur la parole du saint-père, avaient espéré de n'être jamais abandonnés.

Dès le commencement de son pontificat, Adrien s'était débarrassé d'Arnauld de Brescia. Un interdit lancé pour la première fois sur toutes les églises de Rome, effraya le peuple et obligea les sénateurs d'exiler Arnauld, qui, à peine sorti de Rome, fut livré au souverain pontife par Frédéric Barberousse, et brûlé vif à la pointe du jour, à l'insu des Romains. Ses cendres furent jetées dans le Tibre, de peur, dit Fleury (1), que le peuple ne les recueillît comme celles d'un martyr. Mais ce service rendu par Frédéric au pape Adrien ne les empêcha point de devenir ennemis. Dès 1155, quand Frédéric vint recevoir à Rome la couronne impériale, on aperçut les premiers germes de leur mésintelligence (2). Frédéric, après avoir refusé de tenir l'étrier au pape, s'en acquitta de fort mauvaise grâce. Il remarqua dans le palais de Latran, un tableau où l'empereur Lothaire était

---

(1) Hist. ecclés. *l. LXX*, *n. 4*; Ott. Frising. *de Gest. Frider. Ænobarb.* l. II, c. 21 ; *Vit. Adriani papæ* ed. à Card. Arrag.

(2) Ott. Frising. *de Gest. Frid.* l. II, c. 14, 15, 20. — Radev. *de Gest. Frid.* l. 1, c. 11.

représenté à genoux devant le souverain pontife, avec l'inscription si connue :

> *Rex venit ante fores, jurans priùs urbis honores;*
> *Post homo fit papæ, sumit, quo dante, coronam.*

c'est-à-dire, « le roi se présente aux portes, et,
» après avoir reconnu les droits de la ville, de-
» vient le vassal du pape, qui lui donne la cou-
» ronne. » Frédéric se plaignit de ces deux vers,
aussi-bien que de l'image qu'ils expliquaient,
et n'obtint que la promesse assez vague de leur
suppression future. Ils subsistaient encore, lorsqu'au mois d'avril 1157, des légats du pape se
rendirent auprès de l'empereur, qui tenait une
cour à Besançon (1), et lui remirent une lettre
d'Adrien IV. Elle avait pour objet un attentat
commis dans les États de l'empereur sur la personne de l'évêque de Lunden. « Comment, disait
» le pape, expliquer l'impunité d'un tel crime ?
» Est-ce négligence ? serait-ce indifférence ? L'empe-
» reur aurait-il oublié les bienfaits dont l'a comblé
» le saint-siége ? Le souverain pontife ne lui a-t-il
» pas de plein gré conféré la couronne impé-
» riale ? n'y a-t-il pas d'autres bénéfices qu'il peut
» vouloir lui accorder encore (2) ! » Ce langage

---
(1) Radevic. l. 1, c. 8, 9, 10.
(2) *Concilior.* tom. X, pag. 1144.

déplut fort aux princes qui environnaient Frédéric ; ils murmurèrent, ils menacèrent ; et lorsqu'un des légats leur eut répliqué : de qui donc l'empereur tient-il sa couronne, s'il ne la tient pas du pape ? un de ces princes ne contint plus son indignation ; il tirait son sabre, et il eût immanquablement tranché la tête du légat, si Frédéric ne se fût hâté d'opposer à cette violence son autorité impériale, et de faire conduire dans leur logis les envoyés du saint-siége, en leur ordonnant de partir le lendemain de très-grand matin, et de s'en retourner à Rome par le chemin le plus droit, sans s'arrêter chez les évêques ni chez les abbés.

Adrien IV prend le parti d'écrire aux évêques d'Allemagne ; il les exhorte à ne rien négliger pour ramener Frédéric à de plus humbles sentimens (1). On a la réponse de ces prélats (2) ; elle est ferme et judicieuse : « Vos paroles, » disent-ils au saint-père, ont choqué toute la » cour, et nous ne saurions les approuver. L'em- » pereur ne peut jamais croire qu'il tienne de » vous sa dignité : il jure que lorsque l'église » veut asservir les trônes, cette ambition ne vient » pas de Dieu ; il parle d'images et d'inscriptions

---

(1) *Concilior.* tom. X, pag. 1145.
(2) Radev. *de Gest. Frider.* l. 1, c. 16.

… qui chez vous outragent sa puissance; il ne souffrira point, dit-il, de si grossiers attentats. Nous vous invitons à détruire ces monumens d'inimitié entre l'empire et le sacerdoce; nous vous conjurons d'apaiser un prince chrétien, en lui parlant désormais un langage plus conforme à l'évangile. » En même temps que les évêques écrivaient cette épître, Frédéric Barberousse se disposait à passer en Italie (1). Adrien se souvint alors de Guillaume de Sicile, et comprit qu'il était temps de montrer quelque déférence à l'empereur. Des légats plus habiles et plus souples vinrent à Augsbourg, et présentèrent à Frédéric une nouvelle épître d'Adrien (2). Le pape y explique les termes de sa première lettre, et l'éclaircissement équivaut à une rétractation. « Par le mot *beneficium*, dit-il, nous avons entendu, non un bénéfice ou un fief, mais un bienfait ou un service. En parlant de votre couronne, nous n'avons pas prétendu vous l'avoir conférée; nous rappelions seulement l'honneur que nous avions eu de la placer sur votre tête auguste; *contulimus*, c'est-à-dire, *imposuimus*. » Ce commentaire, qui

---

(1) Radev. l. 1, c. 17-23.
(2) *Concilior.* tom. X, pag. 1147.

ne plaît point à Baronius (1), satisfit l'empereur, et opéra entre ce prince et le pape une réconciliation qui ne fut pas de longue durée.

Au mois d'octobre 1158 (2), Frédéric tint à Roncaille, entre Parme et Plaisance, une assemblée où les évêques et les abbés reconnurent qu'ils tenaient de lui les droits régaliens. Mécontent de cette déclaration, et de l'âpreté avec laquelle les officiers de l'empereur exigeaient le droit de fourrage sur les terres de l'église Romaine, Adrien IV écrivit à Frédéric une lettre qui ne nous a point été conservée; mais Radevic, qui nous en rend compte (3), dit qu'elle cachait, sous des formes humbles et douces, beaucoup d'amertume et de hauteur. En y répondant, Frédéric affecta de placer dans l'inscription son nom avant celui du souverain pontife (4). C'était revenir à un ancien usage, auquel on substituait depuis quelque temps des formes qu'on croyait plus respectueuses. Cette bagatelle aigrit le saint-père; et l'histoire rapporte qu'on intercepta des lettres qu'il écrivait aux Milanais et à quelques autres

---

(1) *Ann. eccl.* ann. 1158, 76.
(2) Radev. l. II, c. 1-15.
(3) *Lib. II, c. 18.*
(4) Radev. *App.* pag 562.

sujets de Frédéric, pour les exciter à la révolte. Nous n'avons point ces lettres; mais la réplique d'Adrien à l'empereur nous a été transmise (1). « Mettre votre nom avant le nôtre, dit le servi- » teur des serviteurs du Christ, c'est arrogance, » c'est insolence; et vous faire rendre hommage » par des évêques, par ceux que l'écriture appelle » des dieux, des fils du Très-Haut (2), c'est man- » quer à la foi que vous avez jurée à saint Pierre » et à nous. Donc hâtez-vous de vous amender, » de peur qu'en vous attribuant ce qui ne vous » appartient pas, vous ne perdiez la couronne » dont nous vous avons gratifié. » Cette épître ne resta point sans réponse; les esprits s'échauffèrent, et, malgré les négociations tentées dans une assemblée de Bologne en 1159, la guerre allait éclater, si le pape n'était mort le 1.ᵉʳ septembre de la même année, au moment même, dit un historien (3), où il prononçait l'excommunication de Frédéric.

Alexandre III, élu pape après Adrien IV, ne mourut qu'en 1181. Son pontificat est le plus long qu'ait vu le XII.ᵉ siècle. Mais quatre anti-

---

(1) *Concilior.* tom. X.
(2) *Ego dixi: dii estis et filii excelsi omnes.* Ps. 81, v. 6.
(3) *Abb. Urpsberg. Chron.* pag. 221.

papes qui se succédèrent dans le cours de ces vingt-deux années, sous les noms de Victor III, de Pascal III, de Callixte III, d'Innocent III, disputèrent et affaiblirent l'autorité du chef de l'église. Alexandre, qui avait été à Besançon l'un des envoyés d'Adrien, trouva dans Frédéric Barberousse un redoutable ennemi. Cet empereur, voyant qu'on avait élu à-la-fois deux successeurs d'Adrien IV, Alexandre et Victor, les somma de se rendre à Pavie, où il devait décider entre eux dans un concile par lui convoqué. Victor s'y présenta, et fut proclamé le véritable pontife. Alexandre, excommunié par ce concile, excommunia Frédéric et Victor, délia de leurs sermens les sujets du premier, et se refugia en France, alors l'asile ordinaire des papes expulsés de Rome. Rentré dans cette ville en 1165, après le décès de Victor, il en sortit en 1167; et voici de quelle manière. Les Romains, assiégés par les Allemands, le conjuraient de sacrifier à leur sûreté le titre qu'on lui contestait. « Non, répondit-il, un souverain » pontife n'est soumis au jugement d'aucun mortel, » ni des rois, ni des peuples, ni de l'église; qu'on » sache qu'aucune puissance ne me fera descendre » du rang où Dieu m'a élevé »; et tandis que les cardinaux portaient aux habitans de Rome cette réponse pontificale, le saint-père s'évadait sans bruit (1). Frédéric soutenait alors une guerre fameuse contre l'Italie presque entière, confédérée sous le nom de ligue Lombarde. Alexandre III en devint le chef; si bien que les Lombards donnèrent le nom d'Alexandrie à une ville qu'ils bâtirent en 1168, au confluent du Tanaro et de la Bormida. Le Pape excita l'empereur Grec Manuel à s'armer contre l'empereur d'Occident, et tenta de réconcilier les deux églises séparées depuis Léon IX. Mais lorsque Manuel eut demandé que le saint-siége vînt s'établir à Constantinople, cette condition fit échouer les deux projets. Occuper un second rang dans une capitale habitée, possédée, gouvernée par un souverain séculier, cette existence subalterne qui durant cinq siècles avait convenu aux successeurs de saint Pierre, n'était point proposable aux successeurs de Grégoire VII.

Comme la France, l'Angleterre reconnaissait Alexandre III, malgré la protection qu'il semblait accorder à l'insubordination de Thomas Becket, archevêque de Cantorbéri. Ce prélat, élevé par son roi Henri II aux plus éminentes dignités, osa s'opposer au supplice d'un prêtre convaincu d'assassinat, et décider que pour toute peine le

---

(1) *Vit. Alex. III*, edit. à Card. Arrag. pag. 458. — Acerbus Morena, pag. 1151. — Baronius, *Ann. eccl.* ann. 1167, S. 11.

condamné resterait privé de son bénéfice. Le roi voulait que les lois communes fussent appliquées par les tribunaux ordinaires aux crimes, alors fréquens, des gens d'église ; il voulait qu'aucun évêque ne pût, sans sa permission, aller à Rome, ni appeler au saint-siége, ni excommunier ou suspendre un vassal ou un officier de la couronne. Un parlement de Clarendon adopte ces articles : Becket, après les avoir d'abord rejetés sans examen, puis adoptés sans réserve, s'accuse auprès du pape d'avoir trahi les droits du clergé, en fait pénitence, et renonce à l'exercice de son ministère jusqu'à ce que le souverain pontife l'ait absous. Traité de séditieux par tous les pairs de la Grande-Bretagne, tant séculiers qu'ecclésiastiques, l'archevêque de Cantorbéri se réfugie en France, menace Henri de la destinée de Nabuchodonosor, et prononce des anathèmes contre les ministres et les plus fidèles sujets du roi d'Angleterre. Ce prince entreprend de rappeler Becket à la raison et au devoir : il en épuise tous les moyens, jusqu'à prendre pour arbitre son propre rival, le roi de France Louis-le-Jeune. Que l'archevêque, dit-il, se conduise avec moi comme le plus saint de ses prédécesseurs avec le moins illustre des miens, et je serai satisfait. Une apparente réconciliation ramène Thomas Becket en Angleterre ; mais, s'il y revient, c'est pour excommunier de nouveau tous les clercs, curés, chanoines, évêques qui se sont déclarés contre lui. Henri perd patience, il la perd au point de s'écrier : aucun de mes serviteurs ne me vengera-t-il du plus brouillon et du plus ingrat des prêtres ? Quatre vils assassins vont en effet trouver l'archevêque et le massacrent dans son église de Cantorbéri. Alexandre III, qui avait condamné les articles de Clarendon, place Thomas Becket au nombre des saints martyrs ; et le roi, que d'imprudentes paroles avaient rendu coupable et de cet assassinat et de cette canonisation, achève de flétrir par la plus ignominieuse pénitence la dignité et les droits de son trône. Ce démêlé a donné lieu à une multitude de lettres, tant d'Alexandre III que de plusieurs prélats Anglais et Français : déplorable correspondance, où l'on voit avec quelle rapidité se propageaient les maximes insociales consignées dans le décret de Gratien (1).

Cependant Alexandre III songeait à s'affermir, et craignait les suites d'une trop longue guerre avec l'empereur. Il se détacha de la ligue Lombarde, et vint à Venise, en 1177, offrir à Frédéric une paix

---

(1) Math. Paris. *Hist. maj.* p. 82, 83, 101, 114. — *Concil. Magnæ Britann.* tom. I. pag. 434. — *Epistolæ et Vita Thomæ Cantuar. &c.* Brux. 1682, 2 vol. in-4.º — *Natalis Alex. sæc. XII*, diss. X, p. 833. — Velly, Hist. de France, tom. III (in-12), p. 181-198.

que les revers de ce prince devaient rendre utile et glorieuse à l'église. Le pape recueillit le fruit des efforts et des combats de l'Italie. Frédéric reconnut Alexandre, lui baisa les pieds, tint l'étrier de son cheval, restitua des biens ecclésiastiques, sans y comprendre toutefois l'héritage de Mathilde, et signa une trêve de six années. Depuis dix ans, Alexandre avait presque toujours habité Anagni; il avait peu reparu à Rome, où des germes de sédition n'avaient cessé de fermenter. Il y revint en 1178 : son entrée fut solennelle; il reçut les hommages du peuple et les sermens des nobles, et tint, en 1179, le troisième concile général de Latran. Une couronne, envoyée par lui au roi de Portugal Alfonse-Henriquez, afin que ce conquérant ne régnât point sans l'aveu du saint-siége, fut payée par un tribut annuel de deux marcs d'or (1). Tels ont été les principaux résultats du pontificat d'Alexandre III, auquel le collége des cardinaux doit aussi le droit exclusif d'élire les papes; il régla que cette élection serait consommée par la réunion des deux tiers des suffrages sur un même candidat. La mémoire de ce Pape est restée chère aux Italiens, qui se plaisent à voir en lui un défenseur de leur liberté : mais il montra plus de

---

(1) Millot, Hist. mod. tom. II, pag. 104.

zèle encore pour l'agrandissement de la puissance ecclésiastique. On devrait des éloges à son habileté et à sa constance plutôt qu'à son patriotisme. Il sut triompher de beaucoup d'obstacles, soutenir de longs revers, lasser la fortune de Frédéric Barberousse, et soumettre à l'autorité pontificale l'ennemi des républiques Italiennes.

Lucius III, élu le premier dans la forme qu'Alexandre venait d'établir, déplut par cela même aux Romains, qui le forcèrent de se retirer à Vérone. Après lui, Urbain III et Grégoire VIII proposèrent une troisième croisade, qui ne fut entreprise que sous Clément III en 1189. Pour entraîner la France et l'Angleterre à la Terre sainte, il avait fallu amortir l'ardeur des querelles qui, depuis le divorce de Louis VII, divisaient les deux royaumes. Un légat de Clément III menaça la France d'un interdit général, si Philippe-Auguste ne se hâtait de se réconcilier avec les Anglais. « Que m'importe votre interdit, répondit Phi- » lippe ! Appartient-il à Rome de menacer ou de » troubler mes États, lorsque je juge à propos de » mettre à la raison des vassaux rebelles ? On voit » bien que vous avez pris goût aux sterlings d'An- » gleterre (1). » Philippe se croisa néanmoins,

---

(1) Velly, Hist. de France, tom. III (in-12), pag. 327.

ainsi que Richard, qui succédait à son père Henri sur le trône de la Grande-Bretagne. Frédéric Barberousse prit aussi la croix, et mourut en Arménie dès 1190, laissant l'empire à son fils Henri VI. Clément III avait besoin d'occuper les esprits de cette expédition lointaine. L'autorité papale s'était de nouveau affaiblie sous les courts et faibles pontificats de ses deux prédécesseurs. Les Romains, qui s'étaient emparés des droits régaliens, ne les restituèrent au saint-siége qu'à condition que les villes de Tusculum et de Tivoli seraient livrées à leurs vengeances. Tusculum, saccagé, réduit en cendres sous Célestin III, prit le nom de Frascati, lorsque des branches d'arbres (1) servirent à former les asiles du reste de ses habitans.

Célestin III, élu en 1191, est le dernier pape du XII.e siècle. Innocent III, qui régna depuis 1198 jusqu'en 1216, doit appartenir au XIII.e Baronius (2) raconte qu'en sacrant Henri VI, Célestin poussa du pied la couronne impériale. Muratori (3) conteste ce fait, qui prouve, selon Baronius, le droit qu'a le pape de déposer l'empereur : au fond, il n'y a pas de meilleure raison à

---

(1) *Frasche.*
(2) *Ann. eccl.* ann. 1191.
(3) *Ann. d'Ital.* ann. 1191.

donner d'un pareil droit. Quoi qu'il en puisse être, Célestin III excommunia l'empereur Henri VI, Léopold duc d'Autriche, le roi de Léon Alphonse X, et cassa la sentence des évêques Français qui avaient approuvé la répudiation d'Ingelburge, seconde femme de Philippe-Auguste. Il est à remarquer que ces anathèmes, quoique redoutables encore, avaient perdu une grande partie de leur efficacité désastreuse. Philippe prit une troisième épouse sans aucune réclamation nouvelle de la part de Célestin. Ce pape, moyennant quelques marcs d'argent, reconnut pour roi de Sicile Frédéric II, enfant de trois ans, fils de l'empereur Henri VI. En 1197, Henri VI mourut; et l'Allemagne se divisa entre Philippe de Souabe et Othon de Saxe : l'élection simultanée de ces deux empereurs devint l'une des causes de l'agrandissement du pouvoir pontifical. Divisions en Allemagne, rivalités entre la France et l'Angleterre, nouveaux règnes dans presque tous les États d'Italie; expéditions en Palestine, hostilités des croisés contre les empereurs d'Orient, propagation des fausses décrétales en Occident : tout concourait à promettre d'éclatans succès au pontife qui, joignant l'audace à l'habileté, régnerait assez long-temps pour conduire une vaste entreprise ; et ce pontife fut Innocent III.

L

CHAPITRE VI.

Puissance des Papes du treizième Siècle.

INNOCENT III, en une même année, donna de son plein pouvoir trois couronnes royales ; à Joannice, celle de Valachie (1) ; à Prémislas, celle de Bohême (2) ; à Pierre II, celle d'Arragon. Pierre II reçut la sienne à Rome, et fit au pape hommage de ses États, qui devinrent tributaires du saint-siége (3). Mais Innocent, distributeur des royaumes, et qui donna même celui d'Arménie, signala plus souvent sa puissance par des anathèmes. Venise, la France, l'Angleterre, les empereurs, tous les premiers potentats de l'Europe ont été frappés de ses armes spirituelles.

Les Vénitiens, déjà puissans par leur commerce, ne s'étaient croisés que pour l'étendre ; ils gagnaient de l'argent et des terres en méritant des indulgences. Seuls capables d'équiper de grandes flottes, ils exigèrent 85 mille écus d'or

---

(1) Fleury, Hist. ecclés. *l. LXXV, n. 14 ; l. LXXVI, n. 8.*
(2) *Ibid.* l. LXXVI, n. 9.
(3) *Ibid.* l. LXXVI, n. 10.

pour transporter l'armée chrétienne dans la Palestine ; et par le secours des légions qu'ils voituraient, ils conquirent en Dalmatie des places importantes. Innocent III, pour arrêter leurs progrès, s'avisa de les exclure du sein de l'église. Mais l'un des effets de la prospérité commerciale est d'affaiblir dans les esprits la crainte des censures ecclésiastiques : les Vénitiens s'emparèrent de la ville et du territoire de Zara ; ils continuèrent de se fortifier et de s'agrandir ; l'anathème lancé contre leur république n'eut à - peu - près aucune suite : le pontife s'abstint de le renouveler.

Il traita plus rigoureusement Philippe-Auguste. Ce roi de France reçut d'Innocent III l'ordre exprès de reprendre Ingelburge la répudiée, et de renvoyer Agnès ou Marie de Méranie, épousée après ce divorce. Le monarque prit d'abord une attitude assez fière : mais le royaume était en interdit ; plus d'offices divins, plus de sacremens, plus de mariages ; injonction de laisser croître la barbe, défense de se nourrir de viande, défense de se saluer mutuellement. Philippe eut beau se roidir, il fallut demander au pape un nouvel examen de l'affaire ; il fallut même prévenir le résultat de cet examen, en déclarant qu'on allait rappeler Ingelburge. Elle fut, à la vérité, confinée dans un château, mais avec les titres de reine et d'épouse. Enhardi par ces succès, Innocent III n'hésita point à s'ériger en juge suprême entre les rois de France et d'Angleterre, alors armés l'un contre l'autre. Il leur ordonna d'assembler les évêques, les abbés et les seigneurs de leurs États, pour délibérer sur la paix et aviser aux moyens de rétablir les églises et les abbayes que la guerre avait maltraitées. Philippe-Auguste répondit qu'il n'appartenait point au pape de se mêler des querelles des rois, ni sur-tout de leur signifier de telles ordonnances. Des seigneurs Français ajoutèrent que l'ordre de faire la paix, donné par un pape, n'était qu'une raison de continuer la guerre. Mais Innocent répliqua qu'une guerre injuste étant un péché, et tous les péchés ayant pour juge la sainte église, il remplissait une fonction pontificale en désarmant les deux rois. Selon ce principe, dit Fleury (1), le pape était juge de toutes les guerres entre les souverains; c'est-à-dire qu'à proprement parler, il était le seul souverain dans le monde. Quoi qu'il en soit, Philippe, après avoir repris le cours de ses conquêtes, crut à propos de consentir à une trêve et de ne pas trop irriter un pontife déterminé aux plus audacieuses entreprises.

---

(1) Hist. ecclés. *l. LXXVI, n. 60; l. LXXIX, n. 8.*

Il retarda ainsi et n'évita point l'excommunication. Un anathême contre Philippe-Auguste fut l'un des derniers actes d'Innocent III, et l'un des effets d'une guerre nouvelle allumée par ce pontife lui-même, entre les rois d'Angleterre et de France, qu'il avait prétendu réconcilier.

En effet, ce même roi de la Grande-Bretagne qu'Innocent III, en 1204, avait paru soutenir contre les Français, devint, peu d'années après, l'une des victimes du despotisme pontifical. Le pape ayant voulu, au mépris des canons et des lois, disposer de l'archevêché de Cantorbéry en faveur du cardinal Langhton, Jean ne s'y opposa qu'en se livrant à des fureurs qui décelaient sa faiblesse. Innocent III, qui savait user de son pouvoir avec plus de mesure, employa, par degrés, trois moyens de réprimer cette indocilité : d'abord l'interdit sur le royaume, puis l'excommunication personnelle du monarque, enfin la déposition d'un roi si bien convaincu d'obstination dans sa désobéissance au saint-siége. Les Anglais, déjà mécontens de leur souverain, furent déliés des sermens qu'ils lui avaient prêtés, et la couronne d'Angleterre fut décernée par le pape à Philippe-Auguste, qui, assez imprudent pour l'accepter, signala sa reconnaissance en retirant Ingelburge du château d'Étampes, et en la

rappelant près du trône. Mais tandis que Philippe se disposait à recueillir, les armes à la main, le fruit des libéralités du pontife, un légat, nommé Pandolf, profitait en Angleterre de l'effroi du prince déposé, et lui offrait les moyens de recouvrer son sceptre, en le recevant, en pur don, des mains de l'église. A genoux devant Pandolf, Jean mit ses mains entre celles de ce prêtre, et prononça, en présence des évêques et des seigneurs de son royaume, les paroles suivantes :
« Moi, Jean, par la grâce de Dieu, roi d'An-
» gleterre et seigneur d'Hibernie, pour l'expia-
» tion de mes péchés, de ma pure volonté, et
» de l'avis de mes barons, je donne à l'église Ro-
» maine, au pape Innocent et à ses successeurs,
» le royaume d'Angleterre et le royaume d'Ir-
» lande, avec tous les droits attachés à l'un et à
» l'autre : je les tiendrai dorénavant du saint-siége,
» dont je serai le fidèle vassal, fidèle à Dieu, à
» l'église de Rome, au souverain pontife, mon sei-
» gneur, et à ses successeurs légitimement élus.
» Je m'oblige de lui payer tous les ans une rede-
» vance de mille marcs d'argent ; savoir, sept
» cents pour l'Angleterre, et trois cents pour
» l'Hibernie (1). » A peine ce discours est terminé,

---

(1) Innoc. III *Epist.* I. xv, ep. 77.—Rymer, *Act. publ.* t. I, p. 57.

qu'on présente au légat un à-compte sur le tribut promis au saint-père : Pandolf jette cet argent par terre, le foule aux pieds, et le ramasse toutefois, content d'avoir ainsi exprimé l'abjection des trésors et des pouvoirs séculiers (1). Le sceptre, et la couronne demeurent entre ses mains ; il les garde cinq jours ; et lorsqu'après avoir pris quelques garanties nouvelles, il les rend enfin, il prétend bien qu'on les reçoive comme une faveur purement gratuite. Aussitôt il passe en France, pour y annoncer ce qu'il vient d'accomplir en Angleterre. Philippe apprend de Pandolf que Jean, vassal du pape, occupe, sous la protection du saint-siége, le trône de la Grande-Bretagne, et que désormais toute entreprise contre ce royaume sera punie par l'excommunication. Philippe répond qu'il n'a pris les armes qu'à la sollicitation du pape, que les préparatifs ont coûté deux millions, qu'une flotte récemment équipée est en rade auprès de Boulogne, qu'elle attend les troupes destinées à descendre à Douvres, qu'il n'est plus temps de reculer. Cependant, la rebellion d'un vassal oblige le monarque Français de porter la guerre en Flandre : à ce vassal se rallient le roi d'Angleterre, l'empereur Othon IV, presque tous

---

(2) Velly, Hist. de France, tom. III (in-12), pag. 472.

les princes de l'Europe. Mais la victoire que les Français remportent à Bouvines, dissipe les espérances de leurs ennemis : Othon n'est plus empereur que de nom ; et Jean serait déjà détrôné, si Rome n'obtenait encore pour lui une trêve de cinq ans. Ce sont les Anglais qui, dans cet intervalle, prononcent eux-mêmes, au mépris des menaces de Rome, la déchéance de leur monarque : ils offrent sa couronne à Louis, fils de Philippe-Auguste. Nouveaux décrets d'Innocent III pour défendre au père et au fils d'envahir l'État d'un prince feudataire du siége apostolique. Le père affecte d'improuver une conquête que Rome a jugée sacrilége, et fournit pourtant tous les moyens de l'entreprendre : le fils s'embarque en effet ; et le souverain pontife, qui voit bien que le fils et le père sont d'intelligence, les excommunie l'un et l'autre. Louis était presque en possession de la Grande-Bretagne, quand la mort de Jean imprima d'autres directions aux esprits et aux affaires (1).

Comme souverain de Rome, et comme jouissant en Italie d'une importune prépondérance, l'empereur d'Occident était le prince le plus exposé aux attentats d'Innocent III. Pour rabaisser

---

(1) Velly, Hist. de France, *tom. III (in-12), pag. 468-475.*

l'empire, il importait sur-tout de rétablir à Rome et dans les domaines ecclésiastiques l'autorité pontificale ; le pape commença donc par mettre à profit l'ascendant que sa naissance, sa réputation, ses talens, lui donnaient sur les Romains ; il abolit le consulat, et, s'arrogeant les droits impériaux, investit le préfet, institua les officiers publics, reçut les sermens des sénateurs. Ce fut en cet instant, dit Muratori (1), que l'autorité impériale à Rome rendit le dernier soupir. Hors de Rome, Orbitello, Viterbe, l'Ombrie, la Romagne, la Marche d'Ancone, reconnurent Innocent III pour leur souverain. Régnant ainsi d'une mer à l'autre, il conçut l'espoir de conquérir Ravenne qui lui manquait encore, de recueillir pleinement l'héritage de Mathilde, d'assujétir de plus en plus les deux Siciles ; et de les empêcher sur-tout d'avoir pour maître le chef de l'empire : ce dernier point fut toujours capital dans la politique du saint-siége. Une fois qu'il gouvernerait immédiatement la plupart des provinces Italiennes, il se contenterait d'exercer ailleurs une suprématie spirituelle ; les États qu'il ne posséderait point, il lui suffirait de les donner, de les ôter, d'en investir les princes qui s'en rendraient

---

(1) *Spirò quà l'ultimo fiato l'autorità degli Augusti in Roma.* Muratori, *Ann. d'Ital.* ann. 1198.

dignes par leur docilité constante. Toutes les conjonctures, comme nous l'avons dit, favorisaient ce plan, à l'avénement d'Innocent III. Frédéric II était un jeune enfant que son père Henri VI avait fait élire roi des Romains, et que sa mère Constance plaça sous la protection et même sous la tutelle du pape. L'un des actes de ce tuteur fut de dépouiller le pupille du titre de roi des Romains, aussi-bien que des prérogatives attachées à la couronne de Sicile. Entre Philippe de Souabe et Othon de Saxe, nommés simultanément empereurs, et dont le premier représentait la maison Gibeline, le second la maison Guelfe, Innocent III se détermina pour Othon, même au préjudice de Frédéric, qu'il considérait comme un troisième concurrent. C'était, disait-il, au saint-siége qu'il appartenait de juger souverainement les droits de ces compétiteurs à l'Empire. La fortune des combats favorisa Philippe de Souabe, avec qui la prudente cour de Rome négociait déjà, lorsqu'il mourut assassiné. Sa fille devint l'épouse d'Othon IV, qui, réunissant, par cette alliance, tous les droits et tous les suffrages, se crut assez fort pour refuser au pape l'héritage de Mathilde. Innocent prit alors le parti de remplir ses obligations de tuteur; il opposa son pupille Frédéric à l'ingrat Othon, excommunia ce prince qu'il avait lui-même couronné, souleva contre lui l'Italie supérieure et une partie de l'Allemagne. On vit en cette conjoncture les Gibelins armés par le pape contre un empereur que les Guelfes soutenaient dans sa résistance au pontife : phénomène historique qui ne doit pas nous étonner, depuis que nous avons observé que ces deux partis tenaient originairement à des familles, autant et plus qu'à des opinions. Ajoutons que la destinée des factions permanentes est de recevoir beaucoup de mouvemens inattendus, de modifier au gré des circonstances leurs directions primitives, de garder leurs noms, leurs couleurs, bien plus que leurs pensées ou leurs sentimens, de ne conserver enfin d'autre intérêt invariable que celui de rester rivales et de s'acharner l'une sur l'autre ; il leur suffit, pour exister, d'être en guerre, n'importe à quelle fin. Ce fut, au surplus, la bataille de Bouvines qui détermina, comme nous l'avons remarqué, la chute d'Othon IV, et la prépondérance du parti de Frédéric II. Innocent III recueillait ainsi une partie des fruits du triomphe de Philippe-Auguste.

Ces démêlés se combinèrent avec la croisade de 1203, qui, comme celles de 1095, de 1147, de 1189, plaçait entre les mains du pape les fils de tous les mouvemens de l'Europe. Chacune de ces expéditions occasionnait des querelles entre les

croisés et les Grecs, et cette mésintelligence paraissait à Innocent III une occasion de reconquérir l'église d'Orient, échappée depuis deux siècles à la domination de la cour Romaine. L'empire Grec, exténué par les guerres et par les factions, devint la proie des croisés, qui, ne pouvant rester maîtres de Jérusalem, s'emparèrent de Constantinople. Le comte de Flandre Baudouin fut nommé empereur d'Orient; après lui, quatre autres Français occupèrent successivement le même trône, tandis que, réfugiés à Nicée, les empereurs Grecs ne régnaient plus que sur quelques provinces. On dépouilla les palais et les temples de Byzance; le butin recueilli par les seigneurs Français est évalué à une quantité d'argent du poids de deux cent mille livres. On trouvait commode de s'indemniser en Grèce des pertes essuyées en Palestine; le vœu qu'on avait fait de ne combattre que des infidèles, n'arrêtait plus la cupidité; le rétablissement des lieux saints n'était qu'un prétexte de piller les lieux riches; et déjà même on s'abstenait d'affecter des sentimens religieux. « On jeta, dit Fleury (1), les
» reliques en des endroits immondes, on répandit
» par terre le corps et le sang de notre Seigneur:
» on employa les vases sacrés à des usages profanes;

---

(1) Hist. ecclés. *l. LXXVI, n. 2.*

» une femme insolente vint danser dans le sanc-
» tuaire et s'asseoir sur les siéges des prêtres. »
Innocent III, qui n'ignora point ces profanations
et qui s'en plaignit, n'approuva pas moins la conquête : « Dieu, dit-il, voulant consoler l'église par
» la réunion des schismatiques, a fait passer l'em-
» pire des Grecs superbes, superstitieux et déso-
» béissans, aux Latins humbles, catholiques et
» soumis (1). »

Un autre profit des croisades fut d'appliquer leur nom à plusieurs autres ligues formées ou fomentées par l'église Romaine. Innocent III est l'inventeur de cet artifice, qui suppose une assez grande connaissance des moyens d'égarer les esprits par les illusions du langage : il fit servir à ses divers desseins politiques l'énorme puissance d'un mot qui, depuis cent dix années, était en possession d'exciter au sein de l'Europe le plus actif et le plus aveugle enthousiasme. Il prêcha donc une croisade contre l'Angleterre, quand il résolut de détrôner Jean ; une croisade contre les Hongrois, quand il se prétendit le juge de leurs dissensions intestines ; une croisade contre un roi de Norvége, qu'il voulut aussi découronner ; mais sur-tout une croisade contre la secte Albigeoise répandue dans tout

---

(1) Innoc. III *Epist.* l. VIII, ep. 69.

le midi de la France. Raimond VI, comte de Toulouse, parce qu'il protégeait les Albigeois ses sujets, fut excommunié comme fauteur de l'hérésie; et l'un des légats qui excitaient ces troubles ayant reçu une blessure mortelle, les États du comte accusé, sans preuves, de cet assassinat, furent déclarés vacans et dévolus au premier croisé qui s'en rendrait maître. En vain Raimond s'humilia jusqu'à l'opprobre; en vain il eut la faiblesse plus honteuse encore de se croiser lui-même contre ses propres sujets : Simon de Montfort obtint ces déplorables provinces, pour prix des torrens de sang dont il les avait inondées. Raimond se réfugia chez son beau-frère, Pierre II, roi d'Arragon, qui, après avoir inutilement intercédé auprès d'Innocent III, prit les armes contre Simon de Montfort, et périt à la bataille de Muret en 1213. Deux ans après, le pape, au sein d'un concile de Latran, déposséda définitivement Raimond VI, en lui accordant une pension modique, et concéda ses États à Simon, qu'on osait surnommer Machabée, et qui mourut en 1218 au siége de Toulouse. Nous n'entendons point disculper de toute erreur les Albigeois, qu'on nommait aussi Vaudois, parce qu'il s'en trouvait beaucoup dans les vallées du Piémont, et quelquefois Bons-hommes, à cause de la régularité de leurs mœurs : mais exterminer des milliers de bons hommes parce qu'ils se trompent, et détrôner celui qui les gouverne parce qu'il ne les a point assez tôt persécutés; cette rigueur excessive dévoile le caractère et manifeste la puissance d'Innocent III (1).

Ce n'est pas non plus sans motif qu'on fait honneur à ce pape de l'établissement de l'inquisition. A la vérité, Lucius III, dès 1184, avait ordonné aux évêques de rechercher les hérétiques, de les soumettre aux peines spirituelles, de les livrer au bras séculier; mais ce premier germe d'une institution si formidable s'était peu développé avant l'époque où Innocent III s'avisa d'envoyer en Languedoc deux moines de Cîteaux, chargés de poursuivre les Albigeois, de les excommunier, et de les dénoncer à l'autorité civile, qui devait confisquer leurs biens, ou les bannir, ou les proscrire, sous peine d'encourir elle-même les censures ecclésiastiques. Le frère Raynier, le frère Guy, l'archidiacre Pierre de Castelnau, sont les premiers inquisiteurs nommés et connus dans l'histoire. Innocent enjoignit aux princes et aux peuples de leur obéir; aux princes, de procéder contre les hérétiques dénoncés par ces missionnaires; aux peuples, de s'armer contre les princes

―――――――――――――――――

(1) Velly. Hist. de France, tom. III (*in-12*), *pag. 430-468*.

indociles ou trop peu zélés. Ces premiers ministres des vengeances pontificales eurent bientôt des collaborateurs, entre lesquels on distingue saint Dominique; et dès 1215, leurs fonctions avaient acquis assez de consistance et d'éclat pour être solennellement approuvées dans le concile de Latran (1). Sans doute, l'inquisition, espèce de croisade permanente, n'a été perfectionnée, consolidée que sous les successeurs d'Innocent III; mais, sans le mémorable essai qu'il avait eu l'honneur d'en faire, il est douteux qu'elle eût si terriblement fleuri et fructifié.

Parmi trois cents papes ou anti-papes dont l'histoire nous offre les noms, nous n'en connaissons pas de plus imposant qu'Innocent III; son pontificat est le plus digne de l'attention et des études des monarques Européens : c'est-là qu'ils peuvent apprendre combien un pouvoir temporel, uni à des fonctions ecclésiastiques, les exagère et les dénature; à quelle suprématie universelle la papauté se destine; quelle tyrannie elle exerce en effet sur les princes comme sur les peuples, pour peu que les circonstances politiques favorisent l'ambition sacerdotale. Un pape, disait Innocent,

---

(1) *Concilior.* tom. XI, pag. 142.—*Director inquisitor.* part. I, c. 2.

un vicaire du Christ, est supérieur à l'homme, s'il est inférieur à Dieu [minor Deo, major homine]; il est le flambeau du jour; l'autorité civile n'est que l'astre pâlissant des nuits. C'est Innocent III qui a découvert dans le premier chapitre de la Genèse cette théorie céleste des deux puissances; et c'était avec de pareilles phrases (1), monumens de l'ignorance de son siècle et de la sienne propre, qu'il subjuguait l'Occident, troublait l'Orient, gouvernait et ensanglantait la terre. « Glaive, » glaive, s'écria-t-il en apprenant la descente » des Français en Angleterre; glaive, sors du » fourreau; glaive, aiguise-toi pour extermi- » ner! » Tel fut le texte de son dernier discours (2). Au milieu des anathèmes qu'il prononçait contre Louis et contre Philippe-Auguste, il fut saisi d'une fièvre qui, en fort peu de jours, amena une paralysie, une léthargie, et enfin la mort du plus fier des pontifes, du plus habile ennemi des rois. Il avait gouverné l'église, ou plutôt l'Europe, durant dix-huit ans dix mois et neuf jours; c'est la plus brillante époque de la puissance papale. L'Angleterre, la Pologne, le Portugal, on ne sait combien d'autres États encore,

---

(1) Innoc. III, *Serm. de consecr. pontific. Op.* tom. I, pag. 180.
(2) Fleury, Hist. eccl. l. LXXVII, n. 64.

étaient ses tributaires. Tous les historiens (1) rapportent que, dans une vision mystérieuse, sainte Lutgarde vit Innocent III au milieu des flammes, et que cette pieuse fille lui ayant demandé pourquoi il était ainsi tourmenté, il lui répondit qu'il continuerait de l'être jusqu'au jour du jugement, pour trois crimes qui l'auraient plongé dans le feu éternel de l'enfer, si la sainte Vierge, à laquelle il avait dédié un monastère, n'avait fléchi la colère divine. Il est permis de douter de la vision : mais, dit Fleury (2), ce récit prouve que les personnes de la plus haute vertu étaient persuadées que ce pape avait commis d'énormes péchés. Quels sont les trois dont parlait sainte Lutgarde ? il serait extrêmement difficile de les choisir dans la vie d'Innocent.

Après avoir eu un trop faible successeur dans Honorius III, il fut plus dignement remplacé par Grégoire IX. Celui-ci annonça ses prétentions par la pompe extraordinaire de son couronnement. Les historiens (3) décrivent cette cérémonie fastueuse, où rien n'est oublié de ce qui pouvait menacer l'Europe d'une monarchie universelle. Frédéric II,

---

(1) Thom. Cantiprat. *in vita S. Lutg. Virg. apud Surium, 16 jun.* — Raynald. *ad ann. 1216.*

(2) Hist. eccl. *l. LXXVII, n. 62.*

(3) Fleury, Hist. ecclés. *l. LXXIX, n. 31.*

qui, en recevant la couronne impériale des mains d'Honorius, avait cédé l'héritage de Mathilde et placé son fils sur le trône des deux Siciles, afin que ce royaume ne restât point uni au domaine de l'empire, Frédéric II, malgré tant de complaisances et quoiqu'il fût en quelque sorte le nourrisson de la cour Romaine, devint la principale victime des entreprises de Grégoire IX. Non content de susciter contre ce prince une nouvelle ligue Lombarde, Grégoire, impatient de l'éloigner du centre des affaires Européennes, le somma d'accomplir le vœu qu'il avait fait d'aller combattre les infidèles dans la Palestine. Frédéric embarqué, mais rappelé à Brindes par une maladie, est excommunié comme parjure ; il reprend sa route, et, pour être parti sans avoir été absous, il est excommunié de nouveau. Il arrive, il oblige le soudan d'Égypte à lui abandonner Jérusalem, Bethléem, Nazareth, Sidon ; et, parce qu'il a traité avec un infidèle et signé une trève, il est une troisième fois excommunié. De retour en Europe, il trouve la Pouille envahie, l'Italie armée contre l'empire, et son propre fils entraîné par le pontife à la rebellion et presque au parricide. Il triomphe néanmoins de tant d'ennemis, arrête et emprisonne un fils dénaturé, et profite sur-tout d'une sédition des Romains contre le pape. Les Romains, qui avaient repris sous Honorius leurs dispositions à l'indépendance, chassèrent Grégoire IX, qui, forcé de négocier avec l'empereur, consentit à l'absoudre, moyennant une grosse somme d'argent. Mais Grégoire, entre autres prétentions, réclamait la Sardaigne comme un domaine du saint-siége; Frédéric la revendiquait comme un fief de l'empire. Quatrième excommunication, où Grégoire, de l'autorité du Père, du Fils et du Saint-Esprit, de l'autorité des apôtres et de la sienne, anathématise Frédéric soi-disant empereur, délie de leurs sermens ceux qui lui ont juré fidélité, leur fait défense de le reconnaître pour souverain. Cette bulle, envoyée à tous les rois, seigneurs et prélats de la chrétienté, est accompagnée d'une lettre circulaire qui ordonne la publication de l'anathème au son des cloches dans toutes les églises. Divers écrits du saint-père (1) représentent Frédéric comme l'un des monstres décrits dans l'apocalypse; là, sont imputés à ce prince des torts politiques et religieux de toute espèce, jusqu'à celui d'avoir désigné Moïse, Jésus et Mahomet comme trois imposteurs. Frédéric daigna répondre à ce torrent d'inculpations et d'injures; et, pour que l'apologie correspondît de point en point à l'accusation, il traita Grégoire IX

---

(1) *Concilior.* tom. XI, pag. 357, 340, 346.

de Balaam, d'Antechrist, de grand dragon, de prince des ténèbres. Par une lettre particulière (1) au roi de France (c'était alors Louis IX ou saint Louis), le pape offrit l'empire au frère de ce monarque, Robert comte d'Artois, à condition que les Français se croiseraient contre Frédéric. Saint Louis répondit (2) qu'il voyait avec surprise qu'un pape eût osé déposer un empereur; qu'un tel pouvoir n'appartenait qu'au concile général, et seulement dans l'hypothèse de l'indignité reconnue du souverain; que Frédéric, au contraire, paraissait irréprochable; qu'il s'exposait au péril de la mer et de la guerre pour le service de Jésus-Christ, tandis que Grégoire, son implacable ennemi, profitait de son absence pour le dépouiller de ses États; que le pape, comptant pour rien les flots de sang versés pour satisfaire sa vengeance et son ambition, ne voulait soumettre l'empereur que pour subjuguer ensuite tous les autres princes; que ses offres provenaient moins d'une affection pour les Français, que de sa haine invétérée pour Frédéric; que l'on prendrait toutefois des informations sur l'orthodoxie de ce prince, et que, s'il était hérétique

---

(1) Math. Paris, ann. 1239, pag. 444.
(2) Math. Paris, ibid. — Daniel, Hist. de France, tom. III, pag. 210.

on lui ferait la guerre à outrance, comme on ne craindrait pas de la faire, en pareil cas, au pape lui-même. Cette épître mêle sans doute des erreurs bien grossières à l'expression des résolutions les plus généreuses. Quoi! une assemblée de prêtres aurait le droit de détrôner un souverain! Quoi! les opinions religieuses d'un prince seraient, pour ceux qui ne les partagent pas, un motif suffisant de lui déclarer la guerre! Oui, tels étaient les résultats incontestés de ces décrétales, dont les papes avaient composé le droit public de la chrétienté. Mais, plus ce délire est déplorable, plus on doit d'hommage au prince qui, embarrassé dans les liens de tant de préjugés, savait retrouver encore, dans son excellente nature, un désintéressement, une loyauté, un courage, dignes des plus heureux siècles de l'histoire.

Il fallut à Louis IX toute la réputation de son exemplaire piété, pour échapper aux anathèmes de Grégoire IX, et même aux entreprises des évêques Français ; car il réprimait les prélats avec énergie, toutes les fois que ses lumières lui permettaient d'apercevoir les abus qu'ils faisaient de leurs fonctions révérées. On les voyait, pour le plus mince intérêt temporel, fermer les églises, suspendre l'administration des sacremens. L'expérience leur avait appris l'efficacité de ces mesures : ils obtenaient par cette espèce de bouderie, les divers objets de leurs prétentions. Mais un évêque de Beauvais et un archevêque de Rouen ayant employé ce moyen avec trop peu de prudence, et s'étant avisés même d'excommunier des officiers royaux, saint Louis fit saisir leur temporel, et obtint du pape une bulle qui défendait d'interdire les chapelles royales. « Il avait » pour maxime de ne se pas livrer à un aveugle » respect pour les ordres des ministres de l'église, » qu'il savait être sujets aux emportemens de la » passion comme les autres hommes. » Ainsi s'exprime Daniel, l'historien le moins suspect assurément que nous puissions citer ici. Joinville raconte comment le clergé se plaignit amèrement du peu d'égard des officiers civils pour les sentences d'excommunication, et comment Louis IX s'expliqua si nettement sur la nécessité de vérifier la justice de ces sentences, qu'on s'abstint de lui en reparler. Ce pieux monarque fit un jour saisir les deniers levés pour le saint-siége, ne voulant pas qu'ils servissent à l'accomplissement des projets ambitieux de Grégoire IX. Le pontife voulut s'en venger en cassant l'élection de Pierre Charlot à l'évêché de Noyon ; cet élu était un fils naturel et légitimé de Philippe-Auguste. Louis IX fut inébranlable ; il signifia que nul autre ne posséderait cet évêché. Grégoire, tout en exagérant sa puissance pontificale, tout en protestant que Dieu avait confié au pape les droits de l'empire terrestre, aussi-bien que ceux du ciel, s'en tint pourtant à de simples menaces; et la France sut gré à son pieux souverain, d'une fermeté qu'il eut encore occasion de manifester sous les pontificats suivans.

Celui de Grégoire IX, mémorable sur-tout par des démêlés avec l'empereur Frédéric II, l'est encore par la publication d'un code ecclésiastique, rédigé par Raymond de Pennafort, troisième général des Dominicains. Depuis le décret de Gratien, les décrétales et les recueils de décrétales s'étaient multipliés à tel point qu'on avait peine à s'y reconnaître. Grégoire fit réunir à ses propres sentences celles de ses prédécesseurs, depuis la mort d'Eugène III. Il en résulta une collection où les matières sont distribuées en cinq livres. Un mauvais vers (1) qui énonce cette distribution, peut se traduire et se représenter trop fidèlement par celui-ci:

Juges, jugemens, clercs, mariages et crimes.

Les canonistes citent ce code sous le nom de

---

(1) *Judex, judicium, clerus, sponsalia, crimen.*

décrétales de Grégoire IX, ou simplement de décrétales, et quelquefois par le mot *extra*, c'est-à-dire, *hors du décret* de Gratien ; lequel décret avait été, depuis cent ans, considéré comme l'unique source de la jurisprudence ecclésiastique. Fruits de la vaste correspondance d'Alexandre III, d'Innocent III et de Grégoire IX, ces cinq livres sont dignes, à tous égards, de servir de suite au décret : ils ont contribué avec lui à la propagation des maximes les plus subversives de tout gouvernement civil.

L'élection de Sinibale de Fiesque à la papauté semblait promettre quelques années de paix entre le sacerdoce et l'empire : Sinibale était depuis long-temps lié d'amitié avec Frédéric ; mais de cardinal ami, il devint pape ennemi, ainsi que l'avait prédit l'empereur. Innocent IV (c'est le nom du pontife), ayant mis à l'absolution de Frédéric des conditions que celui-ci n'accepta point, la guerre se ralluma, et le pape, contraint de s'enfuir à Gênes sa patrie, vint de là solliciter un asile en France. Louis IX consulta ses barons, qui prétendirent que la cour de Rome était toujours à charge à ses hôtes ; qu'un pape offusquerait la dignité royale, et formerait, au sein de l'État, un autre État indépendant (1).

---

(1) Velly, *tom. IV (in-12), pag. 306, 307.*

Éconduit par le roi de France, refusé de même par le roi d'Arragon, Innocent IV s'adressa aux Anglais, dont la réponse ne fut pas plus favorable. Quoi! dirent-ils, n'avons-nous pas déjà la simonie et l'usure! Pourquoi encore le pape, qui viendrait en personne dévorer le royaume et nos églises! — Eh bien! s'écria le pontife, outré de ce triple affront, il faut en finir avec Frédéric : quand nous aurons écrasé ou apprivoisé ce grand dragon, ces petits serpens n'oseront plus lever la tête, et nous les foulerons aux pieds (1). Pour parvenir à cette fin, il tint un concile général à Lyon, ville qui n'appartenait alors ni au roi de France ni à l'empire : les archevêques s'en étaient approprié la souveraineté, et soutenaient qu'elle avait cessé d'être un fief de l'empire. Là fut déposé Frédéric II : en vertu, dit le pape, du pouvoir de lier et de délier, que Jésus-Christ nous a donné en la personne de saint Pierre, nous privons, par cette sentence, le soi-disant empereur Frédéric de tout honneur et dignité; défendons de lui obéir, de le regarder comme empereur ou comme roi, de lui donner aide ou conseil, sous peine d'excommunication par le seul fait (2). Anéantir la maison

---

(1) Math. Paris, *pag. 600.*
(2) Fleury, *l. LXXXI, n. 19.*

de Souabe, c'était, depuis long-temps, le vœu le plus ardent des papes; c'était sur-tout celui d'Innocent IV; mais il publia presque sans fruit une croisade contre Frédéric : on était trop occupé des véritables croisades, c'est-à-dire des expéditions en Orient, et le fugitif Innocent IV n'avait point hérité de la toute-puissance d'Innocent III. Le bas clergé lui-même commençait à ne plus adorer les sentences pontificales : un curé de Paris, annonçant à ses paroissiens celle qui déposait Frédéric, leur adressa ces remarquables paroles : « J'ignore, » mes très-chers frères, les motifs de cet anathème; » je sais seulement qu'il existe entre le pape et » l'empereur de grands démêlés, une haine implacable : lequel des deux à raison ? je ne saurais » vous l'apprendre : mais j'excommunie, autant qu'il » est en moi, celui qui a tort, et j'absous celui qui » est lésé dans ses droits. » C'est le prône le plus sensé qui, à notre connaissance, ait été prêché au XIII.e siècle.

Saint Louis, qui désapprouvait plus hautement que ce curé la déposition de Frédéric, se rendit à Cluni, et y attira le pape, qu'il ne voulait pas laisser entrer plus avant dans le royaume. Leurs premières conférences sont restées secrètes; et tout ce qu'on en peut dire, c'est que l'obstiné pontife fut inaccessible aux conseils pacifiques du saint roi. Mais l'histoire (1) nous a transmis un peu plus de détails sur une seconde entrevue qui eut lieu l'année suivante, à Cluni encore, entre Innocent IV et Louis : « La terre sainte est en » danger, dit le roi ; nul espoir de la délivrer sans » le concours de l'empereur, qui tient tant de » ports, d'îles et de côtes en sa puissance. Très-» saint père, acceptez ses promesses, je vous en » supplie en mon nom, au nom de ces milliers de » pèlerins si fidèles, au nom de l'église entière : » tendez les bras à celui qui demande miséricorde : » c'est l'évangile qui vous l'ordonne ; imitez la » bonté de celui dont vous êtes le vicaire. » Le pape *se redressant*, dit Fleury (2), persista dans son refus. Ainsi les deux personnages avaient pour ainsi dire changé de rôle : c'était le prince qui parlait le langage charitable de l'évangile ; c'était le prêtre qui conservait l'attitude inflexible de la puissance orgueilleuse. Après d'inutiles tentatives de réconciliation, et quelques vicissitudes de succès et de revers, Frédéric mourut en 1250, peut-être étouffé, dit-on, par son fils Manfreddo. A cette nouvelle, Innocent IV invite le ciel et la terre à se

---

(1) Math. Paris, *pag.* 697. — Velly, Hist. de France, *tom* IV. (*in-12*), *pag.* 469. — La Chaise, Hist. de S. Louis, *pag.* 449.

(2) Hist. ecclés. *l.* LXXXII, *n.* 40.

réjouir ; ce sont les propres termes d'une lettre (1) qu'il écrit aux prélats, aux seigneurs, et à tout le peuple du royaume de Sicile. Il appelait Frédéric le fils de Satan.

Conrad IV, fils de Frédéric II, était appelé à lui succéder ; et, dans l'absence de Conrad, Manfreddo son frère régissait les deux Siciles. Innocent IV déclare que les enfans d'un excommunié n'ont rien à hériter de leur père ; il publie contre eux une croisade ; il entraîne à la révolte les seigneurs Napolitains. Manfreddo parvient à les soumettre ; il prend d'assaut la ville de Naples, et force le pape à s'enfuir encore à Gênes. La croisade est de nouveau prêchée contre les fils de Frédéric ; leur royaume est offert à un prince Anglais ; les dissensions qui bientôt s'élèvent entre les deux frères, raniment les espérances de la cour Romaine ; elle en conçoit de plus vives, quand elle apprend la mort de Conrad, quand Manfreddo est soupçonné de fratricide, quand il ne reste plus qu'à éteindre un dernier rejeton de la maison de Souabe, Conradin, enfant de dix ans, fils de Conrad, et petit-fils, légitime héritier de Frédéric II. Le pape n'hésite plus à s'ériger en roi de Naples : pour soutenir ce titre, il lève une armée ; mais cette

---

(1) Hist. ecclés. *l. LXXXIII*, n. 25-26.

armée n'a qu'un légat pour chef, elle est battue par Manfreddo. Innocent IV en mourut de désespoir, au moment où il entamait avec Louis IX une négociation qui tendait à livrer à un fils ou à un frère de ce monarque le royaume des deux Siciles. Ce pape avait suscité une guerre civile dans le Portugal, en déposant le roi Alfonse II, déjà interdit par Grégoire IX, et en appelant au trône un comte de Boulogne, frère d'Alfonse. Innocent IV eut aussi des querelles avec les Anglais, qui se plaignirent hautement de ses exactions, de ses contraventions aux lois et aux traités. « Le denier de » saint Pierre ne lui suffit pas, disaient-ils ; il » exige de tout le clergé des contributions énormes ; » il fait asseoir et lever des tailles générales sans le » consentement du roi : au mépris du droit des » patrons, il confère les bénéfices à des Romains » qui n'entendent point la langue Anglaise, et qui » exportent l'argent du royaume (1). » Observons encore qu'en publiant des croisades contre Frédéric II et contre ses fils, Innocent IV y attachait de plus fortes indulgences qu'aux expéditions en Palestine. Le pape, disaient les seigneurs Français, étend sa propre domination par des croisades contre les chrétiens, et laisse notre souverain

---

(1) Fleury, Hist. ecclés. *l.* LXXXII, *n.* 28.

combattre et souffrir pour la foi. Saint Louis était alors dans la terre sainte, à peine délivré de sa captivité. Sa mère, la reine Blanche, fit saisir les biens des croisés du pape contre Conrad : que le pape, disait-elle, entretienne ceux qui sont à son service, et qu'ils partent pour ne plus revenir (1). Voilà comment échoua en France la croisade Guelfe, malgré les instances des frères Prêcheurs et des frères Mineurs, zélés serviteurs du saint-siége. Mais depuis l'avénement de Grégoire IX, l'Italie et l'Allemagne n'avaient cessé d'être déchirées par les factions Guelfe et Gibeline, qui reprenaient de plus en plus leurs directions primitives, la seconde contre le pape, la première contre l'empereur, et spécialement contre la maison de Souabe.

Alexandre IV, qui succéda en 1254 à Innocent IV, continua de combattre Manfreddo, le cita, l'excommunia, le désigna pour victime d'une croisade qui ne s'exécuta point. Le pape ne réussit qu'à extorquer du roi d'Angleterre Henri III, cinquante mille livres sterling. Henri avait fait vœu d'aller en Palestine ; ce vœu fut commué en une contribution destinée à soutenir la guerre contre Manfreddo. Pour obtenir tant d'argent,

---

(1) Math. Paris, *pag. 713*.— Velly, Hist. de France, *tom. V (in-12), pag. 102, 103.*

Alexandre promit la couronne de Naples au prince Edmond, fils de Henri ; ce qui n'empêchait pas de suivre la négociation avec Louis IX et son frère Charles d'Anjou. Mais Alexandre IV était trop peu favorisé par les circonstances, trop peu doué de qualités énergiques ; pour atteindre à de grands succès ; il pouvait à peine se soutenir au centre de ses domaines : une sédition des Romains l'obligea de se retirer à Viterbe ; et son règne de sept années n'aboutit à aucun résultat fort important, à moins qu'on ne regarde comme tel l'établissement de l'inquisition au sein de la France. On est affligé de ne pouvoir taire que saint Louis avait sollicité, comme une faveur, une pareille institution. Elle avait pris, depuis Innocent III, une grande consistance : en 1229, un concile de Toulouse avait statué que les évêques députeraient dans chaque paroisse un prêtre et deux laïques, afin de rechercher les hérétiques, de les dénoncer aux prélats établis pour juger, et aux seigneurs chargés de punir. Grégoire IX, en 1233, avait investi les Dominicains ou frères Prêcheurs, de ces fonctions inquisitoriales ; l'église était décidément enrichie de cette puissance nouvelle ; et saint Louis eut le malheur de n'en point préserver ses sujets. Il a payé deux énormes tributs à l'ignorance de son
siècle,

siècle, les croisades et l'inquisition ; peu s'en fallut même qu'il ne prît l'habit de Dominicain, et qu'il ne cessât d'être roi pour se faire inquisiteur (1). Nous remarquons ces détails, parce qu'ils sont tous des effets de l'ascendant des papes, de l'étendue illimitée que leur royauté temporelle donnait à leur autorité ecclésiastique.

Ce fut un Français né à Troyes, qui, devenu pape sous le nom d'Urbain IV, avança le plus les négociations avec le comte d'Anjou. Impatient d'exterminer Manfreddo, Urbain voyait trop que les publications de croisades, les indulgences, l'équipement des troupes pontificales, toutes les armes spirituelles et temporelles du saint-siége, resteraient impuissantes sans le concours actif d'un prince intéressé, par l'appât d'une couronne, à consommer la ruine de la maison de Souabe. Des émeutes populaires rendaient le séjour de Rome peu facile au souverain pontife ; Urbain s'était retiré à Orvieto, d'où quelques mutineries encore l'avaient renvoyé à Pérouse. Il était donc urgent de conclure avec Charles d'Anjou, quoique ce prince eût semblé se détacher du pape en acceptant la dignité de sénateur de Rome ; et le traité allait être signé quand Urbain IV mourut : son

---

(1) Velly, Hist. de France, tom. V, pag. 193-197.

successeur, Clément IV, acheva cette entreprise.

Incompatibilité de la couronne Sicilienne avec la couronne impériale, comme avec la domination sur la Lombardie ou sur la Toscane, cession de Bénévent et de son territoire au saint-siége, tributs et subsides annuels à l'église, reconnaissance des immunités du clergé des deux Siciles, hérédité de ce royaume réservée aux seuls descendans de Charles ; à leur défaut, faculté rendue au pape de leur choisir des successeurs : telles sont les principales conditions du traité qui appela Charles d'Anjou à régner sur les Napolitains. Il en eût souscrit de plus humiliantes encore. Il promettait d'abdiquer, avant trois ans, le titre de sénateur de Rome, d'y renoncer même plutôt, s'il achevait avant ce terme la conquête du royaume qu'on daignait lui accorder ; et de ne rien négliger pour disposer les Romains à remettre cette dignité à la disposition du souverain pontife : il se soumettait à l'interdit, à l'excommunication, à la déposition, s'il venait à enfreindre ses engagemens ; il prononçait enfin un serment conçu en ces termes : « Moi, faisant vasselage plein et lige à l'église pour » le royaume de Sicile et pour toute la terre qui est » en-deçà du Phare jusqu'aux frontières de l'État » ecclésiastique, dès maintenant et pour l'avenir, » je serai fidèle et obéissant à saint Pierre, au

» pape mon suzerain et à ses successeurs canoni-
» quement élus ; je les défendrai de tout mon
» pouvoir, je ne formerai aucune alliance con-
» traire à leurs intérêts ; et si par ignorance j'avais
» le malheur d'en former quelqu'une, j'y renon-
» cerai au premier ordre qu'ils voudront me si-
» gnifier (1). »

C'est pour obtenir une couronne si précaire, c'est pour usurper un trône si dégradé, que Charles d'Anjou entre en Italie, ranime par sa présence la faction Guelfe, et la met aux prises, depuis les Alpes jusqu'à l'Etna, avec la faction Gibeline. Celle-ci se rallie plus que jamais à Manfreddo, qui, après quelques succès, succombe et périt à la bataille de Bénévent. Le jeune Conradin, jusqu'alors éclipsé par Manfreddo, et retenu par sa mère en Allemagne, se présente enfin : par-tout les Gibelins l'accueillent et le soutiennent énergiquement contre les armes de Charles et contre les anathèmes de Clément IV.; mais vaincu dans la plaine de Tagliacozzo, il tombe entre les mains de son rival. Charles est assez peu généreux pour livrer à des juges corrompus un ennemi désarmé : la défiance et la vengeance empruntent des formes juridiques ; Conradin, à l'âge de dix-huit ans, est

_____
(1) Velly, Hist. de France, tom. V, pag. 326-345.

décapité à Naples le 26 octobre 1268, et les plus fidèles défenseurs de ses incontestables droits partagent sa destinée. Les Gibelins sont proscrits dans l'Italie entière ; des flots de sang arrosent les degrés du trône subalterne où Charles va s'asseoir sous les pieds d'un pontife. Quelques écrivains assurent que Clément IV improuva l'assassinat du jeune prince ; d'autres l'accusent de l'avoir conseillé, d'avoir dit que le salut de Conradin serait la ruine de Charles, que la garantie de Charles exigeait la mort de Conradin (1). Quoi qu'il en fût, c'était sur-tout le saint-siège qui triomphait par l'extinction de la maison de Souabe.

Plein du sentiment de sa puissance (2), Clément IV décida que tous les bénéfices ecclésiastiques étaient à la disposition du pape ; qu'il les pouvait conférer vacans ou même non vacans, en les donnant, dans ce dernier cas, par survivance,

---

(1) *Vita Corradini, mors Caroli ; mors Corradini, vita Caroli.* Giannone, *Istoria di Napoli*, l. XIX, c. 4.

(2) « Rien ne prouve mieux, dit un auteur moderne, l'in-
» fluence de la superstition.... que le nombre des croisades
» prêchées par ordre de Clément IV. Croisade en Espagne contre
» les Maures qu'on voulait exterminer ; croisade en Hongrie, en
» Bohême et ailleurs, contre les Tartares, dont on craignait les
» invasions ; croisade en faveur des chevaliers Teutoniques,
» contre les païens de Livonie, de Prusse et de Courlande,
» sur lesquels ils voulaient régner ; croisade en Angleterre contre

ou, comme on disait, en expectative. Tant d'audace étonna saint Louis, et l'indignation qu'il en conçut lui dicta une ordonnance connue sous le nom de pragmatique sanction, et dont voici le sommaire (1) :

« Les prélats, patrons et collateurs des béné-
» fices, jouiront pleinement de leurs droits.

» Les cathédrales et autres églises du royaume
» feront librement leurs élections.

» Le crime de simonie sera banni de tout le
» royaume.

» Les promotions et les collations seront faites
» selon le droit commun et les décrets des
» conciles.

» Les exactions intolérables par lesquelles la
» cour de Rome a misérablement appauvri le
» royaume, cesseront d'avoir lieu, si ce n'est pour

» les barons que Henri III ne pouvait soumettre ; croisade en
» France et en Italie, pour enlever à la maison de Souabe le
» royaume de Naples et de Sicile ; croisade par-tout pour la
» conquête de la Terre sainte. Les croisades étaient souvent
» opposées : on déliait du vœu de l'une, quand on voulait
» presser l'exécution de l'autre ; les indulgences se répandaient
» au gré du pape ; les frais de la guerre épuisaient les royaumes,
» et des bulles mettaient en feu toute l'Europe. » Millot, Élém.
d'Hist. générale. Hist. mod. *tom. II, pag. 184, 185.*

(1) Recueil des ordonnances, *tom. I, pag. 97.*

» d'urgentes nécessités, et du consentement du
» roi et de l'église Gallicane.

» Les libertés, franchises, immunités, droits et
» priviléges accordés par les rois aux églises et
» aux monastères, sont confirmés. »

Cet acte est si important et fait tant d'honneur à Louis IX, que le Jésuite Griffet (1) en a contesté l'authenticité. On pourrait opposer à Griffet l'autorité de ses confrères Labbe et Cossart (2); celle de Bouchel, du Tillet, Fontanon, Pinson, Girard, Laurière, Egasse du Boulay; celle, enfin, de tous les jurisconsultes, historiens, théologiens même qui ont eu occasion de parler de la pragmatique de saint Louis. Mais nous la voyons citée, en 1491, par l'université de Paris; en 1483, dans les états tenus à Tours; en 1461, par le parlement (3); en 1440, par Jean Juvenel des Ursins, qui, en s'adressant à Charles VII, à l'occasion de la pragmatique publiée par ce roi, s'exprime en ces termes : « Vous n'êtes le premier qui a fait telles
» choses : si fit saint Louis qui est saint et cano-
» nisé, et faut dire qu'il fit très-bien; votre père et

---

(1) Note sur l'Hist. de France du P. Daniel, tom. III.
(2) Concilior. tom XI.
(3) Preuves des lib. de l'égl. Gallic. tom. I, p. II, pag. 28, 50, 55, 76; p. III, pag. 41.—Réal, Science du gouvernem. tom. VII, pag. 72.

» autres l'ont approuvé. » Il n'y a donc aucun moyen de douter que le plus pieux des rois Français n'ait été l'un des plus zélés défenseurs des libertés Gallicanes; et cette glorieuse résistance qu'il opposait en 1268 à Clément IV, expie le malheureux consentement qu'il venait de donner au traité conclu entre ce pape et Charles d'Anjou.

Trente mois s'écoulèrent depuis la mort de Clément IV jusqu'à l'élection de son successeur Grégoire X. Charles d'Anjou profita de cet interrègne pour acquérir une grande puissance en Italie; il aspirait à la gouverner toute entière. Grégoire X, qui s'en aperçut, s'efforça d'y opposer quatre obstacles : une croisade nouvelle, la réconciliation de l'église d'Orient, le rétablissement de l'empire d'Occident, et l'extinction des factions Guelfe et Gibeline. Depuis la mort de Conradin, la discorde des Gibelins et des Guelfes était presque sans objet: elle durait par l'habitude et par des animosités personnelles, plutôt que par l'opposition des intérêts politiques. Les Guelfes, plus puissans de jour en jour, allaient rétablir l'indépendance des villes Italiennes, et peut-être les réunir sous un chef qui ne serait point le pape. Pour prévenir ce danger et pour contenir Charles d'Anjou, Grégoire X confirma l'élection d'un nouvel empereur Allemand : c'était Rodolphe de Habsbourg (tige de la maison d'Autriche). Ce Rodolphe renonça, en faveur de l'église Romaine, à l'héritage de Mathilde, et n'en fut pas moins excommunié pour avoir soutenu ses droits souverains sur des villes d'Italie, et pour avoir négligé de se croiser. On se lassait enfin de ces expéditions en Palestine, où les chrétiens, chassés des moindres bourgades, ne conservaient presque plus un seul asile. L'église Grecque, réconciliée en apparence au second concile général de Lyon, ne le fut pas pour bien long-temps. Le résultat le plus net du pontificat de Grégoire X a été l'acquisition du comtat Venaissin, où pourtant le roi de France, Philippe-le-Hardi, se réservait la ville d'Avignon.

Nicolas III annulla le serment prêté à l'empereur par les villes de la Romagne; il obligea Charles d'Anjou de renoncer au vicariat de l'empire et à la dignité de sénateur de Rome; il excita même Pierre, roi d'Arragon, à recouvrer le royaume de Sicile, qui appartenait, par droit d'héritage, à sa femme Constance. Sur quoi il faut observer que Charles d'Anjou avait refusé de marier une de ses petites-filles à un neveu de Nicolas, et que ce pontife, issu de la maison des Ursins, s'était mis en tête de partager, entre ses neveux, les couronnes de Sicile, de Toscane et de Lombardie. Ces projets ne réussirent point.

Martin IV, élu par l'influence de Charles d'Anjou, jeta un interdit sur la ville de Viterbe, excommunia les Forlivois en confisquant ce qu'ils possédaient à Rome, excommunia Pierre III, roi d'Arragon, excommunia Michel Paléologue, empereur de Constantinople. Une ligue des Vénitiens, de Charles d'Anjou et du pape contre les Grecs, eut peu de succès. Une autre croisade fut entreprise contre Pierre d'Arragon, qui battit les croisés : on imputait à ce prince, non sans quelque apparence, les vêpres Siciliennes, horrible massacre, dont les Français furent les victimes en 1282, et qu'auraient prévenu, par une conduite plus sage, Martin IV et Charles d'Anjou.

Après que Célestin V, cédant aux conseils du cardinal Benoît Cajetan, eut abdiqué la papauté, ce cardinal lui succéda, l'emprisonna, et, sous le nom de Boniface VIII, déshonora la chaire de saint Pierre depuis 1294 jusqu'en 1303. Il excommunia la famille des Colonne, confisqua leurs propriétés, prêcha contre eux une croisade. Ils étaient Gibelins ; Boniface VIII, qui avait appartenu à cette faction, l'en détestait davantage. Ce pape annonce, en propres termes, que le pontife Romain, établi par la Providence sur les rois et sur les royaumes, tient le premier rang sur la terre, dissipe tous les maux par ses regards sublimes, et du haut de son trône, juge tranquillement les humains. Vous savez, écrit-il à Édouard I.ᵉʳ, que l'Écosse appartient de plein droit au saint-siége. Il traite d'usurpateur Albert d'Autriche, élu empereur en 1298, le somme de comparaître à Rome, et dispense les sujets de ce prince de leurs obligations; mais il menace sur-tout le roi de France, Philippe IV, dit le Bel.

Par la bulle *clericis laïcos*, Boniface VIII avait défendu, sous peine d'excommunication, à tout membre du clergé séculier et régulier, de payer, sans la permission du pape, aucune taxe aux souverains, même sous le titre de don gratuit. Philippe-le-Bel répondit à cette bulle en défendant de transporter aucune somme d'argent hors du royaume, sans une permission signée de sa main. Cette mesure parut d'abord intimider le pontife, qui, interprétant sa bulle, autorisa, dans le cas d'une nécessité pressante, les contributions du clergé : mais bientôt un légat vient braver Philippe, le sommer de changer de conduite, s'il ne veut exposer son royaume à un interdit général. Ce prêtre séditieux est arrêté : sa détention met le pape en fureur. « Dieu m'a établi sur les empires, pour ar-
» racher, détruire, perdre, dissiper, édifier et
» planter. » C'est ainsi que Boniface VIII s'exprime dans une de ses bulles contre Philippe IV.

Celle qui est connue sous le titre d'*unam sanctam*, contient ces paroles : « Le glaive temporel doit
» être employé, par les rois et les guerriers, pour
» l'église, suivant l'ordre et la permission du pape;
» la puissance temporelle est soumise à la spiri-
» tuelle, qui l'institue et la juge, et que Dieu seul
» peut juger : résister à la puissance spirituelle est
» donc résister à Dieu, à moins qu'on n'admette
» les deux principes des manichéens. » Un archidiacre, porteur de ces bulles, enjoint au roi de
reconnaître qu'il tient du pape la souveraineté temporelle. Enfin Boniface excommunie Philippe; il
ordonne au confesseur de ce monarque de venir
rendre compte à Rome de la conduite de son pé-
nitent; il destine la couronne de France à ce
même empereur Albert, naguère traité en criminel, mais qui reconnaît maintenant par écrit
« que le siége apostolique a transféré des Grecs aux
» Allemands l'empire Romain, dans la personne
» de Charlemagne; que certains princes ecclésias-
» tiques et séculiers tiennent du pape le droit d'élire
» le roi des Romains destiné à l'empire; et que le
» pape accorde aux rois et aux empereurs la puis-
» sance du glaive. » On doit des éloges à la fermeté victorieuse que Philippe-le-Bel sut opposer
à ces extravagances : les communes et la noblesse
de France le secondèrent; le clergé, quoique imbu

déjà de maximes ultramontaines, fut entraîné par l'ascendant des deux autres ordres. Les prélats toutefois n'adhérèrent à la cause du roi que *sauf la foi due au pape*, et trente-quatre d'entre eux se rendirent à Rome malgré Philippe IV.

Une lettre de ce prince à Boniface VIII commence par ces mots : « Philippe, par la grâce » de Dieu, roi des Français, à Boniface, prétendu » pape, peu ou point de salut : Que votre très- » grande fatuité sache, &c. » Ces expressions injurieuses, trop peu dignes de celui qui les employait, auraient fort mal réussi, adressées à un pape qui les eût un peu moins méritées que celui-ci ; mais les prétentions de Boniface tenaient réellement du délire, et ce pape était complétement dénué de l'habileté politique nécessaire à leur triomphe. Trois hommes, dans le cours du XIII.ᵉ siècle, ont ralenti les progrès menaçans de la puissance pontificale : Boniface VIII, en la déshonorant par des excès impuissans ; Philippe IV, en proclamant ce discrédit par des outrages impunis ; mais surtout Louis IX, dont la résistance, édifiante comme ses autres bonnes œuvres, avait pris contre l'orgueil mondain des papes, le caractère et l'autorité de la religion de Jésus-Christ. Grégoire VII et Boniface VIII eussent immanquablement excommunié Louis IX : les anathèmes du premier auraient été redoutables, et ceux du second n'auraient nui qu'à la cour de Rome.

Boniface VIII fit rédiger un code ecclésiastique qui porte le nom de Sexte, parce qu'on le considère comme un sixième livre ajouté aux décrétales, compilées sous Grégoire IX par Raimond de Pennafort. Ce sixième livre est lui-même divisé en cinq, qui correspondent, pour la distribution des matières, à ceux de la collection de Raimond, et qui contiennent, avec les décrétales de Boniface VIII, celles de ses prédécesseurs, depuis la mort de Grégoire IX. Lorsque tant de lois pontificales s'accumulaient dans ces divers codes, il fallait bien qu'il y eût des tribunaux ecclésiastiques pour les appliquer : les officialités naquirent. Le père Thomassin en place l'origine sous le pontificat de Boniface VIII, et cette opinion nous paraît plus probable que celle qui fait remonter cette institution au XII.ᵉ siècle. Par officiaux, nous entendons des juges proprement dits, attachés aux cathédrales et aux métropoles pour prononcer des sentences spéciales, civiles ou même criminelles : or, ces caractères n'appartiennent point assez nettement à certains dignitaires mentionnés dans les écrits de Pierre de Blois, et dont se plaignait, en 1163, un concile de Tours. Au surplus, soit XIII.ᵉ siècle, soit XII.ᵉ, l'époque de l'établisssement des officialités est toujours fort postérieure à la publication des fausses décrétales, et à l'altération de l'antique discipline de l'église.

Les légats, autres instrumens de la puissance papale, se divisaient en deux classes : les premiers, pris dans les lieux mêmes où ils exerçaient leurs fonctions; les seconds, expédiés du sein de la cour de Rome et semblables à des bras que le saint-père étendait sur les divers points de la chrétienté. Entre les premiers, on distinguait encore ceux qui recevaient une mission expresse et personnelle, de ceux qui, légats nés en quelque sorte, tenaient ce titre des droits du siége épiscopal ou métropolitain qu'ils occupaient. De tous ces divers ministres ou commissaires du gouvernement pontifical, les plus puissans auraient toujours été ceux qu'il détachait de son propre centre, si l'excès de leur pouvoir et de leur faste n'avait trop souvent humilié, dans chaque royaume, les prélats qu'ils venaient éclipser et dominer. Leur magnificence, défrayée en chaque lieu par les églises, par les monastères et par le peuple, excitait moins d'admiration que de murmures ; et depuis même que le troisième concile de Latran les avait réduits à vingt-cinq chevaux, on les trouvait encore à charge. Il fallait vendre des vases sacrés pour leur faire des présens ; et acheter, à des prix énormes, les sentences, les réponses, les faveurs, les expéditions, qu'on avait besoin de leur demander. « Les légations, dit Fleury (1), » étaient des mines d'or pour les cardinaux, et ils » en revenaient *d'ordinaire* chargés de richesses. » Leur avarice était si renommée et si constante, que saint Bernard (2) parle d'un légat désintéressé comme d'un prodige; mais leur orgueil, plus intolérable encore, montrait de trop près aux rois les prétentions de la cour de Rome, et provoquait trop de résistances éclatantes. De bonne heure, ces légats *à latere* déplurent en France, et il fut réglé qu'ils n'y seraient reçus que lorsqu'ils auraient été demandés et acceptés par le monarque : c'est l'un des articles des libertés Gallicanes.

Le XIII.ᵉ siècle est celui où les papes sont parvenus au plus haut degré de puissance : conciles, croisades, anathèmes, codes canoniques, ordres monastiques, légats, missionnaires, inquisiteurs, toutes les armes spirituelles retrempées, aiguisées par Innocent III, ont été, durant ce siècle, dirigées contre les trônes, et en ont souvent triomphé. Innocent III avait légué une monarchie universelle à ses successeurs : ils n'ont pas su conserver

---

(1) 4.ᵉ Disc. sur l'Hist. ecclés. *n. 11.*
(2) *De Consider.* l. IV, pag. 4, 5.

pleinement cet empire; mais, en 1300, quelque sagesse eût suffi à Boniface VIII pour être encore le premier potentat de l'Europe; et malgré le déshonneur de ce dernier pontificat, l'influence du saint-siége dominait toujours celle des autres cours.

CHAPITRE

CHAPITRE VII.

Quatorzième Siècle.

LE séjour des papes dans les murs d'Avignon, depuis 1305 jusqu'au-delà de 1370, et le schisme qui, en 1378, divisa pour long-temps l'église entre des pontifes rivaux, voilà les deux grands faits de l'histoire ecclésiastique du XIV.ᵉ siècle : l'un et l'autre ont contribué à la décadence de l'empire pontifical. Il est vrai qu'en désertant l'Italie, les papes se mettaient à l'abri de quelques périls ; ils s'éloignaient du théâtre des troubles qu'excitait et ranimait leur politique ambitieuse. Il est vrai encore que la crainte d'autoriser, par un si grand exemple, le vagabondage des évêques, n'était plus digne d'arrêter le pontife souverain : le temps n'était plus où de saintes lois enchaînaient chaque pasteur au sein de son troupeau ; les intérêts s'étaient agrandis, avaient réformé ces humbles mœurs, dissipé ces scrupules apostoliques. Mais disparaître de l'Italie, c'était affaiblir l'influence du saint-siége sur la contrée la plus célèbre alors et la plus éclairée de l'Europe ; c'était quitter le poste où l'on avait remporté tant de victoires,

O

le centre où aboutissaient tous les fils de la puissance qu'on avait conquise ; c'était renoncer à l'ascendant qu'exerçait le nom même de cette ville de Rome, dont l'antique gloire se réfléchissait sur le pontificat moderne, qui semblait la continuer ; c'était mécontenter enfin le peuple Italien, de priver du seul reste de son ancienne prépondérance, et, par des rivalités particulières, préparer un schisme général. On peut s'étonner même que ce résultat se soit fait attendre soixante-dix ans : mais il était inévitable ; et ce schisme, en montrant à nu l'ambition des pontifes, en fixant sous les yeux de la multitude le tableau de leurs querelles scandaleuses, en dévoilant, par leurs délations réciproques, le secret de tous leurs vices, dissipa pour toujours les prestiges dont s'était environnée la puissance de leurs prédécesseurs.

Ce séjour des papes dans le comtat Vénaissin durant soixante-dix ans, fait voir au moins que le pape peut se dispenser d'habiter Rome ; et beaucoup d'autres preuves se réuniraient à celle-là pour démontrer que toute autre ville peut devenir le siége du premier pasteur de l'église. Attacher la papauté à un point géographique, ce serait la retrancher du nombre des institutions nécessaires au christianisme : car il est sans doute impossible qu'un article essentiel de l'établissement évangélique dépende de quelque localité particulière, variable au gré de mille circonstances. Pas un mot dans l'Évangile, ni dans les écrits des apôtres, n'indique la ville de Rome comme la capitale indispensable de la chrétienté. Il n'est aucun lieu du globe où l'on ne puisse être chrétien, évêque, patriarche ou pape. Mais cette discussion demi-théologique dépasse les limites de notre sujet : revenons aux papes d'Avignon.

Pour éclaircir cette partie de l'histoire de la papauté, et suppléer aux détails qui occuperaient ici trop d'espace, nous offrirons d'abord une légère esquisse des révolutions politiques du XIV.ᵉ siècle.

En Orient, les Turcs sont maîtres de la Palestine. Ottoman leur chef fonde l'empire qui porte son nom ; il met à profit les discordes des Persans, des Sarasins, des Grecs ; il leur enlève des provinces Asiatiques, des provinces Européennes. Le trône de Constantinople touche de près à sa ruine ; les séditions le menacent dans la ville, les conjurations l'environnent à la cour, et souvent ce sont les fils de l'empereur qui conspirent contre lui. Les Russes sont encore barbares ; mais en Danemarck, Valdemar, instruit par l'adversité, honore et affermit le trône. Sous sa fille Marguerite, la Suède et la Norvége forment avec le

Danemarck une seule monarchie. La Pologne, agitée long-temps par les chevaliers Teutoniques, respire sous Casimir III. Les Anglais déposent Édouard II, secondent l'activité d'Édouard III, condamnent et chassent le proscripteur Richard. En Espagne, Pierre-le-Cruel périt, à trente-cinq ans, victime de Henri Transtamare, qui lui succède. En France, Philippe-le-Bel a pour successeurs ses trois fils; Louis X, Philippe-le-Long, Charles IV, faibles princes, dupes de leurs courtisans grossiers. Après eux, Philippe de Valois et Jean son déplorable fils soutiennent contre les Anglais des guerres malheureuses : en vain durant quinze ans Charles V s'applique à réparer tant de maux; ils recommencent, ils s'aggravent durant la minorité de Charles VI, durant sa démence, durant tout son règne, qui se prolonge dans le xv.ᵉ siècle.

Depuis les vêpres Siciliennes, la Sicile était restée au pouvoir du Roi d'Arragon Pierre III, qui, malgré les anathèmes de Rome, la transmit à ses descendans; depuis 1282, Charles d'Anjou n'avait plus régné que sur Naples. Robert, petit-fils de Charles, contribua singulièrement à fixer les papes dans Avignon ; il conservait par-là une influence plus directe, plus immédiate sur les Guelfes, sur Florence, sur Gènes, sur les autres villes qui appartenaient à ce parti. Le saint-siége avait revêtu

Robert du titre de vicaire impérial en Italie durant la vacance de l'empire; et lorsque les empereurs Henri VII et Louis de Bavière relevèrent le parti Gibelin, Robert les contre-balança. Jeanne, sa petite-fille, épousa le roi de Hongrie André, qu'elle est accusée d'avoir fait périr; elle mourut elle-même victime de Charles Durazzo, qui, s'affermissant après elle sur le trône de Naples, le transmit à ses propres enfans Ladislas et Jeanne II.

La puissance extérieure des Vénitiens s'accroît ou s'abaisse, leur territoire s'étend ou se resserre, selon les variables résultats de leurs guerres éternelles avec la Hongrie, avec Gènes. Ils prennent Smyrne et Trévise; ils perdent une partie de la Dalmatie; ils s'emparent de Vérone, de Vicence et de Padoue; ils occupent et ne peuvent garder Ferrare; mais ils maintiennent, ils consolident le gouvernement aristocratique que Gradenigo leur a donné, et punissent l'atteinte que veut y porter Saliéri. La Ligurie, au contraire, tourmentée depuis plusieurs siècles par des vicissitudes intérieures, présente dans le XIV.e un spectacle plus mobile que jamais: on la voit obéir successivement à un capitaine, à deux capitaines, tantôt Génois, tantôt étrangers, à un conseil ou de douze ou de vingt-quatre membres, à un podestat, à un doge; et dans les intervalles de ces gouvernemens éphémères, recevoir et secouer le joug de l'empereur, du pape, du roi de France et du seigneur de Milan. Ce dernier titre appartenait alors à la famille des Visconti. Dès le XIII.ᵉ siècle, un archevêque de Milan, Othon Visconti, était devenu seigneur de cette ville, et avait obtenu, pour son neveu Mathieu, le titre de vicaire impérial de Lombardie. Mathieu, au commencement du XIV.ᵉ siècle, s'associa son fils Galéas. Renversés par les Torriani, rétablis par Henri VII, soutenus par Louis de Bavière, les Visconti ont résisté au pape, au roi de Naples, aux Florentins, à tous les Guelfes. Après que l'empereur Venceslas eut accordé à l'un de ces Visconti, à Jean Galéas, le titre de duc de Milan, ils devinrent assez forts pour se défendre contre le chef même de l'Empire. Quand Robert, successeur de Venceslas, voulut les dépouiller des villes dont ils s'étaient rendus maîtres, une bataille décisive, en 1401, affermit leur possession et retarda leur décadence.

Les empereurs du XIV.ᵉ siècle furent Albert d'Autriche, dont l'Helvétie secoua le joug; Henri VII de Luxembourg, qui, dans un règne de cinq ans, commençait à rendre quelque éclat à la couronne impériale; Louis de Bavière, inquiet ennemi des papes; Charles IV, ou de Luxembourg, leur créature; et son fils Venceslas, monarque vindicatif, déposé en 1400. Robert appartient davantage au XV.ᵉ siècle.

Ainsi les Visconti, se substituant en Italie aux empereurs, s'érigeaient en chefs du parti Gibelin ; en même temps que la faction Guelfe échappait aux papes, en recevant l'influence de la maison de Philippe-le-Bel, souveraine en France et à Naples. La guerre continuait entre les deux factions italiennes, sans qu'elles eussent besoin de conserver aucune estime ni aucun intérêt pour leurs anciens chefs ; le pape était aussi déconsidéré chez les Guelfes, que l'empereur chez les Gibelins : ceux-ci même se trouvèrent tout armés contre Charles IV, quand cet empereur se laissa entraîner par le pape dans le parti Guelfe, et contre Robert, quand Robert déclara la guerre aux Visconti. De leur côté, les Guelfes, que la faiblesse de leurs chefs, pontifes, rois de France, ou rois de Naples, abandonna plus d'une fois à leurs propres mouvemens, ne combattaient plus en effet que pour l'indépendance de leurs villes, ou pour la liberté générale de l'Italie. A la fin du XIV.ᵉ siècle, Gibelins et Guelfes, animés par des intérêts d'un même genre, tendaient presque à la même fin : mais c'était à leur insu ; ils eussent craint de s'en apercevoir ; et lorsque leur vieille discorde n'avait plus de motifs, elle était toujours leur manière d'être.

Il résulte de ce tableau, que la cour d'Avignon avait pour rivales l'Allemagne et la France : l'Allemagne, qui conserva jusque vers 1350 la direction du parti Gibelin ; la France, qui ne protégeait les papes que pour les maîtriser, et qui s'efforçait de s'emparer en Italie de leur parti Guelfe. Il fallut tempérer, éluder, par des intrigues, l'influence Française, réprimer par des anathèmes la puissance impériale, et, quand Charles IV se fut dévoué au saint-siége, diriger sur les Visconti les foudres de l'église. Tels furent, dans Avignon, les soins des pasteurs suprêmes du troupeau de Jésus-Christ. Ils enseignèrent peu, édifièrent moins ; ils étaient princes temporels, il fallait bien qu'ils régnassent.

Benoît XI, successeur immédiat de Boniface VIII, ne régna qu'un an ; il s'était retiré à Pérouse pour se soustraire à la domination des cardinaux et des seigneurs, qui prétendaient gouverner Rome ; les Colonne, proscrits par son prédécesseur, y étaient rentrés. Hors de Rome, Philippe-le-Bel aspirait à la prépondérance ; lié d'abord au parti Gibelin par les anathèmes de Boniface, absous depuis par Benoît XI, il dissimulait peu l'intention de maîtriser le saint-siége. Benoît en conçut de l'inquiétude, et ordonna des recherches contre les auteurs des attentats qu'avait essuyés

Boniface VIII. Une excommunication lancée sur les Florentins pour un intérêt politique d'une assez mince importance, est peut-être la principale faute que Benoît XI ait eu le temps de commettre : des auteurs Italiens ont imputé, sans preuves, à Philippe-le-Bel, la mort prématurée de ce pontife.

Après un interrègne de près d'une année, l'élection de Bertrand Gotte ou Clément V fut l'ouvrage de Philippe-le-Bel, qui avait eu à se plaindre de lui : le monarque voulut choisir, parmi ses propres ennemis, un pape qui lui devrait pleinement la tiare, et qui s'obligerait à payer cher un bienfait si peu mérité d'avance. Gotte fit à Philippe six promesses, qui ne furent pas toutes remplies par Clément V. Par exemple, ce pontife se dispensa de condamner la mémoire de Boniface VIII; et lorsque l'empire vaqua par le décès d'Albert Ier, le roi de France, qui briguait cette dignité pour un prince Français, compta vainement sur les services du saint-père : en appuyant dans une lettre publique les prétentions de ce candidat, Clément fit parvenir aux électeurs un bref secret pour l'exclure (1). Il est certain qu'il ne

---

(1) J. Villani, *l. VIII, c. 101.* — Pfeffel, Abr. chr. de l'Hist. d'Allemagne, ann. 1308. — Velly, Hist. de France, *tom. VII* pag. 392-395.

manquait plus que cette élection pour assurer à la maison de France, déjà établie à Naples, une prépondérance universelle, sur-tout lorsque Clément V, désespérant de réduire les Romains à une tranquille obéissance, consentait à fixer dans Avignon sa cour pontificale. Mais il ne servit que trop fidèlement le roi dans l'affaire des Templiers : autant la saine politique exigeait la suppression de cet ordre militaire, autant s'accordait-elle, comme toujours, avec la justice et l'humanité, pour déconseiller tant d'assassinats juridiques.

Lorsque Clément VII cassait une sentence de Henri VII contre le roi de Naples Robert, lorsqu'il décernait à ce Robert le titre de vicaire de l'empire, il s'érigeait expressément en souverain, et plaçait l'empereur au nombre de ses vassaux : « ainsi fai-
» sons-nous, disait-il, tant en vertu de la supré-
» matie indubitable que nous avons sur l'empire
» Romain, que d'après le plein pouvoir que Jésus-
» Christ nous a donné de pourvoir au remplacement
» de l'empereur durant la vacance du trône impé-
» rial (1). » Il soutint aussi que Ferrare appartenait au saint-siége ; et les Vénitiens ayant enlevé cette place à la maison d'Est, il les excommunia, déclara le doge et tous les citoyens infames, déchus de tout

---

(1) Fleury, Hist. ecclés. *l. XCII, n. 8.*

privilége, incapables, eux et leurs enfans, jusqu'à la quatrième génération, de toute dignité ecclésiastique ou séculière (1). Mais ces anathèmes n'étaient plus formidables. « Les Italiens, disait alors un » cardinal, ne craignent plus les excommunica- » tions, les Florentins ont méprisé celles du car- » dinal évêque d'Ostie, les Bolonais celles du car- » dinal Orsini, les Milanais celles du cardinal » Pellagrue : le glaive spirituel ne les effraie pas, » si le glaive matériel ne les frappe (2). » Aussi Clément V publia-t-il une croisade contre les Vénitiens : ce même cardinal Pellagrue, parent du pape, conduisit contre eux une armée; ils furent vaincus, chassés de Ferrare, et absous.

Les décrétales de Clément V, réunies aux décrets du concile général de Vienne tenu en 1313, forment un code canonique, que l'on désigne par le nom de Clémentines. On appelle Extravagantes, c'est-à-dire placées en-dehors des précédens codes, les décrétales de Jean XXII, successeur de Clément V; et le nom d'Extravagantes communes s'applique au recueil des constitutions de plusieurs papes, soit postérieurs, soit aussi antérieurs à

---

(1) Baluz. *Vit. pap. Avenion.* tom. I, pag. 69. — Fleury, Hist. ecclés. *l. XCI, n. 33.*

(2) *Henrici VII Iter Ital. Rer. Italic.* tom. IX, pag. 903.

Jean XXII. Ainsi, le droit canon du moyen âge se compose des décrétales forgées par Isidore au VIII.ᵉ siècle, du décret rédigé par Gratien au XII.ᵉ, des décrétales de Grégoire IX, recueillies au XIII.ᵉ par Raimond de Pennafort, du sexte de Boniface VIII, des clémentines, des extravagantes de Jean XXII et des extravagantes communes : à quoi l'on peut joindre les bullaires, où sont rassemblées les bulles publiées par les papes des derniers siècles. Voilà les sources de la jurisprudence moderne du clergé : voilà les causes et les effets du pouvoir temporel des pontifes, et de l'étendue illimitée de leur puissance spirituelle : voilà les codes volumineux qui ont remplacé les lois simples et pures de la primitive église; lois que depuis saint Louis jusqu'en 1682, l'église Gallicane n'a jamais cessé de redemander.

Un interrègne pontifical de deux années entre Clément V et Jean XXII, embrasse tout le règne du roi de France Louis X ou le Hutin. Son frère et son successeur Philippe-le-Long reçut de Jean XXII une lettre pédantesque et hautaine (1), qui suffirait pour montrer ce qu'eût osé, en d'autres temps, ce deuxième pape d'Avignon. Il créa des évêchés en

---

(1) Baluz. *Vit. pap. Avenion.* tom. I, pag. 153. — Fleury, Hist. ecclés. *l. XCII, p. 25.*

France : en autorisant le divorce de Charles-le-Bel, qui répudiait Blanche de Bourgogne, il conçut l'espoir d'assujétir peu à peu un gouvernement qui lui demandait des complaisances. Mais Philippe de Valois, qui s'aperçut de ses ambitieux desseins, le menaça *de le faire ardre* (1) et provoqua une discussion fameuse sur les limites des deux puissances. L'avocat du roi, Pierre de Cugnières, soutint les droits du pouvoir civil par des raisons qui ne sont pas toujours excellentes, quoique bien moins déplorables que celles dont les prélats se servirent pour perpétuer les abus de la juridiction ecclésiastique. C'est, disaient-ils, par l'exercice de cette juridiction que s'enrichit le clergé : or, l'opulence du clergé, la splendeur des évêques et des archevêques, est l'un des premiers intérêts du roi et du royaume. Philippe de Valois, peu sensible à cet intérêt, ordonna que dans l'espace d'un an les abus fussent réformés, sans l'intervention de la cour Romaine ou Avignonaise. Cette discussion n'eut point assez de résultats ; mais ce fut d'elle que naquirent les appels comme d'abus, c'est-à-dire, les appels des sentences ecclésiastiques aux tribunaux séculiers (2).

---

(1) Brûler. — Millot, Hist. de France, *tom. II, pag. 84.*
(2) Villaret, Hist. de France, *tom. VIII, pag. 234-250.*— Hénaut, Abr. chron. de l'Hist. de France, ann. 1329-1330.

CHAPITRE VII.

Après la mort de l'empereur Henri VII, Frédéric-le-Bel, duc d'Autriche, disputa l'empire à Louis, duc de Bavière, dont les droits furent confirmés par la victoire. Cependant Jean XXII casse l'élection de Louis ; il soutient qu'il appartient au souverain pontife d'examiner et de ratifier la nomination des empereurs, et que, durant la vacance, le gouvernement impérial doit retourner momentanément au saint-siége, dont il émane (1). Le pape reprochait à Louis de protéger les Visconti excommuniés comme hérétiques ; nous avons vu que leur hérésie était d'entretenir et de diriger le parti Gibelin. Louis résiste ; il ne met aucune mesure aux invectives dont il accable Jean XXII. Tandis que Jean dépose l'empereur, l'empereur fait destituer Jean par le clergé, la noblesse et le peuple de Rome. Un Franciscain prend le nom de Nicolas V, et s'assied sur le trône pontifical ; mais le repentir et l'abdication de ce Nicolas V nuisirent tellement à la cause de Louis de Bavière, qu'il consentait à renoncer à l'empire, lorsque Jean XXII mourut, laissant dans ses coffres vingt-cinq millions de florins. « Cet immense trésor, » dit Fleury (2), fut amassé par l'industrie de sa

---

(1) Fleury, Hist. ecclés. *l. XCIII, n. 4, 12.*
(2) *Idem*, *l.* XCIV, n. 39.

» sainteté, qui, dès l'an 1319, établit les réserves
» de tous les bénéfices des églises collégiales de
» la chrétienté, disant qu'elle le faisait pour ôter
» les simonies. De plus, en vertu de cette réserve,
» le pape ne confirma quasi jamais l'élection d'au-
» cun prélat ; mais il promouvait un évêque à un ar-
» chevêché, et mettait à sa place un moindre
» évêque; d'où il arrivait souvent que la vacance
» d'un archevêché ou d'un patriarcat produisait
» six promotions ou plus, dont il venait de grandes
» sommes de deniers à la chambre apostolique. »

En 1338, Benoît XII ayant refusé l'absolution à Louis de Bavière, les diètes de Rensée et de Francfort déclarèrent que l'ancienne coutume attribuait le vicariat de l'empire vacant au comte Palatin du Rhin ; que les prétentions du pape à remplacer l'empereur pendant les interrègnes étaient insoutenables ; que le pape n'avait sur l'Empire d'Allemagne aucune sorte de supériorité; qu'il ne lui appartenait ni de régler ni de confirmer les élections des empereurs; que la pluralité des suffrages du collége électoral conférait l'empire sans le consentement du saint-siége ; et que soutenir le contraire serait un crime de lèse-majesté. Les Allemands donnèrent à ce statut le nom de pragmatique sanction ; et l'on défendit en même temps d'avoir égard aux censures fulminées contre le chef de l'empire, de recevoir les bulles d'Avignon, d'entretenir aucune correspondance avec la cour pontificale (1).

Quatre ans après la publication de cette pragmatique, vint Clément VI, qui demanda à l'empereur un édit perpétuel, où l'empire serait déclaré un fief du saint-siége, un bénéfice que nul ne pourrait posséder sans l'autorité du souverain pontife. Ce Clément disait qu'aucun de ses prédécesseurs n'avait su être pape : Benoît XII, bien plus modeste, avait dit aux cardinaux ses électeurs : Vous venez d'élire un âne (2).

Clément VI renouvelle les anathèmes de Jean XXII contre Louis de Bavière ; il y ajoute des imprécations plus solennelles : « Que la colère » divine, s'écrie-t-il, que le courroux de saint » Pierre et saint Paul, tombent sur Louis dans » ce monde et dans l'autre ; que la terre l'engloutisse tout vivant ; que tous les élémens lui soient » contraires, et que ses enfans périssent aux yeux » de leur père, par les mains de ses ennemis. » Mais Clément VI, sachant bien qu'il ne suffisait plus de maudire, suscita la guerre civile au sein de l'Allemagne, ligua des seigneurs contre Louis

---

(1) Pfeffel, ann. 1338.
(2) Fleury, Hist. ecclés. *l. XCIV, n. 60.*

de Bavière, le déposa de nouveau, nomma un vicaire de l'empire en Lombardie, et fit élire empereur, en 1246, le margrave de Moravie, qui prit le nom de Charles IV. Louis de Bavière, par-tout vainqueur, mourut en 1147, et Clément VI triompha.

Vers ce temps, une horrible peste ravageait l'Italie : le souverain pontife, qui avait fondé de grandes espérances sur ce fléau, épiait le moment où les petits princes Italiens, réduits au dernier degré de faiblesse, et n'ayant plus d'armée à opposer aux anathèmes, viendraient reconnaître et implorer l'autorité pontificale. Pour accélérer ce résultat, et pour seconder la peste, Clément VI employa l'argent, la ruse et la force à vaincre l'insubordination des villes et des seigneurs de la Romagne ; sur-tout il menaça les Visconti, les cita devant le consistoire des cardinaux, les somma de restituer Bologne à l'église : mais lorsqu'il entendit parler de douze mille cavaliers et de six mille fantassins qui devaient comparaître à la cour d'Avignon avec les seigneurs de Milan, il prit le parti de négocier avec cette maison puissante, et lui vendit pour cent mille florins l'investiture de Bologne. Il venait d'acheter Avignon : Jeanne, reine de Naples, lui avait cédé cette place moyennant quatre-vingt mille florins,

P

qui, dit-on, n'ont jamais été payés. Mais Clément VI a déclaré Jeanne innocente du meurtre d'André son premier époux ; il a reconnu le second ; il a mis obstacle aux projets de Louis, roi de Hongrie, qui, pour venger son frère André, allait envahir le royaume de Naples. C'est ainsi que Clément VI a payé Avignon ; et comme cette ville était un fief de l'empire, la vente fut confirmée par Charles IV, qui, redevable de sa couronne au souverain pontife, n'avait rien à lui refuser.

Ce pape mourut en 1352 : le tableau de ses mœurs a été tracé par Matteo Villani, historien contemporain, dont Fleury (1) traduit et adoucit de cette manière les expressions : « Il entretenait sa
» maison à la royale, ses tables servies magnifi-
» quement, grande suite de chevaliers et d'écuyers,
» quantité de chevaux qu'il montait souvent par
» divertissement. Il se plaisait fort à agrandir ses
» parens ; il leur acheta de grandes terres en
» France, et en fit plusieurs cardinaux ; mais quel-
» ques-uns étaient trop jeunes et d'une vie très-
» scandaleuse. Il en fit quelques-uns, à la prière
» du roi de France, dont il y en avait aussi de trop
» jeunes. En ces promotions, il n'avait égard ni à

---

(1) Hist. ecclés. *l. XCVI, n. 13.*

» la science ni à la vertu. Il avait lui même de
» la science raisonnablement ; mais ses manières
» étaient cavalières et peu ecclésiastiques. Étant
» archevêque, il ne garda pas de mesure avec
» les femmes, mais il alla plus loin que les jeunes
» seigneurs ; et quand il fut pape, il ne sut ni
» se contenir sur ce point, ni se cacher. Les
» grandes dames allaient à ses chambres comme
» les prélats ; entre autres une comtesse de Tu-
» renne, pour laquelle il faisait quantité de grâces.
» Quand il était malade, c'étaient les dames qui
» le servaient, comme les parentes prennent soin
» des séculiers. »

Peu de temps avant sa mort, Clément VI avait reçu une lettre écrite, dit-on, par l'Archevêque de Milan Jean Visconti, et dont voici quelques lignes : « Léviathan, prince des ténèbres, au pape
» Clément son vicaire..... Votre mère la Superbe
» vous salue ; vos sœurs l'Avarice, l'Impudicité,
» et les quatre autres, vous remercient de votre
» bienveillance, qui les fait tant prospérer (1). »
Ce fut dans le cours de ce pontificat que les Romains virent un homme du peuple, Colas Rienzi ou Rienzo, s'élever à un haut degré de puissance. Député vers Clément VI pour l'inviter

---

(1) Fleury, *ibid.* n. 9.

à rentrer dans Rome, et n'ayant pu l'y déterminer, Rienzi revint arborer au capitole l'étendard de la liberté, se proclama tribun, et gouverna durant quelques mois l'ancienne capitale de l'univers.

L'empereur Charles IV avait promis de renoncer à tout reste de souveraineté sur Rome et sur les domaines ecclésiastiques; c'était à ces conditions que Clément VI l'avait élevé à l'empire : Charles tint sa promesse. Lorsqu'en 1355 il reçut la couronne impériale, il reconnut l'indépendance absolue de la puissance temporelle des papes, et jura de ne jamais mettre le pied dans Rome ni sur aucun lieu appartenant au saint-siége, sans la permission du saint-père, abrogeant tous les actes contraires de ses prédécesseurs, et obligeant ses successeurs, sous peine de déposition, au maintien des engagemens qu'il prenait. Voilà le premier acte authentique qui érige le pape en souverain temporel, en monarque indépendant : jusqu'alors il n'avait été qu'un vassal de l'empire. Innocent VI, qui régnait en 1355, profita de ces circonstances pour enrichir sa famille. Charles IV, prince aussi faible qu'ambitieux, était vulgairement surnommé l'empereur des prêtres. « Vous avez donc, lui
» écrivait Pétrarque, vous avez promis avec ser-
» ment de ne retourner jamais à Rome. Quelle

« honte pour un empereur que des prêtres aient
« le pouvoir ou plutôt l'audace de le contraindre
« à une telle abnégation! Quel orgueil dans un
« évêque de ravir au souverain, au père de la li-
« berté, la liberté même! Et quel opprobre pour
« celui à qui l'univers doit obéir, de n'être pas
« maître de lui-même et d'obéir à son vassal! ».

Ce Pétrarque, qui voyait de trop près la cour
d'Avignon, la compare « à un labyrinthe où un
« Minos impérieux jette dans l'urne fatale le sort
« des humains, où mugit un Minotaure ravisseur,
« où triomphe une Vénus immodeste. Là, point de
« guide, point d'Ariane ; là, pour enchaîner le
« monstre, pour gagner son hideux portier,
« point d'autre moyen que l'or. Mais l'or y ouvre
« le ciel, l'or y achète Jésus-Christ ; et dans cette
« Babylone impie, la vie future, l'immortalité, la
« résurrection, le jugement suprême, sont mis
« avec l'Élysée, l'Achéron, le Styx, au rang des
« fables offertes à la grossière crédulité (1). »

Quoique la faiblesse de l'empereur Charles IV
eût ouvert une nouvelle carrière à l'ambition pontificale, cependant le retour de quelques lumières,
les agitations éternelles de la ville de Rome, qui

---

(1) Petrarc. *Op. Epist. s. tit.* VII, VIII, X, XI-XV. — *Tre sonetti contro la corte di Roma.*

retinrent Innocent VI à Avignon, qui forcèrent Urbain V d'y retourner, et qui allaient y renvoyer Grégoire XI lorsqu'il mourut, le schisme enfin dont la mort de ce pape fut suivie ; toutes ces causes concouraient à ravir au saint-siége les fruits de la politique et des entreprises de Clément VI.

En 1378, les cardinaux, assemblés pour donner un successeur à Grégoire XI, proclamèrent Barthelemi Pregnano, qui prit le nom d'Urbain VI, et se retirèrent peu de mois après à Fondi, où ils élurent Robert de Genève, ou Clément VII: ils prétendaient que l'élection d'Urbain VI n'avait été qu'une formalité pour apaiser la fureur d'un peuple qui voulait dicter leur choix. Clément s'installe dans Avignon ; la France, l'Espagne, l'Écosse et la Sicile le reconnaissent : le reste de l'Europe tient pour Urbain, qui réside à Rome, et fait publier en Angleterre une croisade contre la France. Urbain mourut en 1389, et les cardinaux de son parti le remplacèrent par Pierre Thomacelli ou Boniface IX. D'un autre côté, Clément VII étant décédé en 1394, les cardinaux Français élevèrent au pontificat l'Espagnol Pierre de Lune, qu'on appela Benoît XIII. De toute part on proposa des moyens de conciliation ; la France sur-tout se montrait empressée d'éteindre le schisme: mais ni l'un ni l'autre pontife n'entendait céder la tiare ; et les armes spirituelles dirigées par chaque pape contre l'autre pape, s'émoussaient entre leurs mains. Ce qu'ils firent de part et d'autre contre les défenseurs de leurs rivaux ; quels dangers ils coururent ; quels cardinaux, quels rois, quelles villes ils excommunièrent ; combien de menaces, de bulles, de censures ils publièrent, nous n'entreprenons point de le raconter ici : nous remarquerons seulement que l'église de France, après d'inutiles efforts pour rétablir la paix, finit par se soustraire, en 1398, à l'obédience de l'un et de l'autre pontife. « Nous, » dit Charles VI, nous, assistés des princes de » notre sang et de plusieurs autres, et avec nous » l'église de notre royaume, tant le clergé que le » peuple, nous retirons entièrement de l'obéis- » sance au pape Benoît XIII, comme de celle de » son adversaire. Nous voulons que désormais per- » sonne ne paie rien à Benoît, à ses collecteurs » ou autres officiers, des revenus ou émolumens » ecclésiastiques ; et nous défendons étroitement » à tous nos sujets de lui obéir ou à ses officiers, » en quelque manière que ce soit. » Villaret (1) ajoute que Benoît ayant fait courir le bruit que les Français voulaient se soustraire à son obédience,

---

(1) Hist. de France, *tom. XII*, *pag. 270, 271.*

afin de lui substituer un pape de leur nation, le roi, pour détruire de pareils soupçons, déclara dans ses lettres, que tout pape lui serait agréable, fût-il Africain, Arabe ou Indien, pourvu qu'il ne déshonorât point, par ses passions, la chaire du prince des apôtres.

Les Français profitèrent de ces circonstances pour réprimer les exactions de la cour pontificale. On rendit aux églises le droit d'élire librement les prélats, et aux collateurs la disposition des autres bénéfices. Boniface IX perfectionnait alors l'art d'enrichir le saint-siége ; il avait, comme Fleury l'observe (1), doublement besoin d'argent, pour lui-même, et pour soutenir Ladislas à Naples contre la maison d'Anjou. Il faut lire dans Fleury (2), comment les clercs qui postulaient à Rome des bénéfices, payaient la faveur d'être examinés ; comment Boniface, durant la seconde et la troisième année de son pontificat, datait de la première les bulles des bénéfices ; comment il exigeait le prix de cette antidate ; comment il étendit aux prélatures le droit d'annates, c'est-à-dire, la réserve du revenu de la première année de chaque bénéfice ; comment il entretenait des courriers par toute l'Italie, pour

---

(1) Hist. ecclés. *l. XCIX*, *n. 26.*
(2) *Ibid.* n. 26, 27, 28.

être averti sans délai des maladies et de la mort des prélats ou dignitaires, et pour vendre deux fois, trois fois, une même abbaye, une même église; comment, par des clauses de préférence, il révoquait les réserves et les expectatives dont il avait reçu le prix; comment il sut même annuller les préférences déjà payées, par des préférences d'une plus haute valeur; comment enfin ce négoce, se combinant avec la peste et la plus rapide mortalité des bénéficiers, amenait dans les coffres du saint-père les contributions innombrables de tous ceux qui obtenaient, espéraient ou convoitaient un riche ou un mince bénéfice ecclésiastique.

Il était sans doute impossible que ces scandaleux abus, amoncelés et grossis à travers les âges depuis Hildebrand jusqu'à Boniface IX et Benoît XIII, n'excitassent pas l'indignation des esprits droits et des cœurs honnêtes. Les Français, beaucoup plus chrétiens au XIV.ᵉ siècle que les peuples d'Italie et d'Allemagne, montraient, par cela même, plus de zèle à réprimer les désordres et les excès du clergé. Ils avaient secondé Philippe-le-Bel contre Boniface VIII : sous Philippe de Valois, Pierre de Cugnières avait exprimé leurs vœux honorables; et, plus de vingt années avant leur renonciation à Benoît XIII comme à Boniface IX, ils avaient, sous Charles V, recherché les limites de l'autorité ecclésiastique. Un monument de cette discussion nous a été conservé sous le titre de Songe du Vergier, ou Disputation du clerc et du chevalier (1) ; ouvrage dont l'auteur n'est pas bien connu, mais que nous attribuerions à Jean de Lignano, ou à Charles de Louviers, plutôt qu'à tout autre. Le clerc y réclame pour les successeurs de saint Pierre le titre et les droits de vicaire général de Jésus-Christ sur la terre. Le chevalier distingue dans la vie du Sauveur deux époques, l'une de prédication et d'humilité avant sa mort, l'autre de gloire et de puissance après sa résurrection. Saint Pierre, au dire du chevalier, et le pape, ainsi que saint Pierre, ne représente que Jésus pauvre et modeste, enseignant l'évangile, n'affectant sur les trônes et sur les choses temporelles aucune sorte de prétention, reconnaissant que son royaume n'est pas de ce monde, se soumettant lui-même au pouvoir civil, et rendant enfin à César ce qui appartient à César.

---

(1) Le Songe du Vergier, l'un des plus anciens monumens de la littérature française et des libertés de l'église Gallicane, remplit la moitié d'un vol. *in-fol.* dans le recueil des Traités et preuves de ces libertés.

CHAPITRE VIII.

Quinzième Siècle.

QUATRE grands conciles ont été tenus au XVe siècle, tous quatre avant 1450.

Concile de Pise en 1409 : il n'est pas révéré comme œcuménique ; il a toutefois, déposant Grégoire XII et Benoît XIII, élu Alexandre V pour les remplacer. Cet acte n'éteignit pas le schisme, on eut au contraire à-la-fois trois papes.

Concile de Constance en 1414 : il a plus d'autorité ; il fit brûler Jean Hus et Jérôme de Prague ; d'ailleurs il proclama la supériorité des conciles généraux sur les papes ; doctrine toujours réprouvée à Rome, et à laquelle n'adhéra pas Martin V, tout élu qu'il était par ce concile même de Constance. Mais l'église n'eut plus que deux chefs, Martin V et l'obstiné Benoît XIII. Grégoire XII envoya sa démission, et Jean XXIII, successeur d'Alexandre V, fut jeté dans une prison, d'où il ne sortit qu'en reconnaissant Martin V. Il n'est point de vices, point de crimes dont les historiens contemporains et le concile de Constance n'aient accusé Jean XXIII. Il avait, dit-on, séduit trois cents religieuses (1) ; et selon Théodoric de Niem (2), il avait eu à Bologne deux cents maîtresses. Ces exagérations décèlent la calomnie ; et l'amitié hospitalière dont les Florentins, surtout les Médicis, famille dès-lors distinguée, honoraient un pontife si mal affermi, suffirait pour réfuter ou pour affaiblir les inculpations dont ses ennemis et ses revers ont chargé sa mémoire. La faiblesse de son caractère a provoqué les outrages de ses rivaux, et ses disgraces, ceux de l'histoire. Dépouillé de ses états par le roi de Naples Ladislas, trahi par Frédéric duc d'Autriche, poursuivi par l'empereur Sigismond, Jean XXIII usa beaucoup trop des seules ressources qui lui restaient, la simonie et l'usure ; il perfectionna, même après Boniface IX, le négoce des bénéfices (3) ; et nous lisons (4) qu'on lui faisait un billet de mille florins, quand il en prêtait huit cents pour quatre mois.

Concile de Bâle en 1431 : les théologiens le déclarent général jusqu'à sa vingt-cinquième session seulement ; il en a tenu quarante-cinq. Ce concile aussi rabaissa fort l'autorité papale ; et ses décrets

---

(1) Lenfant, Hist. du conc. de Constance, *l. II, pag. 184.*
(2) *Invect. in Joann.* l. XXIII, pag. 6.
(3) Fleury, Hist. ecclés. *l. CIII, n. 45.*
(4) Theod. Niem. *Invect.* pag. 8.

sur cette matière servirent, ainsi que ceux de Constance, à rédiger en France la célèbre pragmatique sanction, à laquelle nous reviendrons tout-à-l'heure. Les pères de Bâle déposèrent Eugène IV, successeur de Martin V, qualifiant ledit Eugène de perturbateur, d'hérétique et de schismatique. Le pape Eugène IV excommunia ce troisième concile, et en tint un quatrième à Florence en 1439. On y traita de la réconciliation des Grecs : Jean Paléologue, empereur d'Occident, s'y trouva, cherchant à raffermir par cette réunion le trône sur lequel il chancelait ; mais les prêtres de Constantinople persistèrent dans le schisme.

Louis III d'Anjou avait disputé le trône de Naples à Jeanne II, fille de Charles Durazzo. Délivrée de Louis par le roi d'Arragon Alfonse V, Jeanne avait adopté ce monarque Arragonais, et son libérateur devait hériter d'elle. Depuis, quelque mésintelligence entre Alfonse et Jeanne la détermina à recourir à Louis d'Anjou, et à révoquer en sa faveur l'acte d'adoption obtenu par Alfonse. Jeanne II et Louis III moururent : deux compétiteurs se présentèrent pour régner sur Naples, Alfonse V et René frère de Louis III. Le pape Eugène se déclara pour Alfonse, précisément parce que René, plus désiré par les Napolitains, et en général par l'Italie, aurait été, pour le saint-siége, un voisin trop redoutable. C'est la principale affaire purement politique dont se soit mêlé ce pontife. Il obligea pourtant aussi Uladislas, roi de Pologne et de Hongrie, de rompre une paix avec les Turcs, jurée sur les évangiles et sur l'alcoran : rupture funeste autant que déloyale, qui entraîna, près de Varne, en 1444, la défaite et la mort d'Uladislas.

Eugène IV retint jusqu'à sa mort le titre de pape, quoique le concile de Bâle l'eût conféré à un duc de Savoie, Amédée VIII, dont le nom papal est Félix V. Depuis, ce duc abdiqua la tiare, et l'église n'eut plus enfin qu'un seul chef, Nicolas V, successeur d'Eugène ; Nicolas, prélat pacifique, ami des lettres, fondateur de la bibliothèque du Vatican, et l'un des plus généreux protecteurs des savans Grecs réfugiés en Italie, après que Mahomet II eut pris Constantinople en 1453.

Nous venons de voir que, durant la première moitié du XV.ᵉ siècle, le sacerdoce divisé n'avait presque aucun moyen de menacer bien sérieusement les grands empires. On dut saisir cette occasion d'opérer les réformes provoquées par les altérations que les fausses décrétales avaient fait subir à la discipline ecclésiastique.

Les règles antiques laissaient au clergé, aux peuples, aux princes, une part active à l'élection des évêques ; et le droit nouveau réservait au pape l'institution des bénéficiers. Les excommunications, rares autrefois, et restreintes à des effets purement spirituels, s'étaient multipliées, depuis le x.ᵉ siècle, contre les empereurs et les rois, dont elles ébranlaient la puissance. Les papes des huit premiers siècles n'avaient songé à exiger aucun tribut des évêques nouvellement élus ; maintenant le pape leur demandait des annates, c'est-à-dire, le revenu d'une première année. Avant les décrétales, les ecclésiastiques étaient, en matières civiles et criminelles, justiciables des tribunaux séculiers ; depuis les décrétales, le pape voulait être, en tout genre de causes, le juge suprême de tous les membres du clergé. Enfin, les dispenses, les grâces, les réserves, les expectatives, les appellations au saint-siége, étaient journalières ; et les abus devenus excès, fatiguaient sur-tout la France.

Après s'être soustraite, comme nous l'avons dit, à l'obédience de l'un et de l'autre des contendans à la papauté, l'église Gallicane se mit à se gouverner elle-même conformément aux lois primitives, et accueillit avec transport les décrets des conciles de Constance et de Bâle, qui limitaient la puissance du pape et la subordonnaient à celle de l'église assemblée. Le concile de Bâle, quand Eugène IV l'eut quitté, envoya ses décrets au roi de France Charles VII, qui les communiqua aux grands de son royaume, tant séculiers qu'ecclésiastiques, réunis à cet effet dans la sainte-chapelle de Bourges. Les décrets de Bâle et de Constance, approuvés et modifiés par cette assemblée de Bourges, composèrent la pragmatique sanction, qui fut lue et publiée comme édit du roi, au parlement de Paris, le 3 juillet 1439. Il est décidé, par cet édit, que les conciles généraux doivent se tenir tous les dix ans, que leur autorité est supérieure à celle du pape, que le nombre des cardinaux sera réduit à vingt-quatre, que les élections aux bénéfices ecclésiastiques seront parfaitement libres, qu'on ne parlera plus d'annates, qu'on ne reconnaîtra ni réserve ni expectative (1). Tous les ordres de l'État reçurent cette pragmatique avec enthousiasme; et la suite de l'histoire atteste combien elle était chère aux Français.

_____

(1) « Il faut remarquer, dit le président Hénault, qu'en 1441 le roi donna une déclaration au sujet de la pragmatique sanction, portant que son intention et celle de l'assemblée de Bourges étaient que l'accord fait entre Eugène IV et ses ambassadeurs sortît effet du jour de la date de la pragmatique, sans avoir aucun égard à la date du décret fait à Bâle avant la date de la pragmatique; et l'on conclut de cette pièce que les décrets des conciles généraux, pour ce qui regarde la discipline, n'ont de force en France qu'après avoir été passés par édits de nos rois. » *Abr. chron. de l'Hist. de France*, ann. 1438.

En Italie, le schisme avait insensiblement opéré une révolution dans les habitudes politiques. Sous des demi-papes rivaux et douteux, sous la faible influence des empereurs Robert, Sigismond, Robert II, Frédéric III, les factions Guelfe et Gibeline s'étaient presque éteintes, soit faute de chefs et d'étendards, soit aussi par lassitude, après quatre ou cinq cents années de fureurs et de malheurs. Les Visconti, devenus les coryphées des Gibelins, s'affaiblirent et disparurent, remplacés par les Sforze, famille à peine éclose et destinée à combattre pour des intérêts nouveaux comme elle. Les Médicis, un peu moins récens, s'étudiaient à calmer les agitations qui agitaient Florence, et concevaient l'espoir de voir fleurir la liberté, les lois et les lettres dans le plus beau pays qu'elles puissent habiter. Entraînées aussi par le sentiment de leur progrès dans les beaux-arts, d'autres villes d'Italie aspiraient à s'affranchir pleinement du joug Germanique, et à exercer elles-mêmes une influence habituelle sur les peuples qu'elles avaient devancés. Cet orgueil national les réconciliait en secret à la papauté, les disposait à la considérer comme le centre de la puissance Italienne, et à regretter l'ancien éclat de ce redoutable foyer. Le milieu du XV.ᵉ siècle est la véritable époque où se raffermit et se propagea en Italie la doctrine qu'on appelle ailleurs ultramontaine, doctrine qui, depuis, n'a jamais été que le masque des intérêts politiques de cette nation, bien ou mal conçus par elle. Depuis lors, les Italiens se sont, d'ordinaire, abstenus de seconder la résistance que les Anglais, les Allemands, les Français n'ont cessé d'opposer aux prétentions du pontife Romain, à son ambition terrestre, à l'abus de son ministère spirituel. Déjà dans les conciles de Constance et de Bâle, les prélats Italiens étaient en général remarqués (1) par la tiédeur de leur zèle pour la réforme des désordres ecclésiastiques. Effrayés sans doute de la téméraire audace de Wiclef et de plusieurs autres novateurs, ils ne sentaient pas que la sagesse des mœurs et des lois serait le plus sûr préservatif contre l'altération des dogmes : ou plutôt en effet les croyances n'étaient pas ce qu'ils desiraient le plus sincèrement de garantir. Voilà donc en quelles dispositions les successeurs de Nicolas V trouvaient, en Italie, le clergé, les littérateurs, les gouvernans, et par conséquent les peuples ; et tels étaient les points d'appui sur lesquels les leviers du pontificat allaient recommencer à se mouvoir.

Six papes, après Nicolas V, ont gouverné l'église

---

(1) Bossuet, *Defens. declar. cl. Gallic.*

durant la seconde moitié du xv.ᵉ siècle: Callixte III, depuis 1455 jusqu'en 1458; Pie II, jusqu'en 1464; Paul II, jusqu'en 1471; Sixte IV, jusqu'en 1484; Innocent VIII, jusqu'en 1492; Alexandre IV, pendant les dix années suivantes.

Callixte III, qui prêcha vainement une croisade contre les Turcs établis à Constantinople, montra bien plus de zèle encore pour les intérêts particuliers de sa famille. Ce pape avait trois neveux: il en éleva deux au cardinalat, qu'ils déshonorèrent par la publicité de leurs désordres: il accumula sur la tête du troisième les dignités séculières; il le fit duc de Spolète, général des troupes du saint-siége, préfet de Rome, gouverneur du château Saint-Ange; il voulait le faire roi de Naples, et terminer ainsi entre Ferdinand, fils d'Alfonse, Jean, fils de René, et quelques autres concurrens, les rivalités dont ce royaume était l'objet. Callixte essaya d'armer les Milanais contre Ferdinand, et défendit à ce prince, sous peine d'excommunication, de prendre le titre de roi : mais Callixte ne régna que trois ans, et ses ambitieux desseins n'eurent aucun effet durable.

Après lui, vient Pie II, jadis Æneas Sylvius, et, sous ce nom, littérateur assez distingué; jadis aussi secrétaire du concile de Bâle, et, comme tel, zélé partisan de la suprématie des conciles : mais pape enfin, et, dès-lors ardent défenseur de la toute-puissance du saint-siége. Il rétracta même positivement tout ce qu'il avait écrit sous la dictée du concile; et, par une bulle expresse, Pie II condamna Æneas Sylvius. Sa bulle *execrabilis* anathématise les appels au concile général, auquel la France appela de cette bulle même. Charles VII régnait encore; il maintenait la pragmatique sanction; et voici en quels termes le procureur général Dauvet protestait contre l'*execrabilis*: « Puisque » notre saint-père le pape, à qui toute puissance a » été donnée pour l'édification de l'église et non » pour sa destruction, veut inquiéter et outrager » le roi notre seigneur, les ecclésiastiques de son » royaume, et même les séculiers ses sujets, je » proteste moi, Jean Dauvet, procureur général » du roi, de la nullité de tels jugemens ou cen- » sures, selon les décrets des saints canons, qui » déclarent nulles en plusieurs cas ces sortes de » sentences: soumettant néanmoins toutes choses » au jugement du concile général, auquel notre » roi très-chrétien prétend avoir recours, et auquel » j'appelle en son nom (1). » Mais Louis XI succéda en 1461 à Charles VII, et abrogea la pragmatique, cédant aux instances de Pie II, qui en

---

(1) Preuves des libertés de l'église Gallic. *tom. I, P. 1, p. 40.*

pleura de joie, ordonna des fêtes publiques et fit traîner dans les boues de Rome l'acte de l'assemblée de Bourges. Louis avait mis deux conditions à sa complaisance : l'une, que le pape favoriserait Jean d'Anjou et le proclamerait roi de Naples ; l'autre, qu'un légat, Français de naissance, serait chargé d'instituer en France les bénéficiers. Pie II, qui avait fait ces deux promesses, n'accomplit ni l'une ni l'autre ; mais il composa des vers en l'honneur du roi, et lui envoya une épée garnie de diamans, pour combattre Mahomet II. Louis XI, profondément irrité, ordonne en secret au parlement de s'opposer à l'édit qui révoquait la pragmatique. Cette opposition n'était pas difficile à obtenir ; il suffisait de ne la point empêcher : le parlement saisit une si rare occasion d'obéir en refusant d'obtempérer. Louis XI ne s'arma point contre les Turcs ; mais en même temps que Pie II excitait ainsi les rois de l'Europe à combattre les nouveaux maîtres de Constantinople, on va voir ce qu'il écrivait à Mahomet II : « Voulez-vous de-
» venir le plus puissant des mortels ? Que vous
» faut-il pour l'être demain ? bien peu de chose
» assurément, ce qu'on trouve sans le chercher,
» quelques gouttes d'eau baptismale. Prince, un
» peu d'eau, et nous vous déclarons empereur des
» Grecs et de l'Orient, de l'Occident même, s'il

» est besoin. Jadis débarrassés d'Astolphe et de
» Didier, par les bons offices de Pepin et de Char-
» lemagne, nos prédécesseurs Étienne, Adrien,
» Léon, couronnèrent leurs libérateurs : faites
» comme Charlemagne et Pepin, nous ferons
» comme Léon, Adrien, Étienne (1). » Ce style
est, comme on voit, fort clair, et ne déguise rien
de la politique pontificale.

A Pie II succéda Barbo, Vénitien si beau et
si vain, qu'il fut tenté de prendre le nom de Formose (2); il se contenta pourtant du nom de
Paul II. Ses efforts pour liguer les rois chrétiens
contre les Turcs, et pour faire enregistrer au parlement de Paris l'abrogation de la pragmatique

---

(1) *Pii secundi pontificis maximi, ad illustrem Mahumetem, Tur-corum imperatorem, epistola. Tarvisii,* Gerard de Flandria, *1475, in-4.º* On lit, fol. IV et V : « *Parva res, omnium qui hodie vivunt*
» *maximum et potentissimum et clarissimum te reddere potest. Quæris*
» *quid sit ? Non est inventu difficilis neque procul quærenda; ubique*
» *gentium reperitur : id est, aquæ pauxillum quo baptiseris. Id si*
» *feceris, non erit in orbe princeps qui te gloriâ superet, aut æquare*
» *potentiâ valeat. Nos te Græcorum et Orientis imperatorem appella-*
» *bimus.... Et sicut nostri antecessores, Stephanus, Adrianus, Leo,*
» *adversùs Haistulphum et Desiderium, gentis Longobardæ reges, Pipi-*
» *num et Karolum magnum accersiverunt, et liberati de manu tyran-*
» *nicâ, imperium à Græcis ad ipsos liberatores transtulerunt, ità et*
» *nos in ecclesiæ necessitatibus, patrocinio tuo uteremur, et vicem red-*
» *deremus beneficii accepti.* »

(2) Art de vérifier les dates, tom. I, pag. 337. — *Formosus* veut dire *beau*.

furent également inutiles; d'autres intérêts occupaient les princes, et le parlement s'opiniâtra. En vain le cardinal Balue obtient de Louis XI la destitution du procureur général Jean de Saint-Romain, l'université se joint aux magistrats pour appeler au futur concile. Cependant on découvre des lettres qui prouvent à Louis XI qu'il est trahi par Balue. Déjà ce cardinal est emprisonné; mais Paul II se prétend le seul juge légitime d'un prince de l'église, et Balue, après une longue détention dans une cage de fer, est enfin mis en liberté.

Vainement aussi Paul II voulut s'emparer de Rimini; vainement il arma les Vénitiens contre Robert Malatesti qui occupait cette place: Robert, aidé des Médicis, opposa aux Vénitiens une armée redoutable, qui, commandée par le duc d'Urbin, mit celle du pape en déroute (1). Sa sainteté reçut les conditions que les vainqueurs dictèrent; elle invectiva les Médicis, et ne fit plus la guerre qu'aux hommes de lettres (2): elle condamna plusieurs savans à d'horribles tortures, pour extorquer d'eux l'aveu de prétendues hérésies qu'ils n'avaient jamais professées; et lorsque leur constance à refuser des confessions mensongères, lorsque tous

---

(1) Ammir. *Istor. Florent.* tom. III, pag. 105.
(2) Muratori, *Ann. d'Italia*, tom. IX, pag. 508.

les indices, tous les témoignages eurent proclamé leur innocence, le saint-père déclara qu'ils sortiraient de leurs cachots dès qu'ils auraient achevé d'y passer une année entière, attendu qu'en les arrêtant, il avait fait vœu de ne point les relâcher avant ce terme. Platina, l'une des victimes de Paul II, a composé une histoire des papes où ce pontife n'est point ménagé : Platina est sans doute ici un témoin suspect; mais comme l'observent si judicieusement les révérends pères Bénédictins (1), « son récit est appuyé du témoignage
» de Jacques Piccolomini, cardinal évêque de
» Pavie, écrivain respectable, qui, soit dans ses
» commentaires, soit dans la lettre qu'il écrivit à
» Paul lui-même peu après son exaltation, soit
» dans celle qu'il adressa aux cardinaux qui l'avaient
» élu, fait un portrait fort désavantageux de ce
» pape. »

Des neveux investis, l'un du duché de Sora, l'autre du comté d'Imola; une expédition infructueuse contre les Musulmans; des alternatives d'alliance et d'inimitié avec les Vénitiens; des troubles entretenus à Ferrare, à Florence, à Naples; les armes, l'astuce et les anathêmes, tour-à-tour essayés sur les ennemis du saint-siége : ces divers

---

(1) Art de vérifier les dates, tom. I, pag. 327.

QUINZIÈME SIÈCLE. 249

détails de l'histoire de Sixte IV conserveraient plus d'intérêt, si la conjuration des Pazzi n'absorbait toute l'attention que peut mériter son pontificat.

Les Médicis avaient indisposé Sixte IV par quelque essai de résistance à l'élévation de ses neveux, et à la nomination de l'archevêque de Pise Salviati. Leur puissance, d'autant plus forte, qu'elle se confondait alors avec la plus honorable renommée, contenait et fatiguait le pontife, qui aspirait à maîtriser Florence et le nord de l'Italie. Un des premiers soins de Sixte fut d'ôter à la famille des Médicis l'emploi de trésorier du saint-siége, pour le donner à celle des Pazzi. Jusqu'alors aucune mésintelligence ne s'était manifestée entre ces deux maisons illustres, unies au contraire par des alliances et par des services réciproques. Les auteurs Florentins s'épuisent en vaines recherches pour trouver aux Pazzi des motifs ou des prétextes d'inimitié contre les Médicis. Représenter ceux-ci comme des tyrans, les conjurés comme des libérateurs, c'est contredire-à-la-fois la saine morale et l'histoire contemporaine. Non, il est impossible d'imaginer ici d'autres causes que les suggestions de la cour de Rome, et l'espérance offerte aux Pazzi d'envahir, sous la protection du saint-siége, le gouvernement de Florence, s'ils voulaient devenir, non les rivaux des Médicis, mais tout-à-coup leurs assassins. Aux Pazzi se joignent le comte Riario neveu du pape, le cardinal Riario neveu du comte, l'archevêque de Pise, un frère de ce prélat, un Bandini, connu par l'excès de ses déréglemens; Montesecco, l'un des *condottieri* de Sixte IV; d'autres brigands et d'autres prêtres. Il s'agissait de poignarder Laurent et Julien de Médicis, le dimanche 26 avril, dans une église, au milieu d'une messe, au moment de l'élévation de l'hostie. Ces circonstances, qui ajoutaient au crime le caractère du sacrilége, effrayèrent la conscience de Montesecco (1), qui avait reçu, comme le plus exercé de tous aux assassinats, la commission de frapper Laurent; deux ecclésiastiques s'en chargèrent. Mais ils s'en acquittèrent avec moins d'habileté que de zèle; et Laurent, seulement blessé, se dégagea de leurs mains, tandis que Julien expirait sous les coups de Bandini et de François Pazzi. La mort de Julien est à l'instant vengée : les traîtres sont saisis, le peuple les extermine. On voit l'archevêque de Pise pendu à côté de François Pazzi, ronger en agonisant le cadavre de son complice. Montesecco révèle, au pied de l'échafaud, les fils ténébreux et l'origine sacrée de la conspiration.

---

(1) *Disse che non gli bastarebbe mai l'animo commettere tanto eccesso in chiesa, e l'accompagnare il tradimento col sacrilegio.* Machiav. *Istor. Fior.* l. VIII.

Bandini, réfugié à Constantinople, renvoyé par Mahomet II à Florence, y subit le dernier supplice : un sultan ne veut pas donner asile à l'assassin qu'un pape n'a pas craint d'armer ; et tandis que Laurent, à peine guéri de sa blessure, travaille à contenir l'indignation populaire, tandis qu'il sauve le cardinal Riario, que fait Sixte IV ? Comme si sa complicité n'était point assez dévoilée par Montesecco, assez démontrée par toutes les circonstances du crime, lui-même il la proclame par l'excommunication de Laurent de Médicis et des Florentins. Il appelle Laurent et les magistrats, enfans de perdition, rejetons d'iniquité : il les déclare, eux et leurs successeurs nés et à naître, incapables de toute fonction publique, incapables de recevoir ou de transmettre aucune propriété par testament comme par héritage ; il somme les Florentins de lui livrer Laurent ; et lorsqu'il ne peut plus espérer une trahison si lâche, il lève des troupes contre Florence ; il arme des Napolitains ; à tout prix il veut consommer le crime dont les Pazzi n'ont su accomplir que la moitié. Cependant l'Italie, l'Allemagne et la France s'intéressent aux Médicis ; Louis XI lui-même signifie qu'il va rétablir la pragmatique, si le pape ne révoque ses anathèmes : mais il faut que les Turcs descendent à Otrante, qu'ils appellent sur ce point l'attention,

CHAPITRE VIII.

les craintes, les forces des cours de Naples et de Rome, pour que le pontife pardonne enfin à la victime échappée à ses foudres et à ses poignards (1).

Sixte IV, pour associer à ses vengeances la cour de Naples, avait abrogé un cens qu'elle payait à la cour Romaine. Innocent VIII prétendit le rétablir, comme nécessaire aux entreprises qu'il méditait contre les Musulmans. Sur le refus du roi Ferdinand, le pape encourage à la révolte les barons Napolitains, partisans du duc de Calabre, et peu affectionnés à la maison d'Arragon. Il leur promet, leur envoie des troupes; il excommunie le roi, il le dépose, il appelle en Italie le roi de France Charles VIII : mais inhabile et peu actif, Innocent n'était digne d'aucun succès; et les huit années de son pontificat n'ont laissé que de vulgaires souvenirs.

La vie privée d'Alexandre VI est fort connue; la nature du sujet que nous traitons nous dispensera de parcourir les détails qui la composent, rapines, parjures, orgies, sacriléges, impudicités, incestes, empoisonnemens, assassinats. Il est ici

---

(1) Ang. Politian, *Hist. conjurat. Pacriava comment.* — Don. Bossi, *chron. ann.* 1478. — Machiav. *Istor. Fiorent.* I. VIII. — Ammir. *Istor. Fior.* tom. III, pag. 118, &c.... — Valori, *Vita Laurent. Med.* — Fabr. *Vit. ejusd.* — Muratori, *Ann. d'Ital.* ann. 1478, 1479, &c.

question, non de ses mœurs, mais de sa politique. Il détermina Charles VIII à passer en Italie afin de conquérir le royaume de Naples; et tandis que Charles s'y disposait, Alexandre négociait dans toutes les cours, même dans celle du sultan, pour susciter des ennemis à la France. Écrire à Bajazet II que Charles ne menaçait Naples que pour fondre sur l'empire Ottoman; livrer à Charles le prince Zizim, frère de Bajazet, mais le livrer empoisonné par ordre du sultan, et recevoir de celui-ci le prix de ce crime: tels étaient dans la carrière politique les essais d'Alexandre VI. Sa sainteté n'en conclut pas moins un traité d'alliance avec Charles VIII, et presque aussitôt elle se ligua avec Venise et l'empereur Maximilien contre ce même Charles, dont le plus grand tort était sans doute de s'opposer au projet de dix-huit cardinaux, déjà fatigués des excès d'Alexandre, et résolus à le déposer.

Le pape avait une fille nommée Lucrèce, et quatre fils, dont l'un, appelé Geoffroi, est resté presque ignoré; un autre obtint du roi de Naples le titre de prince de Squillace; un autre devint célèbre sous le nom de César Borgia, et l'aîné fut duc de Gandie et de Bénévent. Pour avancer César, qui n'était que cardinal, on promettait à Charles VIII de favoriser une seconde expédition des Français en Italie : Charles mourut avant de l'entreprendre, et l'on se tourna vers le roi de Naples, Frédéric. On demandait à ce prince qu'il donnât sa fille en mariage à César, qui deviendrait prince de Tarente : Frédéric ayant rejeté ces propositions, il fallut recourir une troisième fois aux Français que gouvernait alors Louis XII.

César arrive en France ; il y apporte une bulle qui permet à Louis de renvoyer sa première épouse ; il l'excite à conquérir Naples et Milan : Naples qui, depuis Charles d'Anjou, n'a pas dû cesser d'appartenir à des princes Français ; Milan où Louis XII doit recouvrer les droits qu'il tient de Valentine Visconti son aïeule : et pour qu'il n'en soit détourné par aucun sage conseil, son ministre, le cardinal d'Amboise, est séduit par l'espoir d'être un jour le successeur d'Alexandre VI. Voilà comment le meilleur des rois, devenu l'allié du plus perfide des pontifes, s'engage dans une guerre dangereuse, où les trahisons de Rome ravissent aux Français les fruits de leurs victoires. Mais le cardinal César était duc de Valentinois ; mais la famille Borgia avait triomphé de ses propres ennemis ; mais elle s'était enrichie de leurs dépouilles ; mais Alexandre VI enfin devenait le premier potentat de l'Europe, quand un poison, qu'il avait préparé pour d'autres, termina, par une trop heureuse méprise, son abominable pontificat.

On a beaucoup reproché à ce pape et à ses prédécesseurs, depuis Callixte III, leur népotisme ou leur zèle pour l'élévation de leurs neveux, de leurs enfans, de leurs proches. Assurément nous ne prétendons point justifier cet abus de l'apostolat, ce triomphe des intérêts particuliers sur ceux de la religion de Jésus-Christ ; mais, afin d'éclaircir, autant qu'il est en nous, par des observations générales, une histoire dont nous ne pouvons rassembler ici les détails, nous dirons que le népotisme était un affaiblissement, une dégradation de l'ambition pontificale ; qu'envisagée comme un moyen d'enrichir ou d'agrandir des familles, la papauté devenait, par cela même, moins redoutable aux empires ; et qu'après l'extinction du schisme, depuis 1450 jusqu'en 1500, l'autorité civile aurait souffert beaucoup plus d'atteintes, si ces soins domestiques, ces intérêts d'une maison, n'avaient tant de fois distrait les papes des vastes entreprises nécessaires au rétablissement de la toute-puissance de leur siége. Appliqués à humilier les rois, Innocent III et Grégoire VII ne s'occupèrent point à rehausser des familles particulières : ils songeaient à exercer et à transmettre à leurs successeurs une suprématie universelle. Beaucoup de circonstances que nous avons indiquées, eussent favorisé, au milieu du XV.ᵉ siècle, la reconstruction de cette énorme puissance, si les papes avaient joint l'enthousiasme austère et désintéressé d'Hildebrand, aux lumières que pouvaient avoir des contemporains d'Ange Politien et presque de Machiavel.

CHAPITRE IX.

Politique des Papes du seizième Siècle.

DE tous les siècles de l'histoire moderne, le seizième est le plus plein d'orages, de révolutions, de catastrophes. Il brille du vif éclat de la littérature Italienne ; il est teint de tout le sang que le fanatisme peut répandre dans le cours de cent années. Chacune des époques qui divisent la durée de ce siècle, est un événement mémorable : la ligue de Cambrai (1), le concordat de Léon X et de François I.ᵉʳ (2), la conquête de l'Égypte par les Turcs, de nouvelles expéditions dans les deux Indes, le schisme d'Angleterre et l'établissement des Jésuites (3), l'abdication de Charles-Quint et l'avénement d'Élisabeth (4), le concile de Trente (5) et le progrès des hérésies, la confédération Batave et les excès de Philippe II, la Saint-Barthélemi (6),

---

(1) 1508.
(2) 1515.
(3) 1540.
(4) 1558.
(5) 1545-1563.
(6) 1572.

R

la ligue, l'assassinat de Henri III par Jacques Clément (1), les triomphes de Henri IV, son abjuration et l'édit de Nantes (2). Quinze papes durant ces tragiques scènes ont gouverné l'église, doués presque tous de talens distingués, et quelques-uns d'un caractère énergique : mais le souvenir du schisme d'Avignon, le scandale permanent du népotisme, l'invention de l'imprimerie, la découverte d'un nouveau monde, le progrès général des lumières, les entreprises de Luther et de Calvin, l'influence de leurs doctrines, la propagation de leurs erreurs ; tant d'obstacles s'opposèrent aux progrès du pouvoir pontifical, qu'il a fallu dans les évêques de Rome une extrême habileté pour en ralentir la décadence.

Depuis les cessions faites par l'empereur Charles IV en 1355 (3), les princes Allemands avaient perdu leur ancienne prépondérance en Italie ; et les Français, en y portant leurs armes, y avaient acquis une influence considérable, qui leur était bien moins disputée par les papes que par les Vénitiens, les princes d'Arragon, et les familles puissantes qui gouvernaient Florence et Milan. Le pape Jules II, neveu de Sixte IV, ré-

---

(1) 1589.
(2) 1598.
(3) *Voyez* ci-dessus pag. 228.

solut d'affranchir l'Italie, c'est-à-dire, de l'assujétir toute entière à la cour Romaine, d'en chasser les étrangers, de semer la division entre les rivaux du saint-siége, et d'en profiter pour reconquérir en Europe la suprématie jadis ambitionnée par Grégoire VII, exercée par Innocent III. Grégoire VII, Innocent III, Jules II, voilà, parmi tant de papes, les trois plus fiers ennemis des rois.

Après la mort d'Alexandre VI, et durant les vingt-sept jours du pontificat de Pie III, les Vénitiens avaient regagné des places importantes, enlevées à leur république à la fin du xv.ᵉ siècle: ils occupaient une partie de la Romagne; César Borgia avait pris l'autre, ainsi que plusieurs villes de la Marche d'Ancone et du duché d'Urbin; les Baglioni possédaient Pérouse, les Bentivoglio Bologne: diverses portions du domaine pontifical étaient donc à recouvrer. Jules II parvient à dépouiller Borgia, les Bentivoglio, les Baglioni; et pour vaincre la résistance des Vénitiens, il conclut contre eux, avec l'empereur, avec le roi de France, avec le roi d'Arragon, la fameuse ligue de Cambrai. Mais bientôt les progrès de Louis XII l'inquiètent: il craint d'en permettre à l'empereur; il se hâte de négocier secrètement avec les Vénitiens, et leur promet, s'ils veulent lui restituer Faenza et Rimini, de s'unir à eux pour repousser les *barbares*:

c'est ainsi qu'il qualifie les Français, les Espagnols et les Allemands. Les Vénitiens, qui rejetèrent ces offres, furent excommuniés, battus, et absous en se soumettant au pape. Alors Jules II se ligue, en effet, avec Venise contre les Français ; il endosse la cuirasse, assiége en personne et prend Mirandole. Vaincu par Trivulce, général des Français, il excommunie Louis XII, met la France en interdit, s'efforce d'armer contre elle l'Angleterre. Des légats apostoliques travaillent à débaucher les soldats Français : le titre de défenseurs du saint-siége récompense les ravages des Suisses ; les Génois sont excités à la révolte ; les États de Jean d'Albert, roi de Navarre, allié de Louis XII, sont livrés, par la cour de Rome, au premier occupant. Écraser la France, bouleverser Florence, dépouiller les ducs de Ferrare, tels étaient les desseins de Jules, quand il mourut en 1513, dixième année de son pontificat. Des médailles frappées par ses ordres, le représentent la tiare en tête, le fouet à la main, chassant les Français, et foulant aux pieds l'écu de France. Jules II fut tellement un prince temporel, qu'on a peine à retrouver en lui un évêque : il prenait trop peu les formes de l'apostolat ; c'est ce qui a le plus manqué à sa politique. Ce fut pourtant sous son pontificat que se raffermit la doctrine de l'infaillibilité du pape. Jules II, selon

Guicciardini (1), n'a pas mérité le titre de grand homme ; seulement il l'obtint de ceux qui, appréciant mal la valeur des mots, supposaient qu'un souverain pontife s'illustrait moins en donnant l'exemple des vertus paisibles, qu'en étendant le domaine de l'église par l'effusion du sang des chrétiens.

Léon X, quoiqu'il n'ait régné que huit ans, a donné son nom à tout son siècle : immanquable et juste effet d'une grande protection accordée aux lettres, quand elle est aussi éclairée que généreuse. Ce pontife aima la puissance, moins encore pour elle-même et pour les vastes desseins qu'elle facilite, que pour la magnificence et les plaisirs qu'elle procure. Fils de Laurent de Médicis, il s'occupa sur-tout des moyens de garantir à sa famille un durable ascendant sur l'Italie. Il destinait à son neveu la souveraineté de la Toscane, et à son propre frère le royaume de Naples. Louis XII, absous des anathèmes dont l'avait chargé Jules II, fut engagé à favoriser l'ambition des Médicis, qui, de leur côté, soutiendraient ses prétentions sur Milan. Cette alliance, secrètement stipulée (2), n'ayant point eu d'assez prompts

---

(1) *Storia d'Italia*, l. XII, n. 2, 31.

(2) Guicciardini, ibid. 74, 75, 76. *Il re di Francia prometteva ajutare il pontefice ad acquistare il regno di Napoli o per la chiesa o per Giulano suo fratello.*

effets, Léon X acheta de l'empereur Maximilien l'État de Modène, qu'on se proposait de réunir à ceux de Reggio, de Parme, de Plaisance, et, s'il se pouvait, de Ferrare, pour en doter le frère du pontife, ou pour en enrichir la cour de Rome.

Après s'être ligué avec le roi de France François Ier, pour obliger l'empereur Charles-Quint à se dessaisir du royaume de Naples, incompatible, disait-on, avec l'Empire, le pape s'allia contre les Français à ce même Charles, dont les menaces l'effrayaient à tel point, qu'il consentit, en sa faveur, à la réunion des deux couronnes. Léon prit à sa solde un corps de troupes Suisses, et voua dès-lors aux Français une haine si violente, que lorsqu'après avoir appris leur expulsion du Milanais, il expira presque soudainement ; on prétendit que c'était de joie. Il n'avait que quarante-six ans; et malgré les écarts où l'entraîna la politique pontificale, on doit regretter qu'il n'ait pas plus long-temps secondé le progrès des beaux-arts. Il les encourageait en homme digne de les cultiver; il les chérissait d'un amour constant et sincère, qu'ils n'inspirent jamais aux mauvais princes. Son administration intérieure mérita la reconnaissance des Romains (1) : leur douleur fut profonde quand

---

(1) Ils lui ont érigé une statue, avec cette inscription :

ils le perdirent, et peu d'années auparavant ils lui avaient offert d'aussi purs hommages, lorsqu'il échappait à une conspiration toute pareille à celle des Pazzi, et dans laquelle se retrouvait ce même cardinal Riario, jadis l'un des complices de Sixte IV. Guicciardini et d'autres écrivains ont jugé trop sévèrement Léon X. Après tout, quel pape obtiendra des éloges, si l'on n'en doit point à celui qui a fait à Rome plus de bien qu'aucun de ses devanciers depuis Léon IV, et qui n'a fait à l'Europe qu'une partie du mal dont ils lui avaient légué l'exemple et la tradition ?

La dépense qu'exigeait la construction de l'église de Saint-Pierre, avait obligé Léon X de recourir au commerce des indulgences. Les réclamations de Luther contre ce négoce, furent le prélude d'une vaste révolution dans la chrétienté. Léon X excommunia Luther et ses sectateurs. Bossuet (1) pense avec raison qu'on aurait prévenu les hérésies et les schismes de ce siècle, si l'on n'eût pas négligé des réformes nécessaires. Mais dans l'histoire de ce pontificat, ce qui tient le plus à notre

---

Optimo. principi. Leoni. X. Joan. Med. Pont. Max. ob. restitutam. restauratamq. urbem. aucta. sacra. bonasq. artes. adscitos. patres. sublatum. vectigal. datumq. congiarium. S. P. Q. R. P.

1) Hist. des variat. *l. 1, n. 1, 2, 3.*

sujet, c'est le concordat conclu entre Léon X et François I.ᵉʳ en 1516.

En vain Jules II avait excommunié Louis XII, et l'avait menacé de transférer le titre de roi très-chrétien à ce roi d'Angleterre Henri VIII, qui devait le mériter si mal : en vain le cinquième concile de Latran avait publié un monitoire contre le parlement de Paris et tous les fauteurs de la pragmatique sanction, en leur enjoignant de venir à Rome pour y rendre compte de leur conduite : Jules II était mort sans avoir ébranlé Louis XII. Cet excellent prince mourut lui-même au moment où Léon X se disposait à le tromper ; et la couronne de France appartint à François I.ᵉʳ, dont Louis XII avait dit fort souvent : Ce gros garçon gâtera tout.

En effet, François I.ᵉʳ, dans une entrevue avec Léon X à Bologne, consent à faire un concordat, et charge son chancelier Antoine Duprat de le rédiger avec deux cardinaux nommés à cet effet par le pape. Les principales dispositions de ce concordat sont celles qui portent qu'à l'avenir les chapitres des églises cathédrales et métropolitaines ne procéderont plus à l'élection des évêques; que le roi, dans un délai de six mois, à compter du jour de la vacance, présentera au pape un docteur ou licencié, âgé de vingt-sept ans au moins, qui sera pourvu par le pape de l'évêché vacant; que si le présenté n'a pas les qualités requises, le roi sera tenu d'en proposer un autre dans trois mois, à compter du jour du refus ; que d'ailleurs le pape, sans présentation préalable de la part du roi, nommera aux évêchés et archevêchés qui viendront à vaquer en cour de Rome. Il faut noter qu'en accordant au roi les nominations, le pape se réservait les annates (1).

François Ier va lui-même au parlement pour y faire publier le concordat, et le chancelier Duprat expose les motifs qui l'ont dicté. On refuse d'enregistrer ; le roi s'irrite. Le parlement proteste entre les mains de l'évêque de Langres, que si l'enregistrement a lieu, ce sera par contrainte, et que l'on n'en jugera pas moins conformément à la pragmatique. On enregistre enfin, mais en écrivant sur le repli du concordat, qu'il a été lu et publié du très-exprès commandement du roi, réitéré plusieurs fois.

L'évêché d'Alby vint à vaquer en 1519 : le chapitre nomma selon la pragmatique, et le roi selon le concordat ; le parlement de Paris, jugeant entre les deux pourvus, prononça en faveur de celui

---

(1) Voici, à ce sujet, la réflexion de Mézerai : « On ne vit » jamais d'échange plus bizarre ; le pape, qui est une puissance » spirituelle, prit le temporel pour lui, et donna le spirituel à » un prince temporel. »

qu'avait élu le chapitre d'Alby. En 1521, un évêque de Condom, élu par le chapitre de cette église, fut également maintenu contre celui que le roi avait nommé. Toutes les causes de cette espèce furent jugées de même, jusqu'après la prison de François I.er, et auraient continué de l'être, si une déclaration du 6 septembre 1529 n'eût attribué au grand conseil la connaissance de tous les procès relatifs aux évêchés, abbayes, et autres bénéfices dont la nomination avait été accordée au roi par le pape Léon X.

Le président Hénault (1) rassemble tous les motifs allégués en faveur du concordat, et qui peuvent se réduire aux deux suivans : 1.° les rois, en fondant les bénéfices, et en recevant l'église dans l'État, ont succédé au droit d'élire qu'exerçaient les premiers fidèles; 2.° la simonie, l'intrigue, l'ignorance, présidaient aux élections et donnaient aux diocèses d'indignes pasteurs (2). Mais, au fond, les nominations royales n'étaient point l'article qui

---

(1) Abr. chron. de l'Hist. de France; remarq. particul.
(2) « Le pis était, dit Brantôme, quand ils ne se pouvaient
» accorder en leurs élections, le plus souvent s'entre-battaient,
» se gourmaient à coups de poing, venaient aux braquemars,
» et s'entre-blessaient, voire s'entre-tuaient... Ils élisaient le plus
» souvent celui qui était le meilleur compagnon, qui aimait plus
» les g...., qui était le meilleur biberon; bref, qui était le plus
» débauché..... : d'autres élisaient, par pitié, quelque pauvre

excitait le plus les réclamations du parlement : il se plaignait sur-tout des annates, et de la bulle de Léon X contre la pragmatique ; des annates, que, depuis saint Louis jusqu'à Charles VII, tous les rois avaient prohibées, et que d'anciens papes avaient déclarées abusives et simoniaques, quand elles étaient exigées par les empereurs ; de la bulle de Léon X, qui traitait de peste publique, de constitution impie, une pragmatique fondée sur les décrets des conciles généraux, chérie de la nation et promulguée par les souverains. Cette bulle suspendait, excommuniait, menaçait de la perte des possessions temporelles, soit ecclésiastiques, soit même civiles, les prélats Français, et jusqu'aux seigneurs laïques qui redémanderaient ou regretteraient la pragmatique sanction de Charles-VII. Enfin, l'on avait osé citer dans cette même bulle de Léon X, la bulle *unam sanctam* de Boniface VIII, où le droit d'abattre les trônes, de ravir et décerner les couronnes, est attribué au pontife Romain.

» hère de moine qui en cachette les dérobait, ou faisait bourse
» à part et mourir de faim ses religieux.... Les évesques élevés
» et parvenus à ces grandes dignités, Dieu sçait quelles vies ils
» menaient.... une vie toute dissolue après chiens, oyseaux,
» festes, banquets, confréries, noces et....dont ils en faisaient
» des sérails.... J'en dirais davantage ; mais je ne veux pas
» scandaliser. »

Voilà ce qui provoquait la résistance du parlement ; et l'on doit convenir, ce semble, qu'elle n'était ni déraisonnable, ni contraire aux intérêts de la monarchie (1). S'il ne s'était agi que de substituer au droit de confirmer les élections, acquis depuis long-temps au monarque, celui de les faire lui-même, nous avons lieu de penser que l'enregistrement eût souffert beaucoup moins de difficultés.

Tel qu'on le fit en 1516, le concordat ne pouvait plaire à un peuple qui avait accueilli avec enthousiasme la pragmatique de 1439. Sous François I.er, sous ses successeurs Henri II, François II, Charles IX, Henri III, les universités et les parlemens ont saisi toutes les occasions de réclamer contre cette altération des lois fondamentales de l'église Gallicane. Les états d'Orléans sous Charles IX, ceux de Blois sous Henri III, ont exprimé les mêmes regrets : le clergé lui-même a souvent redemandé la pragmatique ; il disait, dans ses remontrances de 1585, que le roi François I.er, étant près de mourir, avait déclaré à son fils qu'il n'était rien dont il tînt sa conscience plus chargée que du concordat (2).

---

(1) *V.* Hist. de France, *tom. XXIII, pag. 161, &c.*—Gaillard, Hist. de François I.er, *tom. VI, pag. 1-120.*

(2) Cette manière de penser sur la pragmatique et le concordat était si nationale, elle fut si persévérante, qu'en 1789 encore, les

SEIZIÈME SIÈCLE.

Après Léon X, Adrien VI, né de parens fort obscurs, n'occupa que durant vingt mois la chaire de saint Pierre. Il avait enseigné, comme simple docteur de Louvain, que le pape était sujet à l'erreur en matière de foi : loin de se rétracter étant pape, il fit réimprimer un livre où il avait professé cette doctrine (1). Sur ce, quelque dialecticien de Louvain aurait pu, à l'exemple d'un vieux sophiste Grec, argumenter en cette forme : Si le pape est infaillible, il faut qu'Adrien VI le soit quand il dit qu'il ne l'est point; donc Adrien VI est faillible, donc le pape n'est pas infaillible, donc par cette infaillibilité même on prouverait qu'elle n'existe pas.

Fils naturel et posthume de Julien de Médicis assassiné en 1478 par les Pazzi, Clément VII

---

cahiers, rédigés pour la tenue des états généraux, demandèrent unanimement l'abolition du concordat et le rétablissement de la pragmatique sanction. V. *Résumé des cahiers*, tom. I, pag. 33, tom. II, pag. 277; tom. III, pag. 409, 410.

(1) *Voy.* Bossuet, *Defensio cleri Gallici. Dissert. prævia*, n. 28; pag. 23. — Voici le texte d'Adrien VI :

« Dico quòd, si per Romanam ecclesiam intelligatur caput
» illius, putà pontifex, certum est quòd possit errare, etiam in
» iis quæ tangunt fidem, hæresim per suam determinationem
» aut decretalem docendo : plures enim fuerunt pontifices Ro-
» mani hæretici; item et novissimè fertur de Joanne XXII, &c. »
In libr. IV sentent. A 3.

fut élu pape, infaillible ou non, en 1523. Les succès et le génie de Charles-Quint rendaient alors à la dignité impériale son ancien éclat, et la prépondérance sur les affaires d'Italie. Clément VII voulut y mettre obstacle ; il forma contre l'empereur une ligue qui fut appelée sainte, parce que le pape en était le chef, et dans laquelle entrèrent le roi de France, le roi d'Angleterre, les Vénitiens et d'autres gouvernemens Italiens ; mais le connétable de Bourbon, quittant François I.ᵉʳ pour Charles-Quint, conduisit à Rome une armée Allemande, et en grande partie luthérienne, qui prit cette ville, la saccagea, et contraignit le pape à se retirer au château Saint-Ange. Clément VII n'en sortit qu'en promettant de remettre cette forteresse aux officiers de l'empereur, et de payer trois cent cinquante mille ducats d'or. Il s'obligeait à livrer aux Impériaux Ostie, Civita-Vecchia, Città di Castello, et à leur faire rendre Parme et Plaisance. Ne pouvant satisfaire à ces engagemens, le pape se sauva déguisé en marchand à Orvietto. Touché de l'extrême détresse du pontife, François I.ᵉʳ résolut de marcher à son secours, et fit des dispositions qui déterminèrent Charles-Quint à se réconcilier avec Clément VII. Charles, couronné empereur par Clément, en 1530, promettait de rétablir les Médicis à Florence ; car le pontife ne négligeait pas les intérêts de sa famille ; il mariait sa nièce Catherine au fils de François I.er, nièce trop fameuse dans les annales de la France jusqu'en 1589. C'était dans ces conjonctures que le roi d'Angleterre Henri VIII songeait à répudier sa femme Catherine d'Arragon, tante de l'empereur, pour épouser Anne de Bowleyn. Tant que la guerre avait duré entre le saint-siége et Charles-Quint, Clément VII s'était montré favorable au projet de Henri VIII, et la bulle de divorce était toute prête. La réconciliation du pape et de l'empereur amena une sentence toute contraire. En vain les théologiens d'Angleterre, de France, d'Italie même, déclarent que le mariage d'un frère avec la veuve de son frère doit être considéré comme nul (c'était le cas de Henri VIII et de Catherine d'Arragon) : Charles-Quint dicte à Clément VII un jugement qui prononce la validité, l'indissolubilité de ce mariage; Henri VIII est excommunié, s'il persiste dans son divorce. Ce monarque en appelle au concile général : le clergé Anglais décide que l'évêque de Rome n'a aucune autorité sur la Grande-Bretagne ; le parlement donne au roi le titre de chef suprême de l'église Anglicane. Ainsi se consomme un schisme qu'il était d'autant plus facile d'éviter, que le roi Henri VIII, abhorrant le nom d'hérétique, ambitionnant la gloire de catholique très-zélé, avait écrit contre Luther, et obtenu de Léon X le titre de défenseur de la foi. Henri, retranché de l'église, se mit à persécuter également les partisans du pape et les luthériens.

Paul III, qui régna depuis 1534 jusqu'à la fin de 1549, confirma l'excommunication de Henri VIII, convoqua le concile de Trente, approuva le nouvel institut des Jésuites, et fut le premier auteur de la bulle *in cœnâ Domini* (1). Ceux qui appellent des décrets du pape au concile général, ceux qui favorisent les appelans, ceux qui disent que le concile général est supérieur au souverain pontife, ceux qui, sans le consentement de Rome, exigent du clergé des contributions pour les besoins des États, les tribunaux laïques qui osent juger des évêques, des prêtres, des tonsurés ou des moines; les chanceliers, vice-chanceliers, présidens, conseillers, procureurs généraux, qui prononcent sur des causes ecclésiastiques; tous ceux enfin qui méconnaissent la toute-puissance du saint-siége et l'indépendance absolue du clergé, sont anathématisés par cette bulle, qui, publiée pour la première fois le Jeudi saint de l'année 1536, devait l'être

---

(1) Elle commence par ces mots: *consueverunt Romani Pontifices*, et contient vingt-quatre paragraphes.

annuellement

annuellement à pareil jour : c'est pour cela qu'on la nomme *in cœnâ Domini*; car la pratique de la publier ainsi tous les ans à Rome s'est établie malgré les justes réclamations des souverains.

 Nous devons ici rendre hommage à certains cardinaux et prélats qui ont adressé à Paul III des remontrances fort judicieuses, quoique d'ailleurs fort inutiles. « Vous le savez, lui disaient-ils, vos
» prédécesseurs ont voulu être flattés. C'était trop
» que de vouloir l'être, ils l'auraient été bien assez,
» même en ne l'exigeant pas ; car l'adulation suit
» les princes, comme l'ombre suit un corps, et
» jusqu'ici l'accès du trône a toujours été difficile
» à l'austère vérité. Mais pour se mieux garantir
» d'elle, vos devanciers se sont environnés de doc-
» teurs habiles qu'ils ont chargés, non d'enseigner
» les devoirs, mais de justifier les caprices. Le
» talent de ces docteurs fut de trouver légitime
» tout ce qui s'annonçait comme agréable. Par
» exemple, ils ont déclaré que le souverain pontife
» était le maître absolu de tous les bénéfices de la
» chrétienté ; et comme le droit d'un seigneur est de
» vendre ses domaines, ils ont conclu que le chef
» de l'église ne pouvait jamais être simoniaque,
» et qu'en matière bénéficiale, il n'y avait de simonie
» que lorsque le vendeur n'était point pape. Par ce
» raisonnement et par plusieurs autres du même

» genre, ils se sont élevés à la proposition géné-
» rale qu'ils avaient à démontrer, savoir que ce
» qui plaît au pape lui est toujours permis. Voilà,
» très-saint-père, ajoutaient les cardinaux remon-
» trans, voilà certainement la source d'où sont
» sortis, comme du cheval de bois, tous les abus,
» tous les fléaux qui affligent l'église de Dieu (1). »

Paul III destinait à son petit-fils Octave Farnèse les États de Parme et de Plaisance : Charles-Quint, qui prétendait les réunir au duché de Milan, fut menacé des plus graves censures. Depuis, le pontife voulut Parme pour le saint-siége; et mourut, dit-on, de douleur, en apprenant qu'Octave Farnèse était sur le point d'acquérir ce duché.

---

(1) *Sanctitas tua probè noverat principium horum malorum inde fuisse, quòd nonnulli pontifices tui prædecessores, prurientes auribus, ut inquit apostolus Paulus, coacervaverunt magistros ad desideria sua, non ut ab iis discerent quod facere deberent, sed eorum studio et calliditate inveniretur ratio quâ liceret id quod liberet. Inde effectum est, præterquàm quòd principatum omnem sequitur adulatio, ut umbra corpus, difficillimusque semper fuit aditus veritatis ad aures principum, quòd confestim prodirent doctores, qui docerent pontificem esse dominum omnium beneficiorum, et ideo, cùm dominus jure vendat quòd suum est, necessariò sequi in pontificem non posse cadere simoniam, ita quòd voluntas pontificis, qualiscumque ea fuerit, sit regula quâ ejus operationes et actiones dirigantur; ex quo procul dubio efficitur ut quidquid libeat etiam liceat. Ex hoc fonte, tanquam ex equo Trojano, irrupêre in ecclesiam Dei tot abusus.* Concil. delector. cardin. de emendanda eccles.

SEIZIÈME SIÈCLE.

Jules III, d'accord avec l'empereur, refusa l'investiture à Farnèse; mais le roi de France Henri II protégea le duc, et lui envoya des troupes. A cette nouvelle, Jules III excommunie le roi de France, et menace de mettre le royaume en interdit. Henri II ne s'en effraie point; il défend à ses sujets de porter de l'argent à Rome, et de s'adresser à d'autres qu'aux prélats ordinaires pour les affaires ecclésiastiques. Cette fermeté adoucit le très-saint père, qui travailla même à réconcilier l'empereur avec le roi de France.

Après Marcel II, qui ne régna que vingt-un jours, on élut pape Jean-Pierre Caraffe, qui prit le nom de Paul IV. « Quoiqu'il eût soixante-
» dix-neuf ans, sa tête, dit Muratori, était une
» image raccourcie du mont Vésuve, auprès du-
» quel il était né. Emporté, colérique, dur, in-
» flexible, il avait pour la religion un zèle sans
» prudence et sans mesure. Son regard farouche,
» ses yeux enfoncés, mais enflammés, étincelans,
» pronostiquaient un gouvernement fort âpre. Paul
» commença néanmoins par des actes de clé-
» mence et de libéralité qui semblaient démentir
» les craintes que son caractère avait inspirées : il
» prodigua tellement les faveurs et les grâces, que
» les Romains lui érigèrent une statue dans le Ca-
» pitole. Mais son humeur naturelle reprit bientôt

» son cours, rompit les digues, et vérifia les plus » sinistres présages. » Des intérêts de famille le rendaient ennemi de l'Espagne : non-seulement il persécuta les Sforce, les Colonne et d'autres familles Romaines attachées à cette puissance, mais il se ligua avec la France pour enlever aux Espagnols le royaume de Naples. Le cardinal de Lorraine, et son frère le duc de Guise, entraînèrent dans cette ligue le roi de France Henri II, malgré le connétable de Montmorency. Mais le cardinal Polus, ministre de Marie reine d'Angleterre et femme de l'Espagnol Philippe, eut l'adresse de faire signer au monarque Français une trêve de cinq ans avec la cour de Madrid. Paul se courrouce; son neveu le cardinal Caraffe vient se plaindre en France du traité qu'on a osé conclure avec l'Espagne, à l'insu de la cour de Rome. Le duc d'Albe, vice-roi de Naples, veut assoupir cette querelle; il envoie au pape un député que le pape emprisonne. Cette violence force le vice-roi de prendre les armes; il s'empare en fort peu de temps d'une grande partie de l'État ecclésiastique. Alarmée des progrès du duc d'Albe, la cour de France envoie contre lui une armée de douze mille hommes, commandée par le duc de Guise. Mais sur ces entrefaites, les Français perdirent la bataille de Saint-Quentin : pour réparer ce revers, il fallut rappeler

Guise et sa troupe, et le pape fut obligé de traiter avec le vice-roi.

Charles-Quint, en réunissant la couronne impériale à celle de l'Espagne et des deux Siciles, avait obtenu non-seulement en Italie, mais en Europe, une prépondérance en vain disputée par François Ier L'abdication de Charles en 1556 divisa sa puissance entre son frère Ferdinand, qui devint empereur, et son fils Philippe II, qui régna sur l'Espagne et sur Naples. Mais, malgré ce partage, cette maison n'en fut pas moins, durant la plus grande partie du XVIe siècle, celle qui dut le plus exciter la jalousie des souverains pontifes ; et Paul IV, en lui déclarant la guerre, y était entraîné par la politique générale du saint-siége, autant que par des intérêts de famille et des ressentimens particuliers. Il refusa de confirmer l'élection de Ferdinand à l'empire, et soutint que Charles-Quint n'avait pu abdiquer cette dignité sans l'aveu de la cour de Rome. Ferdinand eut la sagesse de se passer du concours du pape, et les empereurs suivans ont imité cet exemple. Le plus sûr moyen de contenir le pouvoir pontifical dans de justes limites, était de supprimer ainsi les formalités et les cérémonies qui avaient si fortement contribué à l'exagérer.

Élisabeth, qui succédait en 1558 à sa sœur Marie

sur le trône d'Angleterre, était disposée, par les circonstances de son avénement, à ménager le catholicisme. L'impétueux Paul IV prit la prudence de cette reine pour de la faiblesse et de l'effroi : il répondit à l'ambassadeur d'Élisabeth, qu'elle n'était qu'une bâtarde, et que l'Angleterre n'était qu'un fief du saint-siége ; que la prétendue reine devait commencer par suspendre l'exercice de ses fonctions, jusqu'à ce que la cour de Rome eût prononcé souverainement. Une bulle déclare que tous les prélats, princes, rois, empereurs, qui tombent dans l'hérésie, sont, par le seul fait, déchus de leurs bénéfices, états, royaumes, empires, lesquels appartiennent au premier catholique qui voudra s'en emparer, sans que jamais lesdits prélats ou princes hérétiques puissent y être rétablis. Dès-lors Élisabeth n'hésite plus à cimenter le schisme Anglican ; elle embrasse, favorise, propage l'hérésie : il faut l'en blâmer sans doute ; mais comment excuser un pape dont la violence la poussait à toutes ces extrémités, et qui ne cessait de prendre part aux conspirations ourdies contre l'autorité et même contre la vie de cette souveraine ! Quand ce pontife mourut, après quatre ans de règne, les Romains brisèrent sa statue et la précipitèrent dans le Tibre ; on eut peine à soustraire son cadavre aux fureurs de la multitude : la prison de l'inquisition fut brûlée ; Paul IV avait fait un horrible usage de cet odieux tribunal ; il reprochait avec colère aux princes Allemands leur indulgence pour les hérétiques.

Pie IV exerça contre les neveux de Paul IV de cruelles vengeances, conseillées, dit-on, par le roi d'Espagne Philippe II, implacable ennemi des Caraffe. La reine de Navarre fut sommée par ce pape de comparaître à Rome dans un délai de six mois, sous les peines ordinaires d'excommunication, de déchéance, de dégradation : menaces presque aussi ridicules que criminelles, dont le seul effet fut d'irriter la cour de France. Mais le pontificat de Pie IV est sur-tout mémorable par la clôture du concile de Trente, qui avait duré dix-huit ans, depuis 1545 jusqu'en 1563. Les décisions dogmatiques de ce concile ne nous concernent pas : nous dirons un mot de ses décrets législatifs.

Le concile de Trente prononce, en certains cas, contre les rois eux-mêmes, l'excommunication, la déposition, l'expropriation. Il attribue aux évêques le pouvoir de punir les auteurs et imprimeurs des livres défendus, d'interdire les notaires, de commuer les volontés des testateurs, d'appliquer les revenus des hôpitaux à d'autres usages. Il valide les mariages des mineurs contractés sans le consentement des parens : il permet aux juges ecclésiastiques de faire exécuter leurs sentences contre les laïques, par la saisie des biens et par l'emprisonnement des personnes ; il soustrait à la juridiction séculière tous les membres du clergé, jusqu'aux simples tonsurés ; il veut que les procès criminels contre les évêques ne soient jugés que par le pape ; il autorise le pape à déposer les évêques non-résidens, et à leur donner des successeurs ; il soumet enfin ses propres décrets à l'approbation du souverain pontife, dont il reconnaît la suprématie illimitée. Grégoire VII, Innocent III, Boniface VIII et Jules III n'avaient point aspiré à une théocratie plus absolue, plus éversive de toute autorité civile et de tout principe social (1). En conséquence, on convint en France que le concile de Trente, infaillible quant aux dogmes, ne l'était pas en législation ; et, pour n'y être pas surpris, on ne publia ni sa législation ni ses dogmes : les états de Blois en 1579, et les états de Paris en 1614, s'opposèrent vivement à cette publication demandée par les papes, et sollicitée même par le clergé de France : car nous sommes forcés d'avouer que

---

(1) On voit ici de quels immenses accessoires les ecclésiastiques avaient environné et enrichi leur ministère pastoral. « Ils » avaient, dit Pasquier, étendu leur juridiction spirituelle en » tant d'affaires et matières, que les faubourgs étaient trois fois » plus grands que la ville. » *Rech. de la France*, l. III, c. 22.

depuis 1560, la majeure partie de ce clergé n'a cessé, quoi qu'on en puisse dire, de confondre ses intérêts avec ceux de la cour de Rome; et s'il parut un instant se détacher d'elle par les quatre articles de 1682, dont nous parlerons bientôt, il a racheté depuis, par assez de complaisances et de connivences, une démarche où des conjonctures particulières l'avaient entraîné.

Pie V avait été grand inquisiteur sous Paul IV; il le fut encore étant pape : aucun pontife n'a fait brûler à Rome plus d'hérétiques ou de personnes suspectes d'hérésie. On remarque parmi les victimes de son zèle, plusieurs savans, et sur-tout Paléarius, qui avait comparé l'inquisition à un poignard dirigé sur les gens de lettres ; *sicam districtam in jugula litteratorum.* Une bulle de Pie V contre certaines propositions de Michel Baius, a été le premier signal d'une longue et triste querelle. Ce pape, en renouvelant et en amplifiant la bulle de Paul III, *in cœnâ Domini*, ordonna de la publier chaque jeudi saint dans toutes les églises; jusqu'alors elle n'avait été fulminée qu'à Rome (1):

(1) En 1580, plusieurs évêques Français essayèrent de promulguer, dans leurs diocèses, la bulle *in cœnâ Domini;* mais sur la plainte du procureur général, le parlement de Paris ordonna la saisie du revenu temporel des prélats qui auraient publié cette bulle, et déclara que tout effort pour la faire prévaloir serait réputé rebellion et crime de lèse-majesté.

on eût dit que Pie V voulait soulever contre le saint-siége ce qui restait de princes catholiques, et les condamner à l'alternative de renoncer à l'indépendance de leurs couronnes ou à la foi de leurs aïeux. Les réclamations furent universelles ; Philippe II, le plus superstitieux des rois de ce temps, défendit, sous des peines rigoureuses, la publication de cette bulle dans ses États. Par une autre bulle, Pie V excommunia Élisabeth ; anathème au moins superflu, et qui ne produisit d'autre effet que le supplice de Jean Felton, qui avait osé afficher cette sentence à Londres. Une ligue entre le pape, l'Espagne et Venise, contre les Turcs, obtint des succès : Don Juan d'Autriche s'illustra par la victoire de Lépante ; et le pape ne craignit point d'appliquer à ce guerrier, bâtard de Charles-Quint, ces mots de l'évangile : Il fut un homme envoyé de Dieu, et cet homme s'appelait Jean. Enfin, par la puissance qu'il tenait de Dieu, disait-il, et en qualité de pasteur chargé d'examiner qui avait mérité, par un grand zèle pour le saint-siége, des honneurs extraordinaires, Pie V décerna le titre de grand duc de Toscane à Côme de Médicis. L'empereur eut beau réclamer : Côme, avec ce nouveau titre, se fit couronner à Rome, et prêta serment entre les mains du pontife. Mais ce qu'il y a de plus remarquable ici, ce sont les motifs allégués à Maximilien par le cardinal Commendon, pour justifier cet acte pontifical : Commendon disait que le pape avait dégradé Childéric, installé Pépin, transféré l'empire d'Orient en Occident, établi les électeurs, confirmé et couronné les empereurs ; d'où il concluait que le pape était le distributeur des trônes et des titres, et en quelque sorte le nomenclateur des princes, comme Adam l'avait été des animaux.

Remarquerons-nous que ce même Pie V, qui, pour venger quelques articles de la croyance catholique, armait des chrétiens contre des chrétiens, écrivait aux Persans et aux Arabes que, malgré la diversité des cultes, un intérêt commun devait rallier l'Asie à l'Europe pour combattre les Musulmans ! Cette contradiction apparente ne doit étonner personne : on sait que dans les dissensions religieuses, la haine est d'autant plus vive, que les opinions sont moins divergentes.

Grégoire XIII, couronné pape le 25 mai 1572, trois mois avant la trop célèbre Saint-Barthélemi, n'eut pas plutôt appris ce massacre, qu'il fit tirer le canon et allumer des feux de joie : il en rendit grâces au ciel dans une cérémonie religieuse ; et l'histoire parle d'un tableau qui attestait l'approbation formelle que donnait le pontife aux assassins de Coligni : *pontifex Colignii necem probat*. En

1584, Grégoire XIII approuva aussi le plan de la ligue, sur l'exposé du jésuite Mathieu, qu'on avait député à Rome à cet effet. « Au reste, écri-
» vait ce jésuite, le pape ne trouve pas bon qu'on
» attente sur la vie du roi; mais si l'on pouvait se
» saisir de sa personne, et lui donner gens qui
» le tinssent en bride, on trouverait bon cela. »
Grégoire XIII évita même de signer aucun écrit dont les ligueurs pussent s'autoriser; il ne les secourait que de la menue monnaie du saint-siége, disait le cardinal d'Est : or, cette monnaie consistait en indulgences.

Les dissensions qui déchiraient alors la France, avaient sans doute diverses causes, mais parmi lesquelles on n'a point assez remarqué l'abolition de la pragmatique et l'établissement du concordat. D'un côté, un si funeste changement dans la discipline, en aigrissant les esprits, les avait disposés à recevoir les nouvelles opinions dogmatiques réprouvées par la cour de Rome : de l'autre, les maximes ultramontaines que le concordat avait introduites, que Catherine de Médicis avait propagées, inspiraient des sentimens d'intolérance à ceux qui restaient dans la communion du saint-siége : la pragmatique eût préservé la France et de l'hérésie et du zèle persécuteur. Sous l'empire du concordat, ces deux germes de discorde, fécondés l'un par l'autre, ont enveloppé de leurs horribles fruits les règnes de Charles IX et de Henri III. Les nouveaux intérêts que le concordat donnait au clergé de France, le dévouèrent à la cour Romaine, et affaiblirent de plus en plus les liens par lesquels il devait tenir à l'État. On s'appliquait tellement à maintenir et à reproduire les maximes du moyen âge, que Grégoire XIII osa faire, en un siècle éclairé, une nouvelle publication du décret de Gratien ; mais ce pape, en réformant le calendrier, rendit un service dont les peuples séparés de la communion Romaine ont eu long-temps la sottise de ne point profiter.

Le successeur de Grégoire XIII fut le trop fameux Sixte-Quint, vieillard sanguinaire, qui ne sut gouverner ses États que par des supplices, et qui, sans profit pour le saint-siége, ranima par des bulles les troubles qui agitaient les autres royaumes. Il professait une haute estime pour Henri IV et pour Élisabeth ; il les excommunia tous deux, mais en quelque sorte par manière d'acquit, et parce que ces démarches lui semblaient comprises dans son rôle pontifical. Il détestait et redoutait Philippe II, il eût voulu lui ravir le royaume de Naples ; il le seconda contre l'Angleterre. Une bulle solennelle donne à Philippe la

Grande-Bretagne, déclare Élisabeth usurpatrice, hérétique, excommuniée; ordonne aux Anglais de se joindre aux Espagnols pour la détrôner, et promet des récompenses à ceux qui la livreront aux catholiques pour la punir de ses crimes. Élisabeth, avec la même pompe, excommunie le pape et les cardinaux dans Saint-Paul de Londres. Cependant Philippe échoue dans son entreprise; et Sixte-Quint s'en réjouit presque autant qu'Élisabeth; il invite cette princesse à porter la guerre jusque dans le cœur de l'Espagne.

Malgré son aversion et son mépris pour les ligueurs, Sixte-Quint frappa d'anathème le roi de Navarre et le prince de Condé, les appelant race impie et bâtarde, hérétiques, relaps, ennemis de Dieu et de la religion; déliant leurs sujets présens et futurs de tout serment de fidélité, déclarant enfin ces deux princes et leurs descendans privés de tous droits, et incapables de jamais posséder aucune principauté. Cette bulle commence par le plus insolent étalage de la puissance pontificale, « supérieure à tous les potentats de » la terre, instituée pour arracher du trône les » princes infidèles, et les précipiter dans l'abîme » comme des ministres de Lucifer. » Le roi de Navarre (depuis Henri IV) fit comme Élisabeth; il excommunia Sixte, soi-disant pape, et Sixte loua cette résistance courageuse. Mais ces bulles, dont se moquait leur propre auteur, n'en servaient pas moins d'alimens aux guerres civiles; le fanatisme qu'elles nourrissaient dans les catholiques, contraignit Henri III à poursuivre plus rigoureusement les calvinistes, à leur ordonner ou d'abjurer ou de sortir du royaume; tandis que, de son côté, le roi de Navarre se trouvait forcé de prendre contre les catholiques des mesures sévères. Henri III, plus que jamais froissé entre les deux partis, n'avait ni l'habileté ni la force qu'exigeait une position si difficile. On le voit priver le roi de Navarre du droit de succession au trône de France, et bientôt après se jeter entre les bras de ce généreux prince. Cette réconciliation provoqua un monitoire, où Sixte-Quint ordonnait à Henri III de comparaître à Rome en personne, ou par procureur, dans un délai de soixante jours, pour rendre compte de sa conduite, et le déclarait excommunié, s'il n'obéissait. Il faut vaincre, disait le roi de Navarre à Henri III qu'effrayait cet anathème, il faut vaincre; si nous sommes battus, nous serons excommuniés, aggravés et réaggravés. Ces censures avaient si peu conservé leur ancienne puissance, qu'un évêque de Chartres disait qu'elles étaient sans force en deçà des monts, qu'elles gelaient en passant les Alpes. Le poignard de Jacques Clément eut plus d'efficacité. Henri III périt sous les coups de cet assassin ; et si nous devons en croire les ligueurs, Sixte-Quint, s'extasiant sur une entreprise si audacieuse, la comparait à l'incarnation du verbe et à la résurrection de Jésus.

S'il fallait expliquer la politique de ce pontife, nous dirions que son véritable ennemi, le rival qu'il eût voulu renverser, était Philippe qu'il n'excommunia point et contre lequel il n'osa rien entreprendre à découvert : les circonstances ne le permettaient pas. Sixte-Quint espérait sans doute que les mouvemens excités en Angleterre, entretenus en France par des anathèmes pontificaux, prendraient plus de surface et aboutiraient à quelque résultat funeste à Philippe. Cet appareil de la suprématie papale, déployé contre les rois de Navarre et d'Angleterre, menaçait plus réellement celui qui, gouvernant l'Espagne, le Portugal, la Belgique, les deux Siciles et une partie du nouveau monde, surpassait en grandeur et en richesses tous les autres potentats. Déclarer la Grande-Bretagne un fief de l'église Romaine, c'était retracer assez les prétentions de cette église sur le royaume de Naples ; et, lorsque le pape s'érigeait en juge souverain des rois de la terre, il faisait assez entendre qu'une erreur ou un revers suffirait pour entraîner la chute du
plus

plus puissant de tous. Malheureusement, la catholicité de Philippe II demeura inattaquable; Henri IV se contenta de se défendre contre l'Espagne ; la reine Élisabeth aima mieux affermir son trône, qu'ébranler ceux d'autrui, et Sixte enfin mourut trop tôt (1).

―――――――――――

(1) En exécution d'un décret du concile de Trente, décret prononcé en 1546, Sixte-Quint publia en 1590 une édition officielle de la Vulgate; et dans une bulle qui tenait lieu de préface, il déclara, selon sa propre science et avec la plénitude de sa puissance, que c'était là la version consacrée par le saint concile; ordonnant de corriger toute ancienne édition sur celle-là, faisant défenses à toutes personnes d'en publier aucune qui ne fût exactement copiée sur ce modèle, le tout à peine d'excommunication majeure encourue *ipso facto*. Qui croirait qu'après une telle sentence, cette édition, qu'on avait attendue quarante-quatre ans, ait été supprimée aussitôt après la mort de Sixte-Quint, et remplacée en 1592 par celle qui porte le nom de Clément VIII ! On compte entre ces deux Bibles, environ deux mille variantes, dont la plupart sont à la vérité fort légères. Mais l'édition de Clément VIII a prévalu dans l'église catholique : elle y est reconnue et révérée comme la véritable Vulgate. Nous remarquons ce fait, comme l'un de ceux qui prouvent que, même en matière dogmatique, le consentement général des églises abroge ou ratifie les sentences des papes.

« Il faut avouer, dit Dumarsais, ou que Clément VIII a eu
» tort de faire retoucher à la bible de Sixte-Quint, ou que
» Sixte-Quint s'était trompé en déclarant par une bulle que l'édi-
» tion qui s'était faite par son ordre était très-correcte et dans sa
» pureté. » *Exposit. de la doct. de l'ég. Gallic.* p. 163 du t. VII des Œuv. de Dumarsais.

Après lui, Urbain VII ne régna que treize jours, Grégoire XIV que dix mois, et Innocent IX que huit semaines. Grégoire XIV toutefois eut le temps d'encourager les ligueurs, d'excommunier Henri IV, et de lever à grands frais une armée de brigands qui ravagea quelques provinces de France.

Clément VIII, dernier pape du XVIe siècle, ayant ordonné aux Français de choisir un roi catholique de nom et d'effet, le soudain catholicisme de Henri IV déjoua la cour de Rome, la ligue, et les intrigues de l'Espagne : le pape aima mieux absoudre Henri que de le voir régner et prospérer malgré le saint-siége. A la vérité, les deux représentans du roi (du Perron et d'Ossat), se prêtèrent, avec beaucoup de complaisance, aux cérémonies de l'absolution; et l'on eut bien de la peine à obtenir la suppression de la formule : *Nous le réhabilitons dans sa royauté*. Mais le prince absous prit contre les prétentions de la cour Romaine une mesure décisive, en garantissant aux protestans, par l'édit de Nantes, le libre exercice de leur culte et la pleine jouissance de leurs droits civils. Quand le clergé catholique vint lui demander la publication des décrets du concile de Trente, il écarta cette proposition avec la politesse ingénieuse et légère qui caractérise les mœurs Françaises, et qui embellissait, dans celles de Henri IV, la bravoure, la prudence et la loyauté. Cependant ce Henri qu'idolâtrait la nation, le fanatisme l'avait proscrit en secret; et les Jésuites, que les poignards de Barrière et de Jean Chatel avaient mal servis, aiguisaient celui de Ravaillac.

En 1597, Alfonse II, duc de Ferrare, étant mort sans laisser d'enfans, Clément VIII résolut de s'emparer de ce duché, et fit un si bon usage des armes spirituelles et temporelles, qu'il réussit dans cette entreprise, au préjudice de César d'Est, héritier d'Alfonse. On a souvent reproché à ce pape et à ses prédécesseurs, depuis la mort de Jules II, une politique vacillante, une extrême mobilité dans leurs inimitiés et dans leurs alliances. Ne prenons pas ces variations pour des signes d'impéritie; elles n'attestent que la difficulté des conjonctures, que l'état de faiblesse où le schisme d'Avignon, le progrès des hérésies, et l'ascendant de quelques princes, avaient réduit le saint-siége. Si, durant le XVI.e siècle, la chaire de saint Pierre a été presque toujours occupée par d'habiles pontifes, ce siècle nous présente aussi, sur la plupart des trônes, des souverains célèbres, que des vertus ou des talens, ou un caractère énergique, recommandent diversement à l'histoire : par exemple, Henri VIII, et sa fille Élisabeth, en Angleterre;

Louis XII, François I.ᵉʳ, Henri IV en France ; Charles-Quint et Philippe II en Espagne. Aucun de nos siècles modernes n'a été plus fertile en hommes mémorables dans toutes les carrières. Et cependant la cour de Rome ne renonçait à aucune de ses prétentions ; elle maintenait les traditions de son ancienne suprématie ; elle continuait de parler le langage de Grégoire VII et d'Innocent III. Que pouvait-elle de plus au milieu de tant de rivaux formidables ! C'était beaucoup que de traverser les orages et de se conserver pour de meilleurs temps. Mais ces temps ne sont pas venus, et les papes du XVII.ᵉ siècle, trop inférieurs à ceux du XVI.ᵉ, aux Jules II, aux Léon X, aux Sixte-Quint, ont laissé perdre jusqu'à l'espérance de jamais rétablir en Europe la monarchie pontificale.

Entre les nombreux écrits publiés dans le cours de ce siècle sur les libertés de l'église Gallicane, on distingue celui que Pierre Pithou mit au jour en 1594. Rédigé en 83 articles, il a la forme d'un code, et en obtient presque l'autorité ; car on le trouve cité, non-seulement dans les plaidoyers, mais dans les lois mêmes (1). La pragmatique de saint Louis au XIII.ᵉ siècle, le Songe du Vergier au XIV.ᵉ, la

---

(1) L'article 50 de Pithou est cité dans un édit de 1719.

pragmatique de Charles VII au XV.ᵉ, le traité de P. Pithou au XVI.ᵉ, et les quatre articles de 1682, présentent, chez les Français, une tradition constante de la plus saine doctrine, sur les limites du ministère pontifical.

CHAPITRE X.

Tentatives des Papes du dix-septième Siècle.

Aucun pape, depuis 1600, n'a joint à une ambition énergique des talens dignes de la seconder. A partir de cette époque, le saint-siége n'est plus qu'une puissance du second ordre, qui, presque incapable d'agressions hardies, se défend par des intrigues, et n'attaque plus que par des machinations obscures. Les réformes qui ont séparé de l'église romaine une partie de la chrétienté, contribuent à délivrer l'autre de la tyrannie pontificale. Par-tout le pouvoir civil s'affermit; les troubles même tendent ou aboutissent à l'organiser et surtout à l'affranchir. Les annales des papes se détachent de plus en plus de l'histoire générale de l'Europe, et perdent ainsi leur éclat et une grande partie de leur intérêt. Nous n'aurons donc à recueillir dans ce chapitre qu'un assez petit nombre de faits, après que nous aurons considéré, sous des points de vue généraux, l'influence de la cour Romaine, au XVII.ᵉ siècle, sur les principaux États Européens.

En Angleterre, Jacques I.ᵉʳ, successeur d'Élisabeth, avait échappé, lui, sa famille et son parlement, à la conspiration des poudres, tramée par des Jésuites et par d'autres agens du souverain pontife. Roi prodigue et bientôt indigent, Jacques avait vu se former les deux partis des Torys et des Wighs. La chambre des communes, où ce dernier parti domine, résiste à Charles Ier; Charles menace, on l'insulte; il prend les armes, on l'oblige à fuir; il périt sur un échafaud, victime ignoble d'un tragique arrêt. Protecteur de la république Anglaise, Cromwell la tyrannise et la rend puissante : mais Cromwell meurt, et Monck livre l'Angleterre à Charles II. Les inconstances et les contradictions qui s'accumulent dans le cours de ce nouveau règne, décèlent l'influence indécise de la cour Romaine : les catholiques sont tolérés, accusés, protégés, exclus des emplois; on décapite cinq Jésuites : le roi casse des parlemens, et signe l'acte d'*habeas corpus* : un serment anti-papiste est exigé; et le duc d'Yorck, qui refuse de le prêter, n'en est pas moins rétabli dans la charge de grand amiral; bientôt même il succède, sous le nom de Jacques II, à Charles II son frère, et fatigue, par des exécutions barbares, la patience de ses sujets. Jacques II, sans amis, même parmi les catholiques qu'il a comblés de faveurs, s'abandonne aussi lui-même, et perd, sans combat, un sceptre avili. Le gouvernement Anglais se réorganise, et Guillaume de Nassau, prince d'Orange et gendre de Jacques II, est appelé au trône de la Grande-Bretagne. Guillaume, à-la-fois stathouder en Hollande et roi d'Angleterre, gouverne avec énergie l'un et l'autre État, et triomphe des conspirations presque toujours fomentées ou secondées par le saint-siége. Ainsi des troubles et des crimes, l'affaiblissement du catholicisme, et la restauration des autorités civiles, tels ont été chez les Anglais du XVII.ᵉ siècle les seuls résultats des ténébreuses manœuvres de la cour Romaine.

La paix de Munster, en 1648, avait proclamé l'indépendance des Provinces-Unies. Malgré le sol, le climat et la discorde, la Hollande, déjà florissante et libre du joug Espagnol, prenait un rang distingué parmi les puissances échappées à l'empire du saint-siége. Le roi d'Espagne, Philippe III, perdait aussi l'Artois, dont s'emparait Louis XIV, et le Portugal, qui couronnait le duc de Bragance. Un Charles II, fils de Philippe IV, perdit la Franche-Comté, mourut sans enfans, et légua son royaume à un petit-fils du roi des Français. C'était donc pour les papes une faible ressource que l'ascendant qu'ils exerçaient encore sur l'Espagne, si déchue elle-même, et qui semblait se placer sous l'influence Française.

En Allemagne, la catholicité des empereurs

Ferdinand II, Ferdinand III et Léopold, n'empêchait pas le progrès des hérésies. Après que le despotisme de Ferdinand II eut révolté les Allemands et le nord de l'Europe, on vit l'autorité impériale s'affaiblir entre les mains de Ferdinand III; et Léopold, gouverné pendant quarante-sept ans par des ministres, des femmes et des confesseurs, inutile ami des papes, ne se soutînt que par l'opinion qu'il inspira de son impuissance.

Après Henri IV, qui mourut assassiné en 1610, le XVII.ᵉ siècle n'offre plus que deux rois de France, Louis XIII et Louis XIV. Louis XIII exile Marie de Médicis sa mère, la rappelle et l'éloigne encore; il l'offense parce qu'il la craint : il n'aime pas Richelieu qu'il se donne pour ministre et pour maître. Les protestans, toujours inquiets et menacés, prennent les armes; la Rochelle, leur boulevart, capitule après un long siége. Richelieu publie un édit de grâce : il redoute assez Rome et les enfans de Loyola, pour ne pas écraser encore ceux de Calvin. Il est plus pressé d'abaisser les grands; il les épouvante par les supplices de Marillac, de Montmorency, de Cinq-Mars, et, achevant par d'indignes moyens l'ouvrage que Henri IV n'a pas eu le temps de finir, il fonde, dans l'intérieur de la France, la puissance monarchique. Sa mort et celle de Louis XIII amènent une minorité orageuse : la Fronde repousse Mazarin ; Mazarin lasse la Fronde et se met à gouverner nonchalamment un peuple frivole. Ce qu'il néglige le plus, c'est l'éducation du jeune roi, de ce Louis XIV, qui depuis 1661 jusqu'en 1715, régna sur les Français et maîtrisa quelquefois l'Europe. La révocation de l'édit de Nantes, en 1685, divise ce long règne en deux parties : des bienfaits et des triomphes immortalisent la première; l'hypocrisie, le fanatisme, le faste et les revers ont rempli l'autre d'intrigues, de proscriptions et de lentes calamités. Pourtant, quels qu'aient été les malheurs de Louis XIV, les souvenirs les plus glorieux de l'histoire des Français sous la troisième dynastie appartiennent à son règne. La nation à laquelle il a donné de l'orgueil, a excusé les excès du sien; et tant d'hommes autour de lui ont mérité le nom de grand, qu'il l'a obtenu lui-même : d'autres princes, au contraire, étendent leur grandeur personnelle sur ce qui les environne. Mais son imposante autorité a long-temps comprimé l'ambition des papes; et l'influence qu'ils ont exercée sur la seconde moitié de son règne, a beaucoup plus tourné au détriment de la France, qu'au profit de la cour romaine.

Les guerres des Vénitiens contre les Turcs, la conspiration des Espagnols contre Venise en 1618, la sédition de Mazaniello à Naples en 1640, et les entreprises de quelques pontifes Romains, sont, durant ce siècle, les principaux faits des annales de l'Italie. Jamais cette contrée n'avait été plus disposée à souffrir et à étendre la domination des papes ; mais les papes ont manqué de l'habileté nécessaire pour tirer un grand parti de cette disposition : ils ont laissé languir et dépérir autour d'eux les beaux-arts qui naissaient ou prospéraient ailleurs ; c'est dans ce siècle que les Italiens ont cessé d'être le peuple le plus éclairé de l'Europe, prééminence dont ils avaient besoin pour en conserver quelqu'une, et n'être pas réduits à presque tous les genres d'infériorité.

Les plus remarquables papes du XVII.ᵉ siècle sont Paul V, Urbain VIII, Innocent X, Alexandre VII, Clément IX, Innocent XI, Alexandre VIII et Innocent XII.

La république de Venise avait puni de mort, sans l'intervention de l'autorité ecclésiastique, un moine Augustin convaincu d'énormes crimes ; un chanoine et un abbé étaient emprisonnés pour de pareilles causes : le sénat défendait de multiplier sans sa permission les couvens et les églises ; il défendait d'aliéner des terres au profit des moines et du clergé. Ces actes d'indépendance irritèrent Paul V : il excommunia le doge et les sénateurs, jeta l'interdit sur la république entière. Il voulait que dans un délai de vingt-quatre jours, les sénateurs, révoquant leurs décrets, remissent entre les mains du nonce, le chanoine et l'abbé qu'ils retenaient prisonniers. Si, après les vingt-quatre jours, le doge et le sénat persistaient encore trois jours dans leur obstination, l'office divin devait cesser, non-seulement dans Venise, mais dans tous les domaines Vénitiens. Et il était enjoint aux patriarches, archevêques, évêques, vicaires généraux et autres, sous peine de suspension et de privation de leurs revenus, de publier et afficher dans les églises cette sentence pontificale, que Paul V prononçait, disait-il, par l'autorité de Dieu, par celle des apôtres et par la sienne. Les Capucins, les Théatins et les Jésuites, observèrent cet interdit, qui fut méprisé par tout le reste du clergé Vénitien comme par le peuple. On fit peu d'attention aux Théatins et aux Capucins; mais les Jésuites, plus puissans et plus coupables, furent bannis à perpétuité. Une protestation contre les anathèmes de Paul fut adressée par le doge aux prélats ecclésiastiques; et le sénat écrivit, sur le même sujet, une lettre circulaire à toutes les villes et à toutes les communes de l'État. Ces deux pièces se font distinguer par une énergie calme, qui ne mêle aucune injure, aucun mouvement passionné, à l'expression d'une résolution inébranlable. Nous n'avons rien négligé, disent les sénateurs, pour éclairer sa sainteté; mais elle a fermé l'oreille à nos remontrances, aussi-bien qu'aux leçons de l'écriture, des saints pères et des conciles; elle s'est obstinée à méconnaître l'autorité séculière que Dieu nous a commise, l'indépendance de notre république, et les droits individuels de nos concitoyens. Appellerons-nous au futur concile général ? nos ancêtres l'ont fait quelquefois en de pareilles circonstances; mais ici l'injustice est si palpable, qu'une réclamation solennelle serait superflue. Notre cause est trop immédiatement celle de nos sujets, de nos alliés, de nos ennemis eux-mêmes, pour qu'une telle excommunication puisse troubler un seul instant la paix intérieure ou extérieure de la république.

En effet, l'anathème demeura inefficace au dedans et au dehors (1). En vain le pape employa les Jésuites à soulever ou indisposer les cours de l'Europe contre les Vénitiens. En Espagne

(1) La cour de Rome, dit Dumarsais, ne craint que ceux qui ne la craignent point, et ne cède qu'à ceux qui ne veulent point lui céder; elle n'a de force que par la faiblesse de ceux qui ignorent leurs propres droits, et qui lui en attribuent qu'elle n'aurait jamais osé s'attribuer sans leur aveugle déférence. *Exp. de la doct. de l'ég. Gallic.* p. 228 du t. VII des Œuvr. de Dumarsais.

même, où ces intrigues jésuitiques avaient un peu plus de succès qu'ailleurs, l'ambassadeur Vénitien fut admis, malgré les menaces du nonce, à toutes les cérémonies ecclésiastiques. Le gouverneur de Milan, les ducs de Mantoue et de Modène, le grand-duc de Toscane, le vice-roi de Naples, épousèrent ouvertement les intérêts de la république excommuniée. Le roi de Pologne, Sigismond, déclara que cette cause était aussi celle de son royaume, et le duc de Savoie, que c'était celle de tous les souverains de la chretienté. La cour de Vienne blâma la conduite du pape, et invita Sorance, ambassadeur de Vénise, à une procession du saint-sacrement, en dépit du nonce apostolique, qui refusa d'y assister. Le nonce Barberin ne réussit pas mieux en France, lorsqu'il demanda que l'entrée des églises fut interdite à l'ambassadeur Vénitien Priuli. Abandonné ainsi de toutes les cours, et réduit à ses propres moyens spirituels et temporels, le souverain pontife prit le parti de lever des troupes contre Venise : heureusement pour cette armée papale, Henri IV offrit sa médiation, et termina la querelle à des conditions plus douces que ne pouvait l'espérer Paul V, quoiqu'il eût formé une *congrégation de la guerre :* c'était un comité de prêtres, et un genre tout nouveau de fonctions sacerdotales.

Paul V concourut à troubler l'Angleterre par deux brefs, où il défendait aux catholiques de prêter à leur roi Jacques I.ᵉʳ le serment d'allégeance; il renouvela la bulle *In cænâ Domini*, et l'inséra dans le rituel Romain, augmentée d'un surcroît d'anathèmes (1). Les prétentions de ce pape ont donné lieu à plusieurs écrits sur la puissance pontificale. Le 8 juin 1610, vingt-quatre jours après l'assassinat de Henri IV, le parlement de Paris condamna au feu un livre où le Jésuite Mariana permettait et conseillait d'attenter à la vie des rois indociles au saint-siège; et le 28 novembre, le même parlement supprima le traité où Bellarmin étendait sur le temporel des princes le pouvoir spirituel des papes. Deux Écossais, Guillaume Barclai et Jean son fils, réfutèrent Bellarmin: Antoine de Dominis en fit autant, et ménagea trop peu le chef visible de l'église. Edmond Richer, qui écrivit avec plus de mesure contre les opinions ultramontaines, fut très-mal récompensé de son zèle pour les libertés Gallicanes.

Démêlés avec les ducs de Parme et de Savoie, avec la république de Lucques, avec les Liguriens,

---

(1) *Pastoralis Romani pontificis vigilantia*, tels sont les premiers mots de la bulle *In cænâ Domini* renouvelée par Paul V: elle a trente articles, c'est-à-dire, six de plus que la bulle *Consueverunt &c.* de Paul III. *Voyez* ci-dessus p. 272.

avec les Suisses; entreprises sur la Valteline; intrigues pour soutenir l'inquisition à Naples, pour favoriser les Jésuites en Espagne : nous écartons ces minces détails, qui, en général, ne prouveraient que l'impuissance de l'ambition pontificale, depuis 1605 jusqu'à 1621.

Urbain VIII, qui donna aux cardinaux le titre d'éminence, refusait à Louis XIII celui de roi de Navarre. Ce refus, dont il y a d'autres exemples, avait pour cause l'excommunication et la déposition de Jean d'Albret par Jules II (1). Pour soutenir la sentence de Jules II, les papes ont omis, le plus qu'ils ont pu, cette qualité de roi de Navarre, en parlant des rois de France, héritiers de Jean d'Albret. Le parlement a refusé l'enregistrement de plusieurs bulles, où l'on remarquait cette omission; elle fut particulièrement reprochée à Urbain VIII. Ce pontife ayant voulu s'entremettre dans les différens des cours de France et d'Espagne, au sujet de la Valteline, il eut le déplaisir d'apprendre que ces deux puissances avaient signé la paix à son insu. Toutefois il vint à bout de réunir au saint-siège le duché d'Urbin avec les comtés de Montefeltro et de Gubio, la seigneurie de Pésaro et le vicariat de

---

(1) *Voyez* ci-dessus, p. 260.

Sinigaglia

Sinigaglia : ces domaines lui étaient donnés par le duc François-Marie, dernier rejeton de la maison de la Rovère. Mais le cardinal Richelieu avait les yeux ouverts sur les projets de ce pontife; il fit refuser l'audience au nonce Scoti, et ne laissa jamais ignorer que la cour de France n'entendait point dépendre du saint-siége. Le parlement fit brûler un livre de Santarelli, Jésuite Italien, qui attribuait au pape le droit de déposer les rois, de les condamner à des peines temporelles, et de dégager les sujets de tout serment de fidélité (1). L'ouvrage de Pierre de Marca, sur la concorde du sacerdoce et de l'empire, parut à cette époque, et déplut à tel point à la cour de Rome, qu'elle refusa de confirmer la nomination de l'auteur à un évêché. De Marca eut la faiblesse de modifier ses opinions au gré de cette cour : dans la suite, il convoita le chapeau de cardinal, et peu avant sa mort il dictait à Baluze un traité de l'infaillibilité du pape. Aussi intrigant qu'érudit, de Marca sacrifiait ses idées à ses intérêts : les livres de cet écrivain ne sont utiles que par les textes et les faits qu'ils rassemblent.

Un pape ne pouvait plus déclarer la guerre qu'à de petits princes. Urbain VIII la fit au duc de Parme, qui avait refusé aux parens du saint-père le prix des

---

(1) *Voy.* Bossuet, *Def. decl. cl. Gallic.* l. 1, §. 1, c. 3, 4, 5, 6.

services qu'il prétendait lui avoir rendus. On cita le duc, on l'excommunia, on s'empara même de son duché de Castro, qu'il fallut lui rendre en traitant avec lui après quatre ans de débats et de combats. Mais cette guerre mal éteinte recommença sous Innocent X, successeur d'Urbain; et, parce que le duc de Parme ne pouvait payer assez tôt d'énormes intérêts qu'il devait au mont-de-piété, Castro fut confisqué, saccagé, rasé par ordre du chef de l'église; on éleva sur les ruines de cette ville une colonne qui portait l'inscription, *Ici fut Castro* (1). Qu'une vaste guerre, où s'entrechoquent deux grands États, deux puissans princes, deux factions aveugles, entraîne quelquefois de pareils désastres, l'humanité doit en gémir : mais qu'un intérêt pécuniaire, qu'une obscure et mince querelle entre de si faibles rivaux, aboutissent à la destruction d'une cité, à la dispersion des habitans, à la désolation des familles, et que cet inutile ravage soit ordonné froidement par celui qui a vaincu sans péril et presque sans effort, on en demeure encore plus surpris qu'indigné; et l'on ne concevrait pas dans un prince une si gratuite sévérité, si ce prince n'était un pontife, un successeur de Boniface VIII. Encore est-il étonnant que les papes aient si mal

---

(1) *Qui fù Castro.*

connu l'intérêt immédiat qu'ils avaient à ménager les villes Italiennes, à les attacher au saint-siége par des bienfaits, à leur rendre enfin assez de prospérité et d'influence, pour qu'elles pussent contribuer à rétablir en Europe la domination pontificale. Plusieurs papes du XVI.ᵉ siècle ont eu cette politique ; et c'est parce qu'elle a été trop étrangère à ceux du XV.ᵉ et du XVII.ᵉ, que la puissance temporelle de l'église Romaine semble désormais condamnée à dépérir et à s'éteindre.

Une révolution venait de placer sur le trône de Portugal Jean de Bragance (ou Jean IV), dont les ancêtres avaient été dépouillés par le roi d'Espagne Philippe II. Philippe IV, qui languissait dans une honteuse inertie, n'entreprit pas de reconquérir par les armes le royaume de Portugal. La cour de Madrid eut recours au pape Innocent X, qui refusa des bulles aux évêques nommés par Jean de Bragance, et déclara qu'il ne reconnaîtrait jamais ce nouveau monarque. Jean consulta les universités de ses États ; elles répondirent que si le pape persistait dans ses refus, il n'y avait qu'à se passer de ces bulles. Ce fut aussi l'avis de l'assemblée du clergé de France, interrogée sur le même article par l'ambassadeur Portugais. Cette assemblée fit plus, elle écrivit au pape pour lui remontrer avec respect qu'il convenait d'accorder des bulles aux prélats nommés par Jean IV ; en quoi le clergé de France prenait peut-être trop de part à une affaire étrangère : mais on voit par-là ce qu'il pensait de l'institution canonique, et du droit qu'on a de la considérer comme obtenue, quand un vain caprice la refuse. Au surplus, Innocent X, en cette conjoncture, craignit plus la France et le Portugal que l'Espagne : il expédia les bulles, et ne contesta plus à Jean de Bragance le titre de roi.

Innocent X se détacha même à tel point de la cour Espagnole, que pour seconder les Napolitains révoltés contre elle, il invita le duc de Guise, issu des princes d'Anjou, anciens rois de Naples, à soutenir ses droits sur ce royaume, et à tenter de le conquérir : mais le pape ne tint aucune des promesses qui avaient séduit le duc ; et cette infidélité fut l'une des causes qui empêchèrent le succès de l'expédition. Observons d'ailleurs qu'il n'existait, à cette époque, aucune sorte d'alliance ou d'amitié entre les cours de France et de Rome. Innocent X ayant ordonné à tous les cardinaux de résider dans la capitale de la chrétienté, avec défense de sortir des terres du saint-siége sans la permission du souverain pontife, le parlement de Paris annulla ces décrets comme abusifs ; et le cardinal Mazarin défendit d'envoyer de France de l'argent à la cour Romaine. En réfléchissant sur cette dernière disposition, le pape comprit qu'il fallait renoncer à la résidence des membres du sacré collége ; il s'en consola en acquérant du duc Savelli la ville d'Albano.

Mais le trait le plus remarquable du pontificat d'Innocent X, c'est l'opposition qu'il prétendit mettre aux traités de Munster et d'Osnabruck. De longues rivalités, de sanglantes guerres avaient tourmenté, presque épuisé l'Europe ; et ces traités enfin allaient terminer le cours des désastres. Une bulle arrive, où le vicaire de l'agneau de Dieu proteste contre la paix du monde ; où il annulle, autant qu'il est en lui, la concorde des peuples chrétiens. On a, dit-il, livré des biens ecclésiastiques à des réformés ; on a permis aux réprouvés l'exercice des emplois civils ; on a, sans la permission du saint-siége, augmenté le nombre des électeurs ; on a conservé des droits dans l'État à ceux qui n'en ont plus dans l'église : l'église abroge ces odieux articles, ces concessions téméraires, ces conventions hérétiques. Innocent X entrevoyait sans doute que la guerre offrait plus de chances à la cour de Rome, et que la puissance ecclésiastique n'avait rien à gagner dans une paix qui rendrait aux Gouvernemens séculiers plus de consistance, plus d'activité, plus de prospérité intérieure : mais il connut trop mal l'époque où il publiait une telle bulle ; il ne sentit pas que l'ambition pontificale, jadis odieuse, n'était presque plus que ridicule ; et il compromit, par une vaine démarche dont à peine on daigna s'apercevoir, les faibles restes de l'autorité de ses prédécesseurs.

N'ayant point entrepris une histoire détaillée de toutes les intrigues pontificales, nous prendrons la liberté de ne rien dire des cinq propositions de Jansenius, condamnées par Innocent X et par son successeur Alexandre VII, qui prescrivit la signature d'un formulaire long-temps fameux. Déjà bien déplorables à la fin du XVII.ᵉ siècle, ces querelles sont devenues tellement ignobles dans le cours du XVIII.ᵉ, qu'à vaincre et même à succomber, il n'y avait plus que du déshonneur. En divisant le clergé en deux partis presque également déconsidérés, ces tristes controverses ont affaibli l'influence du sacerdoce, et par conséquent celle du premier pontife. Dès 1659, Alexandre VII put s'apercevoir de la décadence de son crédit en Europe, lorsqu'ayant tenté de s'immiscer dans les négociations entre la France et l'Espagne, il apprit qu'on avait traité sans lui. Il osa, néanmoins, trois ans après, indisposer le plus puissant monarque de cette époque. Créqui, ambassadeur de Louis XIV à Rome, fut insulté par la garde pontificale, qui tua l'un de ses pages, et tira sur le carrosse de l'ambassadrice. N'obtenant aucune satisfaction ni du pape ni de ses ministres, Créqui se retira sur les terres de Florence. Louis XIV demanda une réparation solennelle; et ne trouvant point assez complète celle qu'on lui avait fait attendre quatre mois, il fit marcher des troupes contre Rome, et s'empara de la ville et du comtat d'Avignon, qu'un arrêt du parlement réunit à la couronne le 26 juillet 1663. Alexandre VII ne laissa échapper cette occasion de déployer contre un grand prince les armes spirituelles et temporelles, qu'après avoir vainement sollicité l'appui et le concours de tous les États catholiques rivaux de la France. Le saint-siége s'humilia donc prudemment, et le cardinal Chigi, neveu du pape, vint faire à Louis XIV toutes les réparations que ce monarque exigea. On n'avait point en Europe une haute idée de la véracité d'Alexandre VII : *abbiamo un papa che non dice mai una parola di verità*, écrivait Renaldi, ambassadeur de Florence à Rome. Ce pontife mourut en 1667, laissant sa famille parfaitement bien enrichie, et le peuple Romain chargé de neuf subsides nouveaux, outre les anciens, qui avaient été bien scrupuleusement maintenus.

Après que Clément IX eut assoupi pour quelques

instans les disputes excitées par le formulaire, et que le cardinal Altiéri eut, durant six années, gouverné tranquillement l'église sous le nom de Clément X son oncle, Odescalchi ou Innocent XI porta sur la chaire de saint Pierre plus d'énergie et d'ambition. Il ressentait pour Louis XIV une inimitié personnelle qu'il ne pouvait dissimuler, et qui éclata dans deux grandes affaires, celle de la régale et celle du droit de franchise.

La régale était un droit dont jouissaient depuis plusieurs siècles les rois de France, et qui consistait à percevoir les revenus des évêchés vacans, et à nommer aux bénéfices qui dépendaient de l'évêque. Quelques églises ayant essayé de s'affranchir de ce droit, Louis XIV, par un édit de 1673, déclara que la régale s'appliquait à tous les évêchés du royaume. Deux évêques protestèrent contre cet édit; c'étaient ceux de Pamiers et d'Aleth, connus par leur opposition au formulaire d'Alexandre VII. Ces deux prélats, réfractaires aux décrets des papes, furent soutenus par le pape Innocent XI dans leur résistance à la volonté et aux droits de leur souverain. Une assemblée du clergé de France ayant adhéré à l'édit du roi, et le pape ayant condamné cette adhésion, la chaleur de la dispute entraîna les esprits à un examen des droits et des prétentions du pape lui-même, et l'on fit les quatre célèbres articles de 1682.

Que la puissance ecclésiastique ne s'étend point sur le temporel des rois ; que le concile général est supérieur au pape, ainsi que l'ont décidé les pères de Constance; que le jugement du pape, en matière de foi, n'est une règle infaillible qu'après le consentement de l'église ; que les coutumes et les lois reçues dans l'église Gallicane, doivent être maintenues : telle est la substance des quatre articles. Innocent XI les condamna ; il refusa des bulles aux évêques nommés par le roi, et n'oublia presque rien de ce qui pouvait provoquer une scission : déjà l'on parlait en France d'établir un patriarche indépendant de la cour Romaine.

Bossuet avait été le principal rédacteur des quatre articles ; la cour de Rome, qui cherchait à lui opposer un adversaire digne de lui, offrit le cardinalat au célèbre Arnauld, s'il voulait écrire contre ces quatre maximes. Arnauld répondit à cette proposition comme à une injure : il fallut recourir à des défenseurs d'un bas étage, à des théologiens de Louvain, à un Gonzalès, général des Jésuites, au Dominicain Roccaberti, au Bénédictin Sfondrati, à d'Aguirre, autre Bénédictin, qu'un chapeau rouge récompensa. Leurs écrits sont oubliés, et la défense des quatre articles par Bossuet demeure au nombre de ses bons ouvrages. Il faut noter qu'elle ne fut imprimée qu'en 1730, retard qu'on ne saurait attribuer qu'aux intrigues d'une partie du clergé déjà repentante du courage de 1682. Une édition plus exacte du livre de Bossuet, et une traduction Française accompagnée de notes, parurent en 1745, sans privilége et comme sorties des presses d'Amsterdam. Aucune volonté de Louis XIV, si l'on excepte son testament, n'a été plus mal exécutée que l'édit par lequel il avait ordonné d'enseigner tous les ans la doctrine des quatre articles en chaque école de théologie. Les Jésuites ne les ont jamais professés, et le projet de les abolir a été souvent conçu depuis 1700 jusqu'à la fin du ministère du cardinal de Fleury. Si cette abrogation n'a pas eu lieu, c'est qu'on a craint les réclamations des Jansénistes, et prévu le crédit qu'on leur donnerait, en les constituant les seuls défenseurs des libertés de l'église Gallicane.

Dans l'affaire des franchises, Louis XIV pouvait, au fond, avoir tort. Les autres monarques catholiques avaient renoncé à cet étrange droit d'asile que les palais des ambassadeurs et même les lieux d'alentour offraient, dans Rome, aux malfaiteurs, contre les poursuites de la justice. Le roi de France déclara que jamais il n'avait pris pour règle la conduite d'autrui, et qu'il prétendait au contraire servir d'exemple. Son ambassadeur Lavardin, en 1687, vint à Rome soutenir les franchises, et affecta de braver le pontife par une entrée fastueuse. Des censures lancées contre Lavardin irritèrent Louis XIV: on prit encore une fois Avignon; et ces vifs débats eussent amené une rupture éclatante, s'il n'eût paru impossible de la concilier avec les rigueurs qu'on exerçait depuis 1685 contre les protestans. La proscription des calvinistes réconcilia, dans cette délicate conjoncture, la cour de France et le saint-siége.

Avignon fut rendu au successeur d'Innocent XI, Alexandre VIII, qui n'en condamna pas moins les quatre articles de 1682. Innocent XII, après lui, continua de refuser des bulles aux évêques partisans de ces articles ; et il obtint d'eux une lettre qu'il accueillit comme une rétractation. Elle disait, en effet, « que tout ce qui avait pu être censé
» décrété en 1682 sur la puissance ecclésiastique,
» devait être tenu pour non décrété, attendu qu'on
» n'avait pas eu l'intention de faire aucun décret,
» ni de porter préjudice au saint-siége. » Paroles ambiguës, sans doute, et péniblement contournées, mais qui ne tendent point assurément à confirmer les quatre articles, et qui seraient, au

contraire, tout-à-fait insignifiantes, si elles n'exprimaient pas une disposition à les abandonner. Cette lettre, fort peu honorable, est l'un des effets de la révocation de l'édit de Nantes, l'un des symptômes de la défaillance du caractère de Louis-le-Grand, et l'une des preuves de ce que nous avons dit ailleurs (1), du secret penchant qui, depuis 1560, entraînait le clergé Français au système ultramontain.

Heureusement les autres ordres de l'État soutinrent avec persévérance les quatre maximes du clergé contre le clergé lui-même, et les intérêts du trône presque méconnus par le monarque affaibli. Parmi les magistrats auxquels l'église Gallicane dut, à cette époque, le maintien de sa doctrine antique, on distingue l'avocat-général Talon, auteur d'un traité de l'autorité des rois dans l'administration de l'église, l'un des meilleurs livres qu'on ait publiés sur cette matière. Il avait professé les mêmes principes dans l'exercice de ses fonctions, et particulièrement dans un réquisitoire prononcé en 1688. Nous terminerons ce chapitre par quelques extraits de ce réquisitoire.

« Dans l'assemblée tenue à l'occasion des af-
» faires de la régale, les évêques avertis que les

---

(1) Ci-dessus pag. 281.

» docteurs ultramontains et les émissaires de la
» cour de Rome n'oubliaient aucun soin pour
» répandre dans le royaume les opinions nou-
» velles de l'infaillibilité du pape, et de la puis-
» sance indirecte que Rome s'efforce d'usurper sur
» le temporel des rois, cette assemblée, disons-
» nous, n'a pas prétendu former une décision
» d'une controverse douteuse, mais rendre un
» témoignage public et authentique d'une vérité
» constante, enseignée par tous les pères de
» l'église, et déterminée par tous les conciles, et
» notamment par ceux de Constance et de Bâle.....

» On a vu pourtant, avec étonnement, que le
» pape a regardé cette déclaration comme une
» injure faite à son autorité ; en telle sorte que
» le roi ayant nommé à l'épiscopat quelques-uns
» de ceux qui assistaient à cette assemblée, et qui
» sont autant recommandables par leur piété et
» par leur vertu, que par la science et l'érudition
» dont ils ont donné des preuves en diverses
» occurrences, on leur a refusé des bulles, sous
» prétexte qu'ils ne font pas profession d'une saine
» doctrine....

» Ce refus, qui n'a pas la moindre apparence
» de raison, ne laisse pas d'exciter un très-grand
» scandale, et de produire des désordres qui ne
» se peuvent exprimer....

» Qui pourrait jamais s'imaginer que le pape,
» qu'on nous propose comme une image de
» sainteté et de vertu, demeure tellement attaché
» à ses opinions, et si jaloux de l'ombre d'une
» autorité imaginaire, qu'il laisse le tiers des
» églises de France vacantes, parce que nous
» ne voulons pas reconnaître qu'ils soit infaillible!

» Ceux qui inspirent ces pensées au pape,
» peuvent-ils s'imaginer qu'ils nous feront changer
» de sentiment? Et sont-ils si aveugles qu'ils ne
» connaissent pas que nous ne sommes plus dans
» ces temps malheureux, où une ignorance gros-
» sière, jointe à la faiblesse du Gouvernement et
» à de fausses préventions, rendait les décrets
» des papes si redoutables, quelque injustes qu'ils
» pussent être ; et que ces disputes et ces que-
» relles, bien loin d'augmenter leur pouvoir, ne
» servent qu'à faire rechercher l'origine de leurs
» usurpations, et diminuent la vénération des
» peuples plutôt que de l'accroître!....

» Disons plus : le mauvais usage que les papes
» ont fait, en tant de rencontres, de l'autorité dont
» ils sont dépositaires, en n'y donnant point d'autres
» bornes que celles de leur volonté, a été la source
» des maux presque incurables dont l'église est
» affligée, et le prétexte le plus spécieux des hé-
» résies et des schismes qui se sont élevés dans le

» dernier siècle, ainsi que les théologiens assem-
» blés par l'ordre de Paul III l'ont reconnu de
» bonne foi ; et encore à présent, la seule idée
» de l'infaillibilité et de la puissance indirecte que
» la complaisance des docteurs Italiens attribue
» au siége de Rome sur le temporel des princes,
» est un des plus grands obstacles qui s'opposent à
» la conversion, non-seulement des particuliers,
» mais des provinces entières ; et l'on ne saurait
» trop insinuer dans les esprits, que ces opinions
» nouvelles ne font point partie de la doctrine de
» l'église universelle.....

» Les foudres du Vatican n'ont rien de redou-
» table ; ce sont des feux passagers qui s'exhalent
» en fumée, et qui ne font de mal ni de préjudice
» qu'à ceux qui les ont lancés.....

» Le refus que fait le pape d'accorder des bulles
» à tous les évêques nommés par le roi, cause un
» désordre qui augmente tous les jours, et qui
» desire un remède prompt et efficace. Les conciles
» de Constance et de Bâle ayant travaillé pour
» apporter quelque modération aux usurpations
» de la cour de Rome, et à la confusion qui
» s'était introduite dans la distribution des béné-
» fices, la pragmatique sanction fut ensuite com-
» posée des décrets de ces conciles. Mais les papes
» voyant par-là diminuer leur autorité, se sont

» servis de toute sorte d'artifices pour l'abolir ;
» et par le concordat fait entre le roi François I.er
» et le pape Léon X, on a réglé la manière de
» pourvoir aux évêchés et aux abbayes ; on a
» accordé au pape, non-seulement la dévolution,
» mais aussi la prévention et le pouvoir d'admettre
» les résignations en faveur, et beaucoup d'autres
» articles qui sont très-onéreux aux collateurs
» ordinaires, et tout-à-fait contraires aux anciens
» canons.

» Aussi nos pères ont-ils réclamé long-temps
» contre le concordat : l'ordonnance d'Orléans
» avait rétabli les élections ; et il serait très-avan-
» tageux que toutes les affaires ecclésiastiques
» fussent traitées dans le royaume, sans que l'on
» fût obligé d'avoir recours à Rome. Dans la suite,
» pourtant, le concordat a été exécuté de bonne
» foi de notre part, et on ne peut pas concevoir
» que le pape, par une opiniâtreté invincible,
» veuille aujourd'hui nous réduire à lui ôter le
» profit que la cour de Rome tire d'un traité qui
» lui est si avantageux.....

» Après tout, avant le concordat, ceux qui
» étaient élus par le clergé et par le peuple, et
» depuis par les chapitres, en présence d'un com-
» missaire du roi, n'étaient-ils pas ordonnés par
» le métropolitain, assisté des évêques de la
» province,

» province, après que le roi avait approuvé leur
» élection! Le droit acquis au roi par le concordat,
» autorisé, à cet égard, par un consentement tacite
» de toute l'église Gallicane, et confirmé par une
» possession de près de deux siècles, doit d'au-
» tant moins recevoir de changement et d'atteinte,
» que, pendant les quatre premiers siècles de la
» monarchie, on n'allait point à Rome demander
» des provisions de bénéfices : les évêques dispo-
» saient de tous ceux qui vaquaient dans leurs dio-
» cèses, et nos rois nommaient presque toujours
» aux évêchés ; et s'ils accordaient quelquefois au
» clergé et au peuple la liberté de s'élire un pas-
» teur, souvent ils s'en réservaient le choix; et sans
» que le pape y mît la main, celui qu'ils avaient
» choisi était aussitôt consacré. Qui empêche
» qu'on ne suive ces exemples, fondés sur cette
» excellente raison, que le droit que tous les fidèles
» avaient au commencement de se destiner un
» chef, ne se pouvant plus exercer en commun,
» doit passer en la personne du souverain, sur qui
» les sujets se reposent du gouvernement de l'État,
» dont l'église est la plus noble partie!

» Mais, à l'égard du pape, puisqu'il refuse de
» joindre à la nomination du roi le concours de
» son autorité, on peut présumer qu'il se veut
» décharger d'une partie du fardeau pénible qui

» l'accable ; et que ses infirmités ne lui permet-
» tant pas d'étendre sa vigilance pastorale sur
» toutes les parties de l'église universelle, la dé-
» volution qui se fait, en cas de négligence, quel-
» quefois même du supérieur à l'inférieur, peut
» autoriser les évêques à donner l'imposition des
» mains à ceux qui seront nommés par le roi aux
» prélatures. »

CHAPITRE XI.

Dix-huitième Siècle.

Si la puissance temporelle des papes a subsisté au-delà de 1701, c'est sur-tout parce qu'il n'importait à personne d'en accélérer la chute inévitable. Placés entre Milan et Naples comme un obstacle à la prépondérance ou de l'Autriche ou des Bourbons sur l'Italie, les faibles États du saint-père semblaient tenir au système politique de l'Europe, et contribuer au maintien de l'équilibre général. Chaque prince ayant intérêt à ne pas souffrir qu'un autre les envahît, tous concouraient à retarder une révolution qu'amenerait assez tôt le progrès des lumières publiques, qui s'accomplirait comme d'elle-même, dès qu'on cesserait de l'empêcher, et qu'un jour peut-être d'autres circonstances rendraient plus conciliable avec la situation des affaires Européennes.

Outre la cause générale que nous venons d'indiquer, trois causes particulières ont perpétué, dans le cours du XVIII.ᵉ siècle, la souveraineté temporelle des pontifes Romains : d'abord, la dévotion mal éclairée de Louis XIV, depuis 1700 jusqu'en 1715 ; en second lieu, l'influence des Jésuites, soit durant ces quinze premières années, soit aussi sous le ministère du cardinal de Fleury, depuis 1726 jusqu'en 1743 ; enfin, la sagesse des deux papes Lambertini et Ganganelli, dont l'un a gouverné l'église depuis 1740 jusqu'en 1758, l'autre depuis 1769 jusqu'en 1774. Si, comme ces deux-là, les autres papes du XVIII.ᵉ siècle avaient su ménager et circonscrire leur pouvoir, ils l'auraient conservé, raffermi peut-être. Mais ils ont prétendu l'agrandir ; mais les armes spirituelles ont continué de servir d'instrumens à une ambition politique ; mais les vaines doctrines de suprématie et d'infaillibilité ont osé se reproduire ; et le saint-siége, qui pouvait demeurer une puissance du troisième ordre, a déchu même du dernier rang, en aspirant à remonter au premier.

Clément XI, abusant des circonstances où se trouvaient en France le roi, le gouvernement, le clergé, les peuples, publia la bulle *vineam Domini* en 1705, la bulle *unigenitus* en 1713. On sait quel vacarme excita cette dernière (1) : le saint-siége et les Jésuites eurent le malheur de triompher ; une défaite leur eût été moins dommageable qu'une telle victoire. Clément XI conçut néanmoins une si

---

(1) La bulle *unigenitus* est l'une de celles où le roi de France n'est point qualifié *roi de Navarre*.

haute idée de sa propre puissance, qu'il s'engagea dans un long démêlé avec le roi de Sicile Victor Amédée : il réclamait sur les Siciliens du XVIII.ᵉ siècle, de prétendus droits auxquels avait renoncé Urbain II, pape du XI.ᵉ, et successeur presque immédiat d'Hildebrand : il confirmait les excommunications lancées par des évêques de Sicile contre les magistrats de cette contrée : il abolissait, par une constitution de 1715, un tribunal qui, depuis six cents années, était en possession de juger souverainement, dans ce royaume, plusieurs genres d'affaires ecclésiastiques. Mais cette constitution, qui attaquait un prince, n'eut pas le même sucès que l'*unigenitus* qu'un monarque s'était engagé à soutenir. Clément XI mourut sans avoir humilié Victor Amédée.

A l'instigation des Jésuites, Benoît XIII, en 1729, recanonisa le très-célèbre Hildebrand, que Grégoire XIII et Paul V avaient déjà inscrit au catalogue des bienheureux. La liturgie fut enrichie par Benoît XIII d'un office à célébrer en l'honneur de saint Hildebrand ou saint Grégoire VII, le 25 mai de chaque année. Une légende, insérée dans cet office, raconte les hauts faits de ce pontife exemplaire : « comment il sut résister, avec une
» intrépidité généreuse et athlétique, aux efforts
» impies de l'empereur Henri IV ; comment,

» semblable à un mur impénétrable, il défendit le
» maison d'Israël; comment il plongea ce Henri
» dans l'abyme profond du malheur; comment il
» l'exclut de la communion des fidèles, le détrôna,
» le proscrivit, et dégagea de tout devoir envers lui
» les sujets qui lui avaient juré fidélité. » Telles
sont les paroles chrétiennes que Benoît XIII ordonnait de réciter ou de chanter dans les églises pour l'édification des fidèles et pour l'instruction des rois. Mais le parlement de Paris prit de l'humeur contre une si pieuse légende, la condamna comme séditieuse, en interdit la publication. Les parlemens de Metz, de Rennes, de Bordeaux, s'opposèrent non moins vivement à ce qu'on insérât dans les bréviaires cette nouvelle manière de prier Dieu. Il se rencontra même des évêques Français, ceux de Montpellier, de Troyes, de Metz, de Verdun, d'Auxerre, qui ne voulurent point accueillir ce supplément à l'office divin, et publièrent des mandemens tout exprès pour refuser le culte de dulie à saint Hildebrand. Il convient d'observer que le cardinal de Fleury, qui gouvernait alors la France, s'abstint de mêler sa voix à celles qui réclamaient contre cette canonisation; à la vérité, il ne prit pas non plus la défense de la légende, mais il sut retrouver les parlementaires qui l'avaient repoussée; il les força d'enregistrer, sans aucune modification,

le 3 avril 1730, la bulle *unigenitus*, qui ne leur plaisait pas beaucoup davantage. En France donc, on en fut quitte pour cette bulle; et le gouvernement n'enjoignit pas de célébrer le saint pontife qui avait détrôné un empereur. Il fallut que Benoît XIII se contentât d'établir cette dévote pratique en Italie, où, depuis 1729, toutes les églises rendent chaque année un religieux hommage à Grégoire VII. Les souverains de l'Europe l'ignorent ou ne daignent pas s'en plaindre.

Après Benoît XIII, Clément XII régna dix ans; prince économe et pontife charitable, qui fit du bien à ses sujets et peu de mal aux étrangers. Son successeur Lambertini ou Benoît XIV mérite de plus grands hommages: c'est un des meilleurs hommes et des plus sages rois qu'ait produits le XVIII.e siècle. Il montait sur la chaire de saint Pierre en même temps que Frédéric II sur le trône de Prusse; et ils ont été durant dix-huit ans les deux monarques de l'Europe les plus distingués par leurs qualités personnelles. Frédéric, tout séparé qu'il était de la communion du saint-siége, offrait à Benoît XIV des témoignages d'estime qui les honorent l'un et l'autre. Lambertini inspira les mêmes sentimens à la schismatique Élisabeth Petrowna, impératrice de Russie; et les Anglais, attirés à Rome par la renommée de ce pontife autant que par le goût des arts dont il était le protecteur, le louaient avec enthousiasme quand ils voulaient le peindre avec vérité. Son esprit aimable et ses mœurs douces obtenaient d'autant plus d'éloges, qu'il savait allier les talens et les grâces de son siècle aux vertus austères de son état et à la pratique de tous les devoirs religieux. Benoît XIV avait réconcilié l'Europe à la papauté; on ne pouvait, en le voyant, se souvenir de Grégoire VII, ni d'Alexandre VI, ni même de Benoît XIII. Sa tolérance évangélique raffermissait, au milieu d'un siècle raisonneur, ce trône pontifical tant ébranlé par l'inquiète ambition de ses devanciers; et ses successeurs n'avaient besoin que de lui ressembler, pour garantir leurs jouissances temporelles par les bienfaits de leur ministère pastoral.

Mais il fut remplacé, en 1758, par Rezzonico, dont l'esprit étroit et l'incurable entêtement replongèrent la cour de Rome dans le plus fatal discrédit. C'était un nouveau Benoît XIII, un pape du moyen âge, jeté comme par erreur au milieu des lumières modernes, inaccessible à leur influence, incapable même de s'apercevoir de leur présence. Quand le Portugal, l'Espagne, la France et Naples accusaient vivement les Jésuites et s'en délivraient trop tard, Clément XIII s'obstinait à les soutenir et à se perdre avec eux : il semblait lier la cause du saint-siége à celle d'une société dont les souverains ne supportaient plus la félonie. En Portugal, on avait attenté à la vie du roi, et trois Jésuites se trouvaient au nombre des prévenus : la cour de Lisbonne demandait à celle de Rome la permission de les faire juger, comme leurs complices, par les tribunaux ordinaires : Clément XIII ne le permit pas. Il fallut accuser Malagrida, l'un de ces trois Jésuites, non de lèse-majesté, mais d'hérésie, rechercher en des écrits qu'il avait jadis publiés, on ne sait quelles erreurs mystiques, quelles visions extravagantes, et le livrer à l'inquisition, qui le fit brûler comme faux prophète, sans daigner l'interroger sur l'attentat aux jours du monarque. Il était impossible d'accumuler plus complétement toutes les iniquités propres à indigner l'Europe. Des prêtres fortement soupçonnés d'un forfait horrible échappaient aux tribunaux séculiers, le trône n'était pas vengé, l'inquisition brûlait un visionnaire, Rome exigeait l'impunité d'un parricide, et Malagrida, non jugé, périssait victime de la superstition et d'une odieuse politique.

Vers les mêmes temps, Ferdinand de Bourbon, duc de Parme, réformait les abus invétérés dans les églises, dans les monastères, et méprisait les droits que s'arrogeait le pape, de conférer tous les

bénéfices, et de juger presque tous les procès dans les territoires de Parme, de Plaisance et de Guastalla. Clément XIII assemble des cardinaux : au milieu d'eux, il condamne, comme sacriléges, tous les actes de l'administration de Ferdinand ; il déclare illégitime tout ce qu'on ose faire dans un duché qui appartient au saint-siége (*in ducatu nostro*); il annulle les édits publiés par le duc ; il applique les anathêmes de la bulle du jeudi-saint (*in cœnâ Domini*) à ceux qui ont rédigé ces édits, à ceux qui les exécutent, à quiconque y adhère. Ferdinand, par de nouvelles ordonnances, supprime le bref du pape et chasse les Jésuites. Naples, Venise, l'Espagne, l'Autriche, la France, l'Europe entière prend contre le saint-père la cause du duc de Parme. Le bref est flétri, comme attentatoire à l'indépendance des souverains ; le parlement de Paris étend cette flétrissure à la bulle du jeudi-saint ; et tandis que le roi de Naples s'empare de Bénévent et de Ponte-Corvo, Louis XV reprend, comme Louis XIV, possession du comtat Venaissin : le parlement d'Aix déclare que ce territoire appartient à la France ; et le comte de Rochechouart vient dire au vice-légat, gouverneur d'Avignon : « Monsieur, le roi m'or-
» donne de remettre Avignon en sa main, et vous
» êtes prié de vous retirer » ; c'était la formule

usitée en pareil cas. On parlait d'obliger aussi le pape à restituer Castro et Ronciglione ; le Portugal songeait à se donner un patriarche : les Romains murmuraient eux-mêmes ; et l'on eût pris peut-être des mesures fort décisives, si Clément XIII n'était mort le 3 février 1769 (1), et n'avait eu

---

(1) Le dix-neuf juin 1768, il écrivait *(di proprio pugno)* à Marie-Thérèse pour implorer l'assistance de cette princesse et de son fils Joseph II contre les autres souverains de l'Europe. Grâces à Dieu, disait-il, nous avons résisté avec un cœur sacerdotal à d'indignes prévarications, et voilà pourquoi l'on dirige contre l'église des glaives dont les souverains ne sont armés que pour la défendre ; voilà pourquoi l'on ose attaquer à main armée le pasteur du troupeau de Jésus-Christ, soustraire les peuples à l'autorité de leur unique souverain légitime, envahir enfin nos états et un patrimoine qui n'est pas le nôtre, mais celui de saint Pierre, celui de l'église, celui de Dieu. « Perchè, grazie a dio, » abbiamo resistito con petto sacerdotale a sì indegna prevarica- » zione, è stata l'unica causa per cui s'impugna contro la chiesa » la spada che cingono i sovrani per difenderla, s'insulta a mano » armata il pastore del gregge di Gesú Cristo, si sostraggono i » popoli dall' ubbidienza all' unico legittimo loro sovrano, e s'inva- » dono i nostri stati, ed il *patrimonio* che non è nostro, ma di » san Pietro, della chiesa *e di Dio*. » Il s'agit de Bénévent, de Ponte-Corvo, d'Avignon, &c., et ces domaines sont ici appelés, en propres termes, *le patrimoine de Dieu*. Nous transcrivons ces lignes, de l'un des dix registres authentiques qui renferment les lettres de Clément XIII. Ces lettres contiennent des plaidoyers pour les Jésuites, pour la bulle *in cænâ Domini*, pour la toute-puissance du saint-siége ; des invectives contre les Jansénistes, contre les parlemens, contre l'autorité laïque ; beaucoup de lamentations, de mysticités et de minuties.

pour successeur le sage et modeste Ganganelli.

La conduite de Ganganelli ou Clément XIV fut si judicieuse et si pure, qu'on lui rendit Avignon, Ponte-Corvo, Bénévent. Les préventions, trop légitimes, contre la cour de Rome, s'affaiblissaient encore une fois dans l'esprit des rois et des peuples, et la puissance temporelle des papes recommençait à sembler compatible avec la tranquillité de l'Europe. Deux grands actes ont surtout honoré ce pontificat, l'abrogation de la bulle *in cœnâ Domini*, et la suppression des Jésuites. Cette société existait depuis deux cent trente ans, et n'avait jamais cessé d'être l'ennemie des rois et des peuples. Les intérêts particuliers qu'elle s'était donnés, ne l'attachaient qu'à la cour Romaine; elle embrassait, par ses établissemens, tous les pays soumis au saint-siége, et ne reconnaissait nulle part d'autre patrie que l'église, d'autre souverain que le pape. Son ambition était d'exercer, sous la protection de Rome, une active influence sur les cours, sur les familles, sur le clergé, sur la jeunesse et sur les lettres. Devenue odieuse, dès 1610, par de graves attentats, elle sentit la nécessité de mêler aux intrigues politiques l'appareil des travaux savans et des fonctions littéraires. On la vit se vouer à l'éducation publique et cultiver tous les genres de littérature, n'obtenant, dans presque aucun, une gloire éminente, mais produisant dans presque tous un grand nombre d'hommes qui remplissaient et honoraient les seconds rangs. Ces succès la relevèrent, lui rendirent une puissance dont elle abusa diversement, depuis 1685 jusqu'en 1750; et sa chute, demandée par les peuples, résolue par les rois, pouvait entraîner celle du pouvoir temporel des papes, si le pape Ganganelli n'avait su détacher les intérêts du saint-siége de ceux des Jésuites, et consommer enfin lui-même leur abolition. Quand il mourut, quelques mois après leur catastrophe, on les accusa d'avoir abrégé ses jours. S'il est vrai qu'il ait été la victime de leurs ressentimens implacables, comme on le croit généralement, ils ont, par ce dernier crime, avancé de plusieurs années l'extrême décrépitude et la dernière heure de cette puissance pontificale dont ils avaient été les soutiens. Apparemment ils ne voulaient pas qu'elle pût leur survivre; ils immolaient celui qui la rendait encore tolérable. Depuis 1774, elle n'a plus fait que s'égarer, dépérir, agoniser et s'éteindre.

CHAPITRE XII.

Considérations générales.

Le christianisme avait, durant sept cents ans, glorifié Dieu, sanctifié l'homme, consolé la terre, avant qu'aucun ministre de l'Évangile eût songé à s'ériger en prince temporel. Cette ambition naquit au VIII.ᵉ siècle, après la décomposition de l'empire Romain, après les ravages des peuples barbares, au sein de l'ignorance publique et des troubles qui bouleversaient l'Europe, qui déchiraient sur-tout l'Italie. Mais les papes eurent à peine obtenu l'exercice précaire d'un pouvoir civil, que, dépravés par des fonctions si étrangères à leur ministère apostolique, infidèles vicaires du Christ et du prince, ils aspirèrent à ne plus dépendre, et bientôt à dominer. Menaçante dès le IX.ᵉ siècle, et dissolue dès le X.ᵉ, la cour pontificale s'affaiblissait par le scandale de ses vices, quand le rigide Grégoire VII conçut le système d'une théocratie universelle : audacieuse entreprise, faiblement soutenue par la plupart des papes du XII.ᵉ siècle, mais qu'Innocent III réalisa au commencement du XIII.ᵉ; c'est l'époque du plus grand développemeut de la suprématie spirituelle et temporelle des évêques de Rome. Leur séjour dans les murs d'Avignon au XIV.ᵉ siècle, et le schisme qui se prolongea jusqu'au milieu du XV.ᵉ, rabaissèrent leur puissance et même leur ambition : après 1450, les papes ne songeaient presque plus qu'à l'agrandissement de leurs familles personnelles. Jules II vint trop tard essayer de nouveau d'asservir les rois : ses successeurs, durant le XVI.ᵉ siècle, pour n'être pas trop humiliés eux-mêmes, eurent besoin d'une habileté dont n'héritèrent pas ceux du XVII.ᵉ ; et la chute de la puissance temporelle des papes n'a été retardée, depuis 1700, que par la sage conduite de deux pontifes, et par le peu d'attention que méritèrent les égaremens de quelques autres.

Les révolutions politiques qui suivirent le détrônement d'Augustule; l'avénement de Pépin au trône de France, et de Charlemagne à l'empire ; la faiblesse de Louis-le-Débonnaire, le partage de ses États entre ses enfans, l'imprudence de quelques rois qui invoquaient l'un contre l'autre les foudres du saint-siége, la fabrication des décrétales, la propagation d'une jurisprudence canonique contraire aux anciennes lois de l'église, les rivalités de deux maisons en Allemagne, les projets d'indépendance conçus par quelques villes Italiennes, les croisades, l'inquisition, l'innombrable multitude d'établissemens monastiques : telles sont les causes qui ont amené, établi, agrandi et si long-temps soutenu la puissance temporelle des papes, et favorisé l'abus de leurs fonctions spirituelles.

Cette puissance eut pour effets la corruption des mœurs, les vices du clergé, les hérésies, les schismes, les guerres civiles, d'éternels désordres, une misère profonde dans les provinces gouvernées immédiatement par les papes, d'immenses désastres dans les États qu'ils aspiraient à maîtriser. Les papes des sept premiers siècles avaient presque tous montré l'exemple des vertus chrétiennes et sacerdotales : la plupart de leurs successeurs ont été de mauvais princes, sans être d'édifians évêques. Nous avons rendu hommage à quelques-uns : par exemple, à Grégoire II, au VIIIe siècle; à Léon IV, au IXe; à Callixte II, Honorius II, Alexandre III, au XIIe; à Nicolas V, au XVe; à Léon X, au XVIe; à Benoît XIV, à Clément XIV, au XVIIIe Il nous aurait convenu de trouver beaucoup plus d'occasions de louer; mais lorsqu'on réfléchit sur cette confusion d'un ministère sacré et d'un pouvoir politique, sur cet amalgame si propre à dépraver l'un et l'autre de ces élémens hétérogènes, on ne s'étonne plus de rencontrer beaucoup moins de bons rois dans

la

la liste des papes, qu'en toute autre liste de souverains.

Tous ces fruits amers de la domination pontificale ont contribué à la détruire : à la fin, tant d'abus, d'excès, de scandales, ont dû indigner l'Europe chrétienne. Mais des causes plus immédiates, et que nous avons successivement remarquées, ont, depuis le milieu du XIIIe siècle, ébranlé l'édifice de cette tyrannie intolérable : qu'il nous suffise d'en rappeler ici quelques-unes, telles que la sainte résistance de Louis IX, la fermeté de Philippe-le-Bel, le délire de Boniface VIII, les déréglemens de la cour d'Avignon, le schisme d'Occident, la pragmatique sanction de Charles VII, la renaissance des lettres, l'invention de l'imprimerie, le népotisme des papes du XVe siècle, les attentats de Sixte IV, les crimes d'Alexandre VI, l'ascendant de Charles-Quint; le progrès des hérésies en Allemagne, en Angleterre, en d'autres contrées ; les troubles de la France sous les fils de Henri II, la sage administration de Henri IV, l'édit de Nantes, les quatre articles de 1682, les dissensions nées du formulaire d'Alexandre VII et de la bulle *unigenitus* de Clément XI; enfin, les entreprises insensées d'un Benoît XIII, d'un Clément XIII, et de quelques autres pontifes du XVIIIe siècle. Non, la puissance papale ne saurait survivre à tant de honte : son heure est venue ; et il ne reste plus aux papes qu'à redevenir, comme dans les sept premiers siècles, d'humbles pasteurs, d'édifians apôtres : c'est une assez belle destinée.

Une fois délivrés du fardeau des affaires temporelles, et rendus à leur ministère évangélique, ils seront d'autant moins tentés d'abuser de leurs fonctions sacrées, qu'il existe, pour limiter leur autorité spirituelle, des moyens efficaces enseignés par l'expérience. Il serait même superflu de recourir aux décrets des conciles de Constance et de Bâle, à la pragmatique sanction de 1439 : les quatre articles de 1682 suffisent (1).

Le roi de France Henri IV a donné l'exemple d'une autre garantie contre les entreprises pontificales, lorsque, par son édit de Nantes, il a permis le libre exercice d'une religion qui n'était plus celle de l'État, et dont il avait eu le bonheur de reconnaître et d'abjurer les erreurs. La tolérance de toutes les manières d'adorer Dieu, est une dette des souverains envers leurs sujets : l'Évangile, qui prescrit d'enseigner la vérité, et d'éclairer ceux qui se trompent, défend, par cela même, de les persécuter, puisque la persécution doit les endurcir dans l'hérésie, ou extorquer d'eux des abjurations

---

(1) *Voyez* ci-dessus *pag.* 313, 314.

mensongères qui dépravent la morale et outragent la religion. Tous les rois chrétiens qui ont tourmenté des sectes religieuses, se sont vus à leur tour inquiétés par les papes, et forcés de leur résister : saint Louis même n'a point échappé à cette juste disposition de la Providence. Pour savoir jusqu'à quel point un prince subit le joug des pontifes, il n'y a qu'à voir à quel degré il comprime les consciences de ses sujets; sa propre indépendance a pour mesure la liberté religieuse qu'il leur laisse : il faut, s'il ne veut être asservi lui-même, qu'il refuse inflexiblement aux prêtres et au prince des prêtres la proscription des cultes étrangers à la religion dominante.

La liberté, ou, si l'on veut, la tolérance de ces divers cultes, suppose dans ceux qui les exercent l'intacte jouissance de tous les droits naturels, civils, politiques, accordés aux autres sujets: d'où il suit que la législation doit pleinement détacher du système religieux l'état des personnes, et par conséquent les actes de naissances, mariages, divorces, sépultures, qui concourent à le déterminer. Ici le ministère ecclésiastique se restreint à recommander aux fidèles l'observation de certains préceptes ou conseils religieux, et à leur offrir l'usage des cérémonies liturgiques ou sacramentelles, instituées pour sanctifier ces diverses époques de la vie humaine. C'est à la législation civile, et à elle seule, qu'il appartient d'établir des officiers purement civils pour constater ces actes, pour les revêtir des formes qu'elle a prescrites, et qui doivent en assurer l'authenticité publique, en garantir tous les effets. Or, une telle législation est elle-même un des plus fermes obstacles aux usurpations ecclésiastiques, et à l'influence funeste que le chef du clergé voudrait exercer dans l'intérieur des empires et des familles.

L'histoire des premiers siècles du christianisme indiquerait peut-être quelques autres préservatifs contre l'ambition pontificale. Il s'agirait toujours de substituer les antiques lois de l'église à des institutions du moyen âge, inventées pour donner au clergé des intérêts de corps, et pour le dévouer à la cour de Rome, en le dégageant de presque tous les liens domestiques et patriotiques. Nous avouerons que ces réformes délicates voudraient être préparées de loin et consommées avec circonspection : il faudrait qu'amenées par un vœu public, presque exigées par l'opinion générale, elles fussent convenues et quelque temps espérées avant de s'établir. Mais soumettre à un régime purement civil tous les actes qui déterminent l'état des personnes, mais tolérer les cultes divers qui voudront exister paisiblement autour de la religion dominante, mais rendre aux articles de 1682 l'autorité la plus solennelle, mais sur-tout abolir à jamais le pouvoir temporel des papes : ces quatre mesures, aussi faciles que salutaires, ne se sont que trop fait attendre ; aucun obstacle, aucune crainte, aucune prévoyance ne peut conseiller de les différer ; et sans doute elles suffiront long-temps pour prévenir les principaux abus du ministère spirituel.

Entre ces abus néanmoins, il en est deux que nous croyons devoir signaler plus particulièrement : l'un consiste dans les excommunications, et l'autre dans les refus d'institution canonique.

Quand les églises chrétiennes n'étaient que des associations particulières, elles devaient jouir du droit d'exclure de leur sein les membres vicieux ou dissidens qui, par des scandales ou par la discorde, troublaient la sainte harmonie de ces assemblées. De ce droit si naturel, dont l'usage avait long-temps été aussi modéré que secret, naquirent, au moyen âge, les éclatans anathèmes qui ébranlèrent les trônes et bouleversèrent les empires. Ce n'était plus ni le vice, ni même l'erreur qu'on excommuniait : les foudres sacrés servaient à venger les intérêts temporels du clergé et du souverain pontife. Qui pourrait assigner le nombre des empereurs, monarques et autres princes qui, depuis le VIII.ᵉ siècle jusqu'au XVIII.ᵉ, ont été frappés de cette arme souvent formidable! A s'en tenir aux rois très-chrétiens de la France, on compterait, entre Charlemagne et Louis XIII, treize souverains qui ont subi des censures ecclésiastiques : au IX.ᵉ siècle, Louis-le-Débonnaire et Charles-le-Chauve; au X.ᵉ, Robert; au XI.ᵉ, Philippe I.ᵉʳ; au XII.ᵉ, Louis VII et Philippe-Auguste; au XIII.ᵉ, Louis VIII et Philippe-le-Bel; au XVI.ᵉ, Louis XII, Henri II, Henri III et Henri IV. Or, de tous ces rois excommuniés, Henri IV seul pouvait être accusé d'hérésie : l'orthodoxie de tous les autres était sans reproche; il ne s'agissait que de leurs relations politiques avec Rome, que de l'indépendance qu'ils réclamaient pour leurs couronnes. Aussi l'excessif et profane usage de ces anathèmes les a-t-il décrédités à tel point, qu'il serait aujourd'hui presque aussi ridicule de les craindre que de les renouveler.

Dépouillé de tout pouvoir temporel, et devenu le sujet de l'un des princes de l'Europe, le pape excommuniera-t-il son propre souverain ! tant d'audace ou d'extravagance n'est pas vraisemblable. Il est vrai que les siècles passés en offrent des exemples : mais on prendrait à présent une idée plus juste d'un tel anathème; on n'y verrait qu'un libelle séditieux, qu'une provocation publique à la révolte, qu'un outrage à la majesté du prince et des lois, qu'un attentat punissable, quoique impuissant.

Le souverain sous lequel vivra le pape, lui permettra-t-il d'excommunier des princes étrangers, soit alliés, soit ennemis ? nous ne saurions supposer encore une telle imprudence. On a vu sans doute de faibles rois diriger ainsi contre leurs rivaux ces armes spirituelles, qui bientôt se tournaient contre eux-mêmes : mais cette expérience suffit pour détourner à jamais les souverains d'un genre de guerre qui n'est pas plus sûr que généreux. D'ailleurs, où trouver maintenant un peuple, une populace même, assez stupide pour attacher la moindre importance à des bulles d'excommunication, pour ne pas sentir qu'elles n'expriment jamais qu'un caprice ou un dépit pontifical, qu'un puéril regret de quelques vaines prérogatives ?

Enfin, le souverain du pape souffrira-t-il que ses autres sujets, magistrats, fonctionnaires publics, ou simples particuliers, soient atteints par des censures ecclésiastiques ? nous ne le présumons pas davantage. Dans un État bien ordonné, toute condamnation se fait, au nom du prince, par les officiers qu'il a spécialement chargés de ce genre de fonctions judiciaires; et aucune censure publique ne doit émaner d'une autorité étrangère à la sienne. Ajoutons que, du moment que l'église est incorporée dans l'État, elle cesse d'être une association particulière : le christianisme devient l'une des institutions reconnues par les lois; et les actes du régime religieux, dès qu'ils veulent avoir de la publicité, rentrent sous l'empire de l'administration générale. Dès-lors, s'il appartient encore aux évêques, au pape, aux conciles, de condamner des erreurs dogmatiques sans l'intervention du monarque, du moins les personnes demeurent sous sa protection, et ne doivent jamais être authentiquement notées ou flétries que selon les formes qu'il a prescrites.

Il nous reste à parler de l'institution canonique. Que chaque évêque nouvellement élu rende hommage au chef de l'église : cet acte de communion avec le saint-siége est extrêmement recommandable. Que la nomination de cet évêque soit expressément approuvée par le pape : cet usage peut resserrer les liens qui doivent unir le premier pasteur avec tous les autres. Que le pape même profite de cette circonstance pour examiner les qualités de l'élu, et pour réclamer contre un mauvais choix : c'est encore une garantie de l'honneur du clergé et de la sage administration des diocèses ; c'est un moyen d'éclairer la religion du prince, et de prévenir une erreur ou une surprise. Mais que

le pape s'oppose à l'installation d'un prélat que le prince persévère à regarder comme irréprochable, ou que, par des considérations étrangères à la personne de l'élu, par des motifs purement politiques, et à cause de certains différens entre le prince et le pape, celui-ci s'obstine à refuser toute institution canonique : un si criminel abus d'une fonction respectable autorise à user de l'ancienne liberté des nominations. Nous avons recueilli, en terminant le chapitre X, les maximes professées sur cette matière par l'avocat général Talon à la fin du XVII.ᵉ siècle ; vers le même temps, Bossuet remontait à l'origine des bulles d'institution et en reconnaissait la nouveauté. « Comme le pape, disait-il (1), donne des
» bulles pour l'institution des évêques, Bellarmin
» saisit ce point qu'il fait valoir comme une preuve
» importante en faveur de son opinion. Mais il ne
» daigne pas faire attention combien cet usage est
» moderne, et que l'église s'est souvent réunie avec
» les Grecs et les autres Orientaux, en leur laissant
» leurs anciennes coutumes, et sans les obliger à
» demander des bulles..... L'église de Carthage
» jouissait du droit absolu d'ordonner les évêques
» de sa dépendance, aussi-bien que les évêques
» d'Éphèse, de Césarée en Cappadoce, d'Héraclée.

---

(1) Déf. du clergé de Fr. *l. VIII, c. 13.*

» Nos églises des Gaules et celles d'Espagne ont
» joui du même droit. »

Ces deux autorités, de Talon et de Bossuet, pourraient nous suffire; mais il ne sera pas inutile d'établir sur cet article important une série chronologique de faits et de témoignages.

Nous lisons dans les Actes des apôtres (1), que les évêques sont établis par le saint Esprit pour gouverner l'église de Dieu : ni ce verset de l'Écriture, ni aucun autre texte sacré, ne font mention du pape comme d'un pasteur universel, par lequel tous les autres doivent être institués. On rechercherait en vain le plus léger vestige d'une bulle d'institution accordée par le souverain pontife aux évêques des premiers siècles : par exemple, à saint Cyprien, à saint Chrysostome, à saint Basile, à saint Ambroise, à saint Augustin. Saint Cyprien, au contraire, engagé dans une opinion erronée, était à peine en communion avec le pape. Le concile de Nicé (2) veut que chaque évêque diocésain soit confirmé par son métropolitain ou archevêque; réglement qui ne laisse aucun prétexte de supposer que l'évêque de Rome eût, à cet égard, la moindre fonction à remplir. Trois papes du v.ᵉ siècle,

---

(1) C. XX, v. 28.
(2) *Can. IV. Concil. Hard.* tom. I, col. 783.

Zosime, Léon-le-Grand et Gélase, ont parlé de l'installation des prélats, en réclamant pour le métropolitain, et pour lui seul, le droit de les instituer. Zosime (1) dit que le siége apostolique lui-même doit respecter cette prérogative des métropoles. Qu'un évêque ait été demandé par le peuple, élu par le clergé, consacré par les évêques de la province, sous la présidence du métropolitain, voilà tout ce qu'exige Léon I.er (2); et Gélase, enfin (3), décide que, lorsque le métropolitain est mort, il appartient aux évêques de la province de confirmer et sacrer son successeur. Un concile de Tolède, en 681 (4), attribue le même droit à l'évêque de la métropole; et cette doctrine était si bien établie en Espagne, qu'avant le XIII.e siècle, les évêques de cette contrée n'avaient demandé au pape aucune bulle d'institution ou confirmation.

C'est néanmoins au XI.e siècle que remonte, en plusieurs églises, l'usage d'un serment par lequel chaque prélat nouvellement élu s'oblige « à dé- » fendre les domaines de saint Pierre contre tout » agresseur; à conserver, augmenter, accroître » les droits, honneurs, priviléges et pouvoirs du

―――――――――――――――――――――――

(1) *Epist. VII.*
(2) *Epist. VIII.*
(3) *Epist. ad Episc. Dardan.*
(4) Canon VI.

» seigneur pape et de ses successeurs ; à observer
» et de toutes ses forces faire observer les décrets,
» ordonnances, réserves, provisions et dispositions
» quelconques émanées de la cour de Rome ; à
» poursuivre et combattre à outrance les hérétiques,
» les schismatiques, et quiconque ne rendra pas au
» souverain pontife toute l'obéissance que le sou-
» verain pontife exigera. » Ce serment, qui le croirait ! a été prêté par des évêques qui avaient pour
souverains des princes non catholiques. Comment
concevoir que des rois, catholiques ou non, aient
permis à leurs sujets de prendre des engagemens
si contraires à l'ordre public des sociétés ? On s'en
est plaint en Hongrie, en Toscane, dans le royaume
de Naples, et les prélats d'Allemagne ont mis des
restrictions à cette formule. Mais elle est en soi si
révoltante, et d'ailleurs si étrangère à la discipline
des dix premiers siècles de l'église, que nous ne
pouvons croire qu'on veuille l'alléguer comme une
preuve de la nécessité des bulles d'institution.

Une autre formule s'est introduite au XIIIe siècle,
savoir, celle par laquelle les prélats s'intitulent
évêques..... par la grâce du saint-siège apostolique.
Un archevêque de Nicosie l'employa le premier en
1251, et fut imité par plusieurs de ses confrères.
Les évêques de France ne l'ont adoptée que plus
tard ; et quelques-uns l'ont supprimée comme

inexacte, abusive et nouvelle : Bossuet s'intitulait *évêque par la permission divine*.

A la fin du XIV.ᵉ siècle, quand les Castillans se furent soustraits à l'obédience de Pierre de Lune, Henri III, roi de Castille, ordonna aux archevêques d'instituer les évêques (1). Autant en fit le roi de France, lorsqu'à la même époque, l'église Gallicane eut déclaré ne reconnaître aucun des deux ou trois papes concurrens. En 1587, l'évêque de Coutances fut sacré, installé et mis en plein exercice, dix ans avant de recevoir des bulles de Rome : c'est ce que nous atteste l'avocat général Servin, dans un plaidoyer où le droit qu'on a de se passer de ces bulles est prouvé par l'ancienne discipline de l'église. Ce fut, comme nous l'avons vu, la doctrine des évêques Français consultés par la cour de Portugal (2) ; ce fut celle de Sirmond, de Pierre de Marca, de Thomassin, autant que de Talon et de Bossuet. Sirmond (3) observe qu'avant le V.ᵉ siècle, quand la Gaule était soumise aux Romains, les évêques élus par le pape et par le clergé n'étaient institués que

---

(1) Gonzales de Avila, *Hist. de las antiguedades de la ciudad de Salamanca*, l. III, c. 14.

(2) *Voy.* ci-dessus p. *307, 308.* — (Ism. Bull.) *Libelli duo pro eccl. Lusitanicis*; Parisiis, 1655, in-4.º — *Narratio... rerum quæ acciderunt super confirmandis... episcopis Lusitaniæ*; Ulyssip. 1667, in-4.º

(3) *Præfat. ad Append. Concilior. Gall.* tom. II.

par les métropolitains : de Marca (1) desire qu'on bannisse des écoles chrétiennes l'opinion nouvelle et inconnue aux douze premiers siècles, qui tend à faire croire que les évêques reçoivent du pape leur juridiction ; il pense que diverses circonstances peuvent autoriser pleinement les évêques à négliger l'usage moderne des institutions dites canoniques, et à revenir au droit naturel et divin, sans égard pour des formes introduites par le droit nouveau ; et le P. Thomassin (2) nous assure que, malgré les efforts qu'il a faits pour trouver dans l'antiquité quelques vestiges de cette institution, il a reconnu tout au contraire que les anciens évêques, et sur-tout ceux de l'Orient, montaient sur leurs siéges, sans que le pape en fût même averti. Enfin, en 1718, le conseil de régence consulta sur ce point la Sorbonne, qui déclara que les circonstances et les besoins pouvaient rendre aux églises l'antique liberté d'installer sans bulles pontificales les prélats légitimement élus, liberté qui n'avait été suspendue que par des concordats particuliers. En voilà sans doute assez pour démontrer que ces bulles ne sont aucunement nécessaires, et qu'au moins on peut les considérer comme obtenues,

---

(1) *De Concord. sacerd. et imperii.*
(2) *Discipl. eccles.* tom. II, p. II, l. 11, c. 8.

lorsqu'elles sont refusées par des motifs étrangers aux qualités personnelles des élus.

Les détails historiques indiqués plutôt qu'exposés dans ce faible et trop rapide essai, font du moins entrevoir les dangers de la souveraineté temporelle du pape, et les limites qui doivent circonscrire son autorité spirituelle. Ces limites ont besoin d'être posées par une main victorieuse, capable d'en prescrire à toute ambition subalterne, et accoutumée à n'en point laisser au progrès de la civilisation, au développement des lumières, à la gloire d'un grand empire. L'abolition du pouvoir terrestre des pontifes, est l'un des plus vastes bienfaits que l'Europe puisse devoir à un héros. La destinée d'un nouveau fondateur de l'empire d'Occident, est de réparer les erreurs de Charlemagne, de le surpasser en sagesse et par conséquent en puissance; de gouverner, de raffermir les États que Charles n'a su que conquérir et dominer; d'éterniser enfin la gloire d'un auguste règne, en garantissant, par des institutions énergiques, la prospérité des règnes futurs.

FIN.

TABLE CHRONOLOGIQUE
DES PAPES.

PREMIER SIÈCLE.

1. S. Pierre, jusqu'à l'an 66.
2. S. Lin, fils d'Herculanus, né à Volterra en Toscane, mort en 78.
3. S. Anaclet ou Clet, mort en 91, *voyez* page 34.
4. S. Clément, fils de Faustin, né à Rome, mort l'an 100, *voyez* page 34.

SECOND SIÈCLE.

5. S. Évariste, né en Syrie, mort en 109, page 34.
6. S. Alexandre I, mort en 119.
7. S. Sixte I ou Xyste, né à Rome, mort en 127.
8. S. Télesphore, mort en 139.
9. S. Hygin, mort en 142.
10. S. Pie I, mort en 157.
11. S. Anicet, mort en 168.
12. S. Soter, né à Fondi, mort en 177.
13. S. Éleuthère, mort le dernier jour de l'an 192.
14. S. Victor, mort en 202.

TROISIÈME SIÈCLE.

15. S. Zéphirin, mort en 219.
16. S. Callixte I, mort le 14 octobre 222.

TABLE CHRONOLOGIQUE DES PAPES.

17. S. URBAIN I, mort le 25 mai 230.
18. S. PONTIEN, mort le 28 septembre 235.
19. S. ANTHÈRE, mort le 3 janvier 236.
20. S. FABIEN, mort le 20 janvier 250.
21. S. CORNEILLE, mort le 14 septembre 253.
22. S. LUCE ou LUCIUS I, mort le 4 ou 5 mars 253.
23. S. ÉTIENNE I, mort le 2 août 257.
24. S. SIXTE II ou XYSTE, mort le 6 août 258.
25. S. DENYS, mort le 26 décembre 269.
26. S. FÉLIX I, mort le 22 décembre 274.
27. S. EUTYCHIEN, mort le 7 ou 8 décembre 283.
28. S. CAÏUS, mort le 22 avril 296.
29. S. MARCELLIN, mort le 24 octobre 304.

QUATRIÈME SIÈCLE.

30. S. MARCEL, Romain de naissance, mort le 16 janvier 310.
31. S. EUSÈBE, mort le 26 septembre 310.
32. S. MILTIADE ou MELCHIADE, mort le 10 ou 11 janvier 314.
33. S. SILVESTRE I, né à Rome, mort le 31 décembre 335, pages 6, 34.
    Donation prétendue de Constantin.
    Concile de Nicée, 1.er œcuménique, en 325.
34. S. MARC, mort le 7 octobre 336.
35. S. JULES I, Romain de naissance, m. le 12 avril 352.
36. S. LIBÈRE, mort le 24 septembre 366.
    Félix II, anti-pape, mort le 22 novembre 365.
37. S. DAMASE, Romain de naissance, mort le 10 ou 11 décembre 384.
    Concile de Constantinople, 11.e œcumén. en 381.

38. S. Sirice, Romain de naissance, mort le 25 novembre 398, page 34.

    Le premier dont on ait une décrétale authentique.

39. S. Anastase I, Romain, mort en 401 ou 402.

CINQUIÈME SIÈCLE.

40. S. Innocent I, mort le 12 mars 417.
41. S. Zosime, né en Grèce, mort le 26 décembre 418.
42. S. Boniface I, Romain, fils du prêtre Jocondus, mort le 4 septembre 422.
43. S. Célestin I, né à Rome, mort le 30 juillet 432.

    Concile d'Éphèse, III.e œcumén., en 431.

44. S. Sixte III, Romain, mort le 18 août 440.
45. S. Léon I ou le Grand, né à Rome, mort le 4 ou 5 novembre 461, l'un des docteurs de l'église Latine.

    Concile de Calcédoine, IV.e œcumén., en 451.

46. S. Hilaire, né en Sardaigne, m. le 21 février 468.
47. S. Simplice, natif de Tivoli, m. le 25 février 483.
48. S. Félix III, Romain, mort le 24 ou 25 février 492.
49. S. Gélase, né à Rome, mort le 19 novembre 496.
50. S. Anastase II, mort le 17 novembre 498.

SIXIÈME SIÈCLE.

51. Symmaque, né en Sardaigne, élu en 498, mort le 19 juillet 514, page 8.
52. Hormisdas, né à Frusinone en Campanie, mort le 6 août 523.

53. S. Jean I, Toscan, mort le 18 mai 526.
54. Félix IV, Samnite, mort en 530.
55. Boniface II, né à Rome, Goth d'origine, mort en 532.
56. Jean II, dit Mercure, né à Rome, mort le 27 mai 535.
57. Agapit, fils du prêtre Gordien, m. le 22 avril 536.
58. Silvère, natif de Campanie, fils du pape Hormisdas (n.º 52), mort le 20 juin 538.
59. Vigile, fils du consul Jean, élu pape en novembre 537, avant la mort de Silvère, mort à Syracuse le 10 janvier 555.

Deuxième concile de Constantinople, v.ᵉ œcuménique, en 553.

60. Pélage I, mort le 1.ᵉʳ mars 560.
61. Jean III, dit Catelin, né à Rome, mort le 13 juillet 573.
62. Benoît Bonose, mort le 30 juillet 577.
63. Pélage II, mort le 8 février 590, page 9.
64. S. Grégoire I ou le Grand, né à Rome, mort le 12 mars 604, l'un des pères ou docteurs de l'église Latine, page 9.

SEPTIÈME SIÈCLE.

65. Sabinien, mort le 22 février 606.
66. Boniface III, mort en 606 ou 607.
67. Boniface IV, natif de Valérie, au pays des Maures, mort le 7 mai 615.
68. S. Deus-Dedit, Romain, m. le 3 décembre 618.
69. Boniface V, né à Naples, m. le 22 octobre 625.

70. Honorius I, natif de Campanie, fils du consul Pétrone; mort le 12 octobre 638.

   Interrègne de vingt mois.

71. Séverin, né à Rome, consacré à la fin de mai 640, mort le 1.er août de la même année.
72. Jean IV, de Dalmatie, mort le 11 octobre 642.
73. Théodore I, né à Jérusalem, m. le 13 mai 649.

   Le premier qu'on ait qualifié souverain pontife.

74. S. Martin I, de Todi, mort le 17 septembre 654, page 9.
75. S. Eugène I, Romain, mort le 1.er juin 657.
76. Vitalien, né à Ségni, mort le 27 janvier 672, page 10.
77. Adeodat, Romain, mort en juin 676.
78. Donus ou Domnus, Romain, m. le 11 avril 678.
79. Agathon, Sicilien, m. le 10 janvier 682, pag. 10.

   Troisième concile de Constantinople, vi.e œcuménique, en 680 et 681.

80. S. Léon II, Sicilien, m. en 683 ou 684, page 10.
81. Benoît II, Romain, mort le 7 mai 685.
82. Jean V, Syrien, mort le 7 août 687.
83. Conon, né en Sicile, originaire de Thrace, mort le 21 septembre 687, page 10.
84. S. Sergius I, né à Palerme, originaire d'Antioche, mort le 8 septembre 701, page 10.

HUITIÈME SIÈCLE.

85. Jean VI, Grec, mort le 9 janvier 705.
86. Jean VII, Grec, mort le 17 octobre 707.
87. Sisinnius, Syrien, mort le 7 février 708.

DES PAPES.

88. CONSTANTIN, Syrien, mort le 9 avril 715, page 10.
89. S. GRÉGOIRE II, Romain, mort le 10 février 731, pages 10-16.
>   Démêlés avec l'empereur Léon l'Isaurien.
90. GRÉGOIRE III, Syrien, mort le 27 novembre 741, pages 16, 17.
>   Excommunication des Iconoclastes.
>   République Romaine.
91. ZACHARIE, Grec, mort le 14 mars 752, page 19.
>   Avénement de Pépin-le-Bref.
>   Un Étienne, élu pape en 752, meurt avant d'être sacré.
92. ÉTIENNE II, mort le 25 avril 757, pag. 4, 20-25.
>   Sacre et prétendue donation de Pépin ; lettre de S. Pierre, &c.
93. PAUL I, frère du précédent, mort le 28 juin 767, page 25.
94. ÉTIENNE III, Sicilien, mort le 1.er février 772.
95. ADRIEN I, fils de Théodule duc de Rome, mort le 25 décembre 795, pages 25-28.
>   Charlemagne en Italie.
>   Deuxième concile de Nicée, VII.e œcuménique, en 787.
96. LÉON III, Romain, m. le 11 juin 816, pag. 30-32.
>   Charlemagne couronné empereur en 800.
>   Fausses décrétales, page 34, 35.

NEUVIÈME SIÈCLE.

97. ÉTIENNE IV, installé le 22 juin 816, mort le 24 janvier 817, page 38.

98. PASCAL I, Romain, installé le 25 janvier 817, mort le 11 mai 824, pages 37, 38.

99. EUGÈNE II, né à Rome, installé en 824, mort au mois d'août 827, pages 39, 40.

100. VALENTIN, né à Rome, installé et mort en 827.

101. GRÉGOIRE IV, installé à la fin de 827, mort en janvier 844, pages 33, 40-47.

>   Humiliations de l'empereur Louis-le-Débonnaire.

102. SERGIUS II, installé le 27 janvier 844, mort le 27 janvier 847, page 47.

103. S. LÉON IV, élu en 847, mort le 17 juillet 855.

>   Cité Léonine, page 48.

104. BENOÎT III, installé le 29 septembre 855, mort le 8 avril 758.

105. NICOLAS I, Romain, installé le 24 avril 858, mort le 13 novembre 867, pages 48-57.

>   Excommunication de Lothaire et Valdrade.
>   Destitution du patriarche de C. P. Photius.

106. ADRIEN II, Romain, installé le 14 décembre 867, mort en 872, pages 57-61.

>   Quatrième concile de C. P., VIII.ᵉ œcumén., en 869.

107. JEAN VIII, installé le 14 décembre 872, mort le 15 décembre 882, pages 61-66, 74.

>   Charles-le-Chauve, couronné empereur en 875, et Charles-le-Gros en 880.

108. MARIN, installé à la fin de décembre 882, mort en mai 884.

109. ADRIEN III, Romain, installé vers la fin de 884, mort en septembre 885.

110. ÉTIENNE V, Romain, installé en septembre 885, mort le 7 août 891, page 66.
111. FORMOSE, installé en septembre 891, mort en avril 896, page 66.
112. BONIFACE VI, installé et m. en 896, pag. 66, 67.
113. ÉTIENNE VI, installé en 896, étranglé en 897.
114. ROMAIN, né à Rome, installé le 20 août 897.
115. THÉODORE II, installé et décédé en 898.
116. JEAN IX, natif de Tibur ou Tivoli, installé en juillet 898, mort le 30 novembre 900, pages 67, 74.

DIXIÈME SIÈCLE.

117. BENOÎT IV, élu en décembre 800, mort en octobre 903, page 68.
118. LÉON V, natif d'Ardée, inst. le 28 octobre 903, chassé en novembre.
119. CHRISTOPHE, Romain, installé en novembre 903, chassé en juin 904.
120. SERGIUS III, installé en 905, mort en août 911.
121. ANASTASE III, Romain, installé en août 911, mort en octobre 913.
122. LANDON, installé en 913, mort en avril 914.
123. JEAN X, installé à la fin d'avril 914, mort en prison en 928.
 Amant de Théodora, vainqueur des Sarasins, détrôné par Marosie, pages 76, 77, 89.
124. LÉON VI, installé à la fin de juin 928, mort le 3 février 929, page 77.
125. ÉTIENNE VII, installé en février ou mars 929, mort en mars 931, page 77.

126. Jean XI, fils de Marosie et (dit-on) de Sergius III, né en 906, installé le 20 mars 931, mort en prison au mois de janvier 936, page 77
127. Léon VII, inst. en janvier 936, m. en juillet 939.
128. Étienne VIII, installé en juillet 939, mort en novembre 942.
129. Martin III, Romain, installé en novembre 942, mort le 25 janvier 945.
130. Agapit II, Romain, installé en mars 946, mort à la fin de 955.
131. Jean XII, Octavien, né à Rome en 938, du patrice Albéric, et patrice lui-même depuis 954; installé pape en janvier 956, chassé en 963 par l'empereur Othon-le-Grand, pag. 79-82, 88.
132. Léon VIII, installé le 6 décembre 963, mort le 17 mars 965, pages 82-85, 88.
133. Benoît V, élu après la mort de Jean XII (14 mai 964), et décédé à Hambourg le 5 juillet 965, pages 82-85, 88.
134. Jean XIII, dit Poule-Blanche, né à Rome, installé le 1.er octobre 965, mort le 6 septembre 972, pages 85-89.
135. Benoît VI, installé à la fin de 972, étranglé en 974, page 89.
136. Boniface Françon, fils de Ferrucio; anti-pape, sous le nom de Boniface VII, mort en 985, pages 87, 90.
137. Donus II, élu pape après l'expulsion de Francon ou Boniface, et décédé le 25 décembre 974.
138. Benoît VII, Romain, neveu du patrice Albéric, installé en 975, mort le 10 juillet 983, pag. 89.

139. Jean XIV, installé par l'Empereur Othon II en novembre 983, chassé par Francon ou Boniface au mois de mars suivant, et mis à mort le 20 août 984, page 89.

Un Jean XV, mort avant le mois de juillet 985, est tenu pour nul.

140. Jean XV, Romain, fils du prêtre Léon, installé en juillet 985, chassé par le consul Crescentius en 987, rétabli par Othon III, et mort en 996, pages 90, 91.

141. Grégoire V, Brunon, fils du duc Othon, et petit-fils de l'empereur Othon I, installé le 3 mai 996, chassé par Crescentius en 997, pages 90-94.

142. Jean XVI, Philagathus, Grec, installé par Crescentius en 997, mis à mort en 998 par ordre de Grégoire V qui mourut le 9 février 999, page 91.

143. Silvestre II, Gerbert, né en Auvergne, archevêque de Reims, puis de Ravenne, installé pape le 2 avril 999, mort le 11 mai 1003, pages 88, 92, 93.

ONZIÈME SIÈCLE.

144. Jean XVII, Siccon ou Secco, inst. le 9 juin 1003, mort le 31 octobre de la même année.

145. Jean XVIII, Phasian, né à Rome du prêtre Orso, installé le 26 décembre 1003, abdique à la fin de mai 1009, et meurt le 18 juillet suivant.

146. Sergius IV, Petrus Bucca Porci, Pierre Grouin, installé en 1009, mort en 1012.

147. Benoît VIII, Jean de Tusculum, inst. le 5 juillet 1012, mort en 1024, pages 96-99.

Couronnement de l'empereur Henri II, en 1013.

148. Jean XIX, Romain de Tusculum, frère du précédent, et d'abord consul, duc, sénateur, installé pape en août 1024, chassé par les Romains, rétabli par l'empereur Conrad, et m. en 1033, pages 97-99.

149. Benoît IX, Théophylacte de Tusculum, neveu des deux précédens, installé en 1033, chassé et rétabli en 1038, chassé de nouveau en 1044, rétabli en 1047; il se retire en 1048, p. 97-100.

150. Silvestre III, Jean, évêque de Sabine, pape en 1044, 1045, 1046.

151. Grégoire VI, Jean-Gratien, pape en 1044, 1045, 1046.

Benoît IX, Silvestre III, Grégoire VI, tous trois papes à-la-fois, sont destitués par l'empereur Henri III, pages 98-100.

152. Clément II, Suidger, Saxon, évêque de Bamberg, installé pape le 25 décembre 1046, mort le 9 octobre 1047.

Retour de Benoît IX, page 100.

153. Damase II, Poppon, évêque de Brixen, installé pape le 17 juillet 1048, au moment de la retraite de Benoît IX, mort le 8 août de la même année, page 100.

154. S. Léon IX, Brunon, fils de Hugues comte

d'Egesheim en Alsace, né en 1002, installé pape en février 1049, mort le 19 avril 1054, pages 100-102.

 Le schisme des Grecs se consomme sous ce pontificat.

155. Victor II, Gébehard, fils d'Harduig comte de Calw en Souabe, installé le 13 avril 1055, mort en Toscane le 28 juillet 1057, pag. 100-102.

156. Étienne IX, Frédéric, fils de Gothelon duc de la Basse-Lorraine, installé le 3 août 1057, mort à Florence le 29 mars 1058, page 102.

157. Benoît X, Jean, évêque de Vélétri, élu pape le 30 mars 1058, se retire le 18 janvier 1059.

158. Nicolas II, Gérard, né en Bourgogne, installé le 18 janvier 1059, mort le 21 ou le 22 juillet 1061, pages 102-106.

 Élection des papes par les cardinaux.
 Querelle des investitures.

159. Alexandre II, Anselme Badage, Milanais, installé le 30 septembre 1061, m. le 21 avril 1073, pages 102-107.

 Cadaloo ou Honorius II, anti-pape, page 107.

160. Grégoire VII, Hildebrand, né près de Soane en Toscane, élu pape le 22 avril 1073, mort à Salerne le 25 mai 1085.

 Démêlés avec tous les souverains. — Excommunication et déposition de l'empereur Henri IV. — Donation de la comtesse Mathilde, &c. pag. 101-125.

Guibert ou Clément III, anti-pape.

 Entre Grégoire VII et Victor III, le saint-siége vaque un an.

161. VICTOR III, Didier, issu de la maison des ducs de Capoue, élu le 24 mai 1086, mort le 6 septembre 1087, pages 98, 99, 120.

162. URBAIN II, Otton ou Odon, né à Reims, évêque d'Ostie, élu pape le 12 mars 1088, mort le 29 juillet 1099, pages 120-122.

 Excommunication du roi de France Philippe.

 Première croisade en 1095.

Mort de l'anti-pape Guibert en 1100.

DOUZIÈME SIÈCLE.

163. PASCAL II, Rainier, né à Bléda, au diocèse de Viterbe, élu pape le 13 août 1099, mort le 18 ou 21 janvier 1118.

 Disgraces de l'empereur Henri IV.—Démêlés du pape avec Henri V, pages 122, 126-132.

 Albert, Théodoric, Maginulfe, anti-papes après Guibert.

164. GÉLASE II, Jean de Gaëte, élu pape le 25 janvier 1118, m. à Cluni le 29 janvier 1119, page 132.

 Bourdin ou Grégoire VIII, anti-pape, page 132.

165. CALLIXTE II, Gui, né à Quingey, d'un comte de Bourgogne; archevêque de Vienne, élu pape le

DES PAPES.

1.er février 1119, m. le 12 ou 13 décembre 1124, pages 132, 133.

Fin de la querelle des investitures.

Premier concile de Latran (Rome), IX.e œcuménique, en 1123.

166. HONORIUS II, Lambert, né à Fagnano, installé le 21 décembre 1124, mort le 14 février 1130, pages 133-136.

Guelfes et Gibelins.

167. INNOCENT II, Grégoire, de la maison des Papi, élu le 15 février 1130, m. le 24 septembre 1143.

Démêlés avec le roi de France Louis-le-Jeune, &c. pages 137, 138.

Pierre de Léon, anti-pape, sous le nom d'Anaclet, et, après lui, Grégoire ou Victor IV, page 137.

Deuxième concile de Latran, X.e œcuménique, en 1139.

168. CÉLESTIN II, Gui, Toscan, élu le 26 septembre 1143, mort le 9 mars 1144, page 138.

169. LUCIUS II, Gérard, né à Bologne, installé le 12 mars 1144, mort le 25 février 1145, p. 138-140.

Arnauld de Brescia.

170. EUGÈNE III, Bernard, né à Pise, élu le 7 février 1145, mort le 7 juillet 1153, page 140-144.

Croisade de 1147.
Décret de Gratien, publié en 1152.

171. ANASTASE IV, Conrad, né à Rome, élu le 9 juillet 1153, mort le 2 décembre 1154.

172. ADRIEN IV, né à Saint-Albans en Angleterre, élu le 3 décembre 1154, m. le 1.er septembre 1159.

 Démêlés avec l'empereur Frédéric - Barberousse, &c., pages 145-153.

173. ALEXANDRE III, Roland de Sienne, issu de la maison Bandinelli, élu le 7 septembre 1159, mort le 30 août 1181, pages 153-158.

Octavien ou Victor III, Pascal III, Callixte III, Innocent III, anti-papes.

 Ligue Lombarbe contre Frédéric-Barberousse. — Alexandrie. — Thomas Becket, &c.

 Troisième concile de Latran, XI.e œcuménique, en 1179.

174. LUCIUS III, Ubalde, né à Lucques, élu le 1.er septembre 1181, m. le 24 novembre 1185, pag. 159.

175. URBAIN III, Hubert Crivelli, élu le 25 novembre 1185, m. à Ferrare le 19 octobre 1187, pag. 159.

176. GRÉGOIRE VIII, Albert, né à Bénévent, élu le 20 octobre 1187, mort le 17 décembre de la même année, page 159.

177. CLÉMENT III, Paul ou Paulin Scolaro, né à Rome, élu le 19 décembre 1187, mort le 27 mars 1191, pages 159, 160.

 Croisade en 1189.

178. CÉLESTIN III, Hyacinthe Bobocard, né en 1108, élu pape le 30 mars 1191, mort le 8 janvier 1198, pages 160, 161.

TREIZIÈME SIÈCLE.

179. INNOCENT III, Lothaire, de la famille des comtes de Ségni, né en 1160, élu pape le 8 janvier 1196, sacré le 22 février suivant, mort le 16 ou 17 juillet 1216.

    Démêlés avec les Vénitiens, avec le roi de France Philippe-Auguste, avec Jean, roi d'Angleterre, avec l'empereur Othon IV, &c. pages 160-178.

    Croisade de 1203 ; prise de Constantinople par les croisés.

    Croisade contre les Albigeois. —Inquisition. Quatrième concile de Latran, XII.e œcuménique en 1215.

180. HONORIUS III, Cencio Savelli, Romain, élu à Pérouse le 18 juillet 1216, sacré le 24 du même mois, mort le 18 mars 1227, page 178.

181. GRÉGOIRE IX, Ugolin, de la famille des comtes de Ségni, natif d'Anagni, évêque d'Ostie, élu et installé pape le 19 mars 1227, mort le 21 août 1241, à l'âge de près de cent ans.

    L'empereur Frédéric II excommunié quatre fois. — Corps de décrétales compilées par Raimond de Pennafort, pages 178-185.

182. CÉLESTIN IV, Geoffroi de Castiglione, noble Milanais, moine de Cîteaux, évêque de Sabine, élu pape à la fin d'octobre 1241, mort le 17 ou 18 novembre de la même année.

    Entre Célestin IV et Innocent IV, le saint-siége reste dix-neuf mois vacant.

183. INNOCENT IV, Sinibalde de Fiesque, noble Génois, élu pape à Anagni le 25 juin 1243, sacré le 29 du même mois, mort à Naples le 7 décembre 1254, pages 185-191.

> Concile de Lyon, XIII.ᵉ œcuménique, en 1245. L'empereur Frédéric II déposé. — Conférences de Louis IX et d'Innocent IV à Cluni. — Croisade contre Conrad IV et Manfreddo fils de Frédéric.

184. ALEXANDRE IV, Reinald, de la famille des comtes de Ségni, évêque d'Ostie, élu pape le 12 décembre 1254, mort à Viterbe le 25 mai 1261.

> Excommunication de Manfreddo. — Négociation avec Louis IX et Charles d'Anjou, sur le royaume de Naples, pages 191-193.

185. URBAIN IV, Jacques-Pantaléon Court-Palais, né à Troyes en Champagne, archidiacre de Liége, évêque de Verdun, patriarche de Jérusalem, élu pape à Viterbe le 29 août 1261, sacré le 4 septembre suivant, mort le 2 août 1264, pag. 193-194.

186. CLÉMENT IV, Gui de Foulques, né à Saint-Gilles-sur-le-Rhône, évêque du Puy, archevêque de Narbonne, cardinal, évêque de Sabine, élu pape à Pérouse le 5 février 1265, couronné le 26 du même mois; m. à Viterbe le 29 novembre 1268.

> Charles d'Anjou appelé au trône de Naples. — Mort de Conradin le 28 octobre 1268. — Pragmatique sanction de saint Louis, pages 194-199.

> Le saint-siége reste vacant depuis le 29 novembre 1268 jusqu'au 1.ᵉʳ septembre 1271.

187.

187. GRÉGOIRE X, Théalde ou Thibaud, de la famille des Visconti de Plaisance, chanoine de Lyon, archevêque de Liége, élu pape le 1.er septembre 1271, sacré le 27 novembre de la même année, mort à Arezzo le 10 janvier 1276.

  Couronnement et excommunication de l'empereur Rodolphe de Hapsbourg, &c. pages 199, 200. Deuxième concile de Lyon, XIV.e œcuménique, en 1274.

188. INNOCENT IV, Pierre de Tarentaise, Dominicain, cardinal, évêque d'Ostie, élu pape à Arezzo le 21 février 1276, couronné à Rome le 23 du même mois, mort le 22 juin de la même année.

189. ADRIEN V, Ottoboni, Génois, cardinal diacre, élu pape le 11 juillet 1276, mort à Viterbe le 16 août suivant.

190. JEAN XXI, Pierre, Portugais, cardinal-évêque de Tusculum, élu pape à Viterbe le 13 septembre 1276, couronné le 20 du même mois, mort le 16 ou 17 mai 1277.

191. NICOLAS III, Jean Gaétan, Romain, de la famille des Ursins, cardinal diacre, élu pape à Viterbe le 25 novembre 1277 (après une vacance de six mois), couronné à Rome le 26 décembre de la même année, mort le 22 août 1280, page 200.

192. MARTIN IV, Simon de Brion, cardinal prêtre, élu pape à Viterbe le 22 février 1281, couronné à Orvietto le 23 mars de la même année, mort le 28 mars 1285.

  Vêpres Siciliennes, en 1282, page 201.

193. Honorius IV, Jacques Savelli, noble Romain, cardinal diacre, élu pape à Pérouse le 2 avril 1285, sacré à Rome le 4 mai suivant, mort le 3 avril 1287.

194. Nicolas IV, Jérôme, natif d'Ascoli, frère mineur, cardinal, évêque de Palestrine, élu pape en 1288, mort le 4 avril 1292.

Vacance de deux ans.

195. S. Célestin V, Pierre Mouron, natif d'Isernia au royaume de Naples, élu pape à Pérouse le 5 juillet 1294, sacré le 29 août suivant, abdique le 13 décembre de la même année, et meurt le 19 mai 1296.

Emprisonné et canonisé par son successeur, page 201.

196. Boniface VIII, Benoît Cajétan, natif d'Anagni, cardinal légat, élu pape le 24 décembre 1294, sacré le 2 janvier 1295, mort le 11 octobre 1303.

Proscription de la famille des Colonne. — Démêlés avec le roi de France Philippe-le-Bel. — Le sexte, &c. pages 201-208.

QUATORZIÈME SIÈCLE.

197. Benoît XI, Nicolas Bocasin, de Trévise, fils d'un berger; neuvième général des Dominicains, cardinal, évêque d'Ostie, élu pape le 22 octobre 1303 et couronné le 27, mort à Pérouse le 6 ou 7 juillet 1304.

Vacance de onze mois, pages 216, 217.

198. CLÉMENT V, Bertrand de Gotte, né à Villandran, au diocèse de Bordeaux, évêque de Comminges, archevêque de Bordeaux, élu pape à Pérouse le 5 juin 1305, couronné à Lyon le 14 novembre de la même année, mort à Roquemaure près d'Avignon le 20 avril 1314.

 Le saint siége transféré à Avignon. — Condamnation des Templiers. — Excommunication des Vénitiens. — Clémentines, &c., page 217-219.

 Concile de Vienne, XV.ᶜ œcumén., en 1311.

 Entre Clément V et Jean XXII, vacance de deux ans.

199. JEAN XXII, Jacques d'Euse, né à Cahors, cardinal, évêque de Porto, élu pape à Lyon le 7 août 1316, mort le 4 décembre 1334.

 Excommunication de l'empereur Louis de Bavière.

 Pierre de Corbières, Franciscain, anti-pape sous le nom de Nicolas V.

 Trésors de Jean XXII. — Ses extravagantes, pages 219-223.

200. BENOÎT XII, Jacques Fournier, né à Saverdun au comté de Foix, cardinal, élu pape le 20 décembre 1334, couronné à Avignon le 8 janvier 1335, mort le 25 avril 1342.

 Pragmatique sanction des Allemands, pag. 223, 224.

201. CLÉMENT VI, Pierre Roger, né au diocèse de Limoges, moine de la Chaise-Dieu, archevêque de Rouen, cardinal, élu pape le 7 mai

1342, et couronné le 19, mort à Villeneuve-d'Avignon le 6 décembre 1352.

> Anathèmes contre Louis de Bavière.—Jeanne II, reine de Naples, vend Avignon au pape, &c., pages 224-228.

202. INNOCENT VI, Étienne d'Albert, né au diocèse de Limoges, évêque de Noyon, de Clermont, cardinal, évêque d'Ostie, élu pape le 18 décembre 1352, et couronné le 30, mort à Avignon le 12 septembre 1362.

> Cessions de l'empereur Charles IV, et commencement de la souveraineté (authentique) des papes en 1355, pages 228-230.

203. URBAIN V, Guillaume, fils de Grimoard seigneur de Grisac en Gévaudan, Bénédictin, élu pape en septembre 1362, et couronné le 6 novembre, mort le 19 décembre 1370.

> Il avait été forcé de revenir de Rome à Avignon, page 230.

204. GRÉGOIRE XI, Pierre Roger, né au diocèse de Limoges, neveu de Clément VI, cardinal, élu pape le 30 décembre 1370, couronné le 5 janvier 1371, mort à Rome le 27 mars 1378, page 230.

> Après la mort de Grégoire XI, en 1378, schisme d'Avignon ou d'Occident.

205. URBAIN VI, Barthélemi Prignano, Napolitain, élu pape à Rome le 9 avril 1378, et couronné le 18, mort le 18 octobre 1389, page 230.

206. CLÉMENT VII, Robert, de la maison des comtes de Genève, chanoine de Paris, évêque de Thérouane, de Cambrai, cardinal légat, élu pape à Fondi le 21 septembre 1378, reconnu en France, en Espagne, &c., mort le 16 septembre 1394, page 230.

207. BONIFACE IX, Pierre ou Perrin Tomacelli, dit le cardinal de Naples, élu par quatorze cardinaux le 2 novembre 1389, pour succéder à Urbain VI; mort le 1.er octobre 1404, pag. 230, 232, 233.

208. BENOÎT XIII, Pierre de Lune, Espagnol, né en 1325, cardinal diacre, élu le 28 septembre 1394, pour succéder à Clément VII, mort à Rimini le 18 octobre 1417.

> La France se soustrait à l'obédience de l'un et de l'autre pontife, pages 231-232.

QUINZIÈME SIÈCLE.

209. INNOCENT VII, Cosma de' Megliorati, né à Sulmone, cardinal, élu le 17 octobre 1404, pour succéder à Boniface IX, couronné au mois de novembre de la même année, mort le 6 novembre 1406.

210. GRÉGOIRE XII, Ange Corrario, Vénitien, cardinal, élu le 30 novembre 1406, pour succéder à Innocent VII; il abdique le 4 juillet 1415, et meurt à l'âge de quatre-vingt-douze ans, le 18 octobre 1417, à Rimini, page 235.

> Concile de Pise en 1409; il destitue Grégoire XII et Benoît XIII; il élit Alexandre V, page 235.

211. ALEXANDRE V, Pierre Philarge, né dans l'île de Candie, évêque de Vicenze, de Novarre, archevêque de Milan, cardinal, élu pape, au concile de Pise, le 26 juin 1409, couronné le 7 juillet de la même année, mort à Bologne le 3 mai 1410, page 235.

212. JEAN XXIII, Balthazar Cossa, né à Naples d'une famille noble, cardinal diacre, élu à Bologne, par seize cardinaux, le 17 mai 1410, pour succéder a Alexandre V, déposé par le concile de Constance le 29 mai 1415, mort le 22 novembre 1419.

 Concile de Constance, depuis le 5 novembre 1414 jusqu'au 22 avril 1418, XVI.ᵉ œcuménique, pages 235, 236.

213. MARTIN V, Othon Colonne, Romain, cardinal diacre, élu pape, au concile de Constance, le 11 novembre 1417, couronné le 21; il entre à Rome le 22 septembre 1420, et meurt le 21 février 1431, page 235.

✗ 214. *CLÉMENT VIII*, Gilles de Mugnos, chanoine de Barcelone, élu par deux cardinaux en 1424, pour succéder à Benoît XIII ou Pierre de Lune; il abdique le 26 juillet 1429.

215. EUGÈNE IV, Gabriel Condolmère, Vénitien, cardinal, évêque de Sienne, élu au mois de mars 1431 pour succéder à Martin V, couronné le 11 du même mois; il se déclare pour les Ursins contre les Colonnes; il est déposé par le

concile de Bâle le 22 juin 1439; il meurt le 23 février 1447, pages 237-238.

Concile de Bâle, depuis le 23 juillet 1431 jusqu'au mois de mai 1443, XVII.ᶜ œcuménique, pages 236, 237.

Concile de Florence, depuis le 26 février 1439 jusqu'au 26 avril 1442, XVIII.ᶜ œcuménique, page 237.

Pragmatique sanction de Charles VII, en 1439, pages 237-240.

216. FÉLIX V, Amédée VIII, duc de Savoie, élu pape par le concile de Bâle le 5 novembre 1439, couronné le 24 juillet 1440, renonce au pontificat le 9 avril 1449, page 238.

217. NICOLAS V, Thomas de Sarzane, Toscan, cardinal, évêque de Bologne, élu le 6 mars 1447, pour succéder à Eugène IV, et couronné pape le 18 du même mois, mort le 24 mars 1455, page 238.

Fin du schisme d'Occident en 1449. — Prise de Constantinople par les Turcs, en 1453, page 238.

218. CALLIXTE III, Alfonse Borgia, né en 1377 à Valence en Espagne, cardinal, archevêque de Valence, élu pape le 8 avril 1455 et couronné le 20, mort le 8 août 1458, page 243.

219. PIE II, Piccolomini, né en 1405 à Corsini près de Sienne, littérateur sous le nom d'Æneas Sylvius, cardinal, évêque de Sienne, élu pape en août 1458, mort à Ancone en juillet 1464.

Bulle *execrabilis*. — Abrogation de la pragmatique

A a 4

sous Louis XI. — Lettre de Pie II à Mahomet II, &c. pages 243-246.

220. PAUL II, Pierre Barbo, né à Venise en 1417, cardinal de Saint-Marc, élu pape le 31 août 1464, couronné le 16 septembre de la même année, mort le 28 juillet 1471, pages 246-248.

221. SIXTE IV, François d'Albescola de la Rovère, né en 1413 à Celles près de Savone, Franciscain, cardinal, élu pape le 9 août 1471, mort le 13 août 1484.

Conjuration des Pazzi contre les Médicis à Florence, en 1478, pages 248-252.

222. INNOCENT VIII, Jean-Baptiste Cibo, noble Génois, Grec d'extraction, né en 1432, cardinal, élu pape le 29 août 1484, et couronné le 12 septembre de la même année, mort le 25 juillet 1492, page 253.

223. ALEXANDRE VI, Rodrigue Borgia, né à Valence en Espagne, en 1431, cardinal, archevêque de Valence, élu pape le 11 août 1492, et couronné le 26, m. le 18 août 1503; il trahit Charles VIII, Louis XII, &c. pages 253-256.

SEIZIÈME SIÈCLE.

224. PIE III, Pierre Piccolomini, neveu de Pie II, cardinal de Sienne, élu pape le 22 septembre 1503, couronné le 8 octobre de la même année, et mort le 18 du même mois, page 259.

225. JULES II, Julien de la Rovère, né en 1441 près de Savone, neveu de Sixte IV, évêque de

Carpentras, d'Albano, d'Ostie, de Bologne
d'Avignon, cardinal, élu pape le 1.er novembre
1503, et couronné le 19, m. le 21 février 1513.

    Ligue de Cambrai. — Louis XII excommunié, &c., pages 258-261.

    Cinquième concile de Latran, XIX.e œcumén., en 1512-1517.

226. LÉON X, Jean de Médicis, fils de Laurent; né à Florence en 1477, cardinal diacre, élu pape le 11 mars 1513, mort le 1.er décembre 1521.

    Excommunication de Luther. — Concordat avec François I.er en 1516, &c., pages 261-268.

227. ADRIEN VI, Adrien Florent, né en 1459, cardinal, évêque de Tortose, élu pape le 9 janvier 1522, mort le 24 septembre 1523, page 269.

228. CLÉMENT VII, fils naturel et posthume de Julien de Médicis, né à Florence en 1478, archevêque de Florence, cardinal, élu pape le 19 novembre 1523, et couronné le 25, mort le 26 septembre 1534.

    Ligue sainte contre Charles-Quint. — Excommunication du roi d'Angleterre Henri VIII, pages 269-272.

229. PAUL III, Alexandre Farnèse, né à Rome en 1466, évêque d'Ostie, doyen du sacré collége, élu pape le 13 octobre 1534, et couronné le 7 novembre, mort le 10 novembre 1549.

    Bulle *in cœnâ Domini, &c.*, pages 272-274.

    Concile de Trente, depuis 1545 jusqu'au 4 décembre 1563, XX.e et dernier œcuménique, pages 279, 280.

230. Jules III, Jean-Marie del Monte, né à Rome le 10 septembre 1487, évêque de Palestrine, archevêque de Siponte, cardinal, élu pape le 8 février 1550, et couronné le 22, mort le 23 mars 1555.

    Excommunication du roi de France Henri II, page 275.

231. Marcel II, Marcel Servin, né à Monte-Pulciano, cardinal, élu pape le 9 avril 1555, et couronné le 11, mort le 30 du même mois, page 275.

232. Paul IV, Jean-Pierre Caraffa, noble Vénitien, né en 1476, cardinal, élu pape le 23 mai 1555, et couronné le 26, mort le 18 août 1559.

    Ennemi de l'Espagne. — Excommunication d'Élisabeth, Reine d'Angleterre, &c., pag. 275-279.

233. Pie IV, Jean-Ange de Médicis, né à Milan en 1499, cardinal, élu pape le 26 décembre 1559, couronné le 6 janvier 1560, mort le 9 décembre 1565.

    Il proscrit les neveux de son prédécesseur, page 279.

234. Pie V, Michel Ghisleri, Ligurien, né le 17 janvier 1504, Dominicain, cardinal, élu pape le 7 janvier 1566, et couronné le 17, mort le 1.er mai 1572, canonisé par Clément XI en 1712.

    Pie V renouvelle la bulle *in canâ Domini*. — Il décerne à Côme de Médicis le titre de grand duc de Toscane, pages 281-283.

235. Grégoire XIII, Hugues Buon-Compagno, né à Bologne en 1502, évêque de Vesti, cardinal,

élu pape le 13 mai 1572, et couronné le 25, mort le 10 avril 1585.

Massacre de la Saint-Barthélemi (24 août 1572). — La ligue, &c., pages 283-285.

236. SIXTE-QUINT, Félix Peretti, né à Montalte, dans la marche d'Ancone, le 13 décembre 1521, pâtre, cordelier, évêque de Sainte-Agathe, cardinal, élu pape le 24 avril 1585, mort le 27 août 1590.

Anathèmes contre Élisabeth, contre Henri IV, roi de Navarre, &c. — Henri III assassiné par Jacques Clément. — La puissance de Philippe II, roi d'Espagne, odieuse à Sixte-Quint, &c., pages 285-289.

237. URBAIN VII, Jean-Baptiste Castagna, né à Rome en 1521, d'un gentilhomme Génois; archevêque de Rossano, cardinal, élu pape le 15 septembre 1590, mort le 27 du même mois, page 290.

238. GRÉGOIRE XIV, Nicolas Sfondrate, né à Crémone en 1535, évêque de Crémone, cardinal, élu pape le 5 décembre 1590 et couronné le 8, mort le 15 octobre 1591.

Il excommunie Henri IV, &c., pag. 290.

239. INNOCENT IX, Jean-Antoine Facchinetti, né à Bologne en 1519, évêque de Nicastro en Calabre, élu pape le 29 octobre 1591, couronné le 3 novembre, et mort le 30 décembre de la même année, page 290.

240. CLÉMENT VIII, Hippolyte Aldobrandin, né à

Fano en 1536, cardinal, élu pape le 30 janvier 1592, couronné huit jours après, mort au mois de mars 1605.

Abjuration et absolution de Henri IV, &c., pages 290, 291.

Traité de Pithou sur les libertés de l'église Gallicane, publié en 1594, pages 292, 293.

DIX-SEPTIÈME SIÈCLE.

241. LÉON XI, Alexandre-Octavien de Médicis, né à Florence en 1535, cardinal, élu pape le 1.er avril 1605, et mort le 27 du même mois.

242. PAUL V, Camille Borghèse, né à Rome, cardinal, élu pape le 16 mai 1605 et couronné le 29, mort le 28 janvier 1621.

Excommunication des Vénitiens. — Troubles excités en Angleterre. — Bulle *in cœnâ Domini, &c.* pages 299-303.

243. GRÉGOIRE XV, Alexandre Ludovisi, né le 9 janvier 1554 à Bologne, archevêque de cette ville, cardinal, élu pape le 9 février 1621, mort le 3 juillet 1623.

244. URBAIN VIII, Maffée Barberin, d'une ancienne famille de Florence, archevêque de Nazareth, cardinal, élu pape le 6 août 1623 et couronné le 29 septembre, mort le 29 juillet 1644.

Excommunication du duc de Parme, &c. pages 304-306.

245. INNOCENT X, J.-B. Pamphili, né à Rome le 7 mai

1574, cardinal en 1629, élu pape le 15 septembre 1644 et couronné le 29, mort le 7 janvier 1655.

Destruction de Castro. — Refus de bulles aux évêques Portugais nommés par Jean de Bragance. — Le duc de Guise appelé à Naples et trahi. — Bulle contre la paix de Munster, &c. pages 306-310.

246. ALEXANDRE VII, Fabio Chigi, né à Sienne le 15 février 1599; légat, nonce, cardinal en 1652, élu pape le 7 avril 1655, mort le 22 mai 1667.

Formulaire. — L'ambassadeur de Louis XIV insulté à Rome, &c. pages 310, 311.

247. CLÉMENT IX, Jules Rospigliosi, né à Pistoie en 1600, cardinal en 1657, élu pape le 20 juin 1667, mort le 9 décembre 1669, pag. 311, 312.

248. CLÉMENT X, J.-B.-Émile Altieri, né à Rome en 1590, cardinal en 1669, élu pape le 29 avril 1670, mort le 22 juillet 1676, page 312.

249. INNOCENT XI, Benoît Odescalchi, né à Côme en 1611, cardinal en 1647, élu pape le 21 septembre 1676, mort le 12 août 1689.

Les quatre articles de 1682, pages 312-315.

250. ALEXANDRE VIII, Pierre Ottoboni, né à Venise le 19 avril 1610, évêque de Brescia, de Frascati, cardinal en 1652, élu pape le 6 octobre 1689, mort le 1.er février 1691, page 315.

251. INNOCENT XII, Ant. Pignatelli, né à Naples le 13 mars 1615, archevêque de Naples, cardinal, élu pape le 12 juillet 1691 et couronné le 15 du même mois, m. le 27 septembre 1700, page 315.

Refus de bulles, pages 315-322.

DIX-HUITIÈME SIÈCLE.

252. CLÉMENT XI, Jean-François Albani, né à Pesaro le 22 juillet 1649, cardinal en 1690, élu pape le 23 novembre 1700 et sacré le 30, mort le 19 mars 1721.

> Bulle *vineam Domini*, en 1705. — Bulle *unigenitus*, en 1713. — Démêlé avec le roi de Sicile Victor Amédée, pages 324, 325.

253. INNOCENT XIII, Michel-Ange Conti, (Segni) né à Rome le 15 mai 1655, évêque de Viterbe, cardinal en 1707, élu pape le 8 mai 1721 et couronné le 18, mort le 7 mars 1724.

254. BENOÎT XIII, Pierre-François Orsini, né le 2 février 1649, Dominicain, cardinal, archevêque de Bénévent, élu pape le 29 mai 1724 et couronné le 4 juin, mort le 21 février 1730.

> Légende de Grégoire VII, pages 325-327.

255. CLÉMENT XII, Laurent Corsini, né à Rome le 7 avril 1652, cardinal en 1706, évêque de Frascati, élu pape le 12 juillet 1730 et couronné le 16, mort le 6 février 1740, page 327.

256. BENOÎT XIV, Prosper Lambertini, né à Bologne le 31 mars 1675, cardinal en 1728, archevêque de Bologne, élu pape le 17 août 1740, mort le 3 mai 1758.

> Estimé de toute l'Europe, pages 327, 328.

257. CLÉMENT XIII, Charles Rezzonico, noble Vénitien, né le 7 mars 1693, cardinal en 1737,

évêque de Padoue, élu pape le 6 juillet 1758 et couronné le 16, mort le 2 février 1769.

Affaire de Malagrida en Portugal. — Démêlés avec le duc de Parme, &c. pages 328-332.

258. CLÉMENT XIV, Vincent Antoine Ganganelli, né le 31 octobre 1705 à S. Archangelo près de Rimini, cordelier, cardinal en 1759, élu pape le 19 mai 1769, couronné le 4 juin de la même année, mort le 22 septembre 1774.

Abrogation de la bulle *in cœnâ Domini*. — Destruction des Jésuites, pages 332, 333.

259. PIE VI, Jean-Ange Braschi, né à Césène le 27 décembre 1717, cardinal en 1773, élu pape le 15 février 1775, couronné le 22 du même mois, mort le 29 août 1799.

FIN DE LA TABLE.

www.ingramcontent.com/pod-product-compliance
Lightning Source LLC
Chambersburg PA
CBHW060344190426
43201CB00043B/746